Colloquial
Czech

The Colloquial Series

Series advisor: Gary King

The following languages are available in the Colloquial series:

Albanian	Korean
Amharic	Latvian
Arabic (Levantine)	Lithuanian
Arabic of Egypt	Malay
Arabic of the Gulf and Saudi	Mongolian
Arabia	Norwegian
Basque	Panjabi
Bulgarian	Persian
* Cambodian	Polish
* Cantonese	Portuguese
* Chinese	Portuguese of Brazil
Croatian and Serbian	Romanian
Czech	* Russian
Danish	Slovak
Dutch	Slovene
Estonian	Somali
Finnish	* Spanish
French	Spanish of Latin America
German	Swedish
Greek	* Thai
Gujarati	Turkish
Hindi	Ukrainian
Hungarian	* Vietnamese
Indonesian	Welsh
Italian	
Japanese	

Accompanying cassette(s) are available for all the above titles.

* Accompanying CDs are also available.

COLLOQUIAL CD-ROMs
Multimedia Language Courses

Available in:

   Chinese, French, German, Portuguese and Spanish

Colloquial
Czech

The Complete Course for Beginners

James Naughton

London and New York

First published 1987
by Routledge & Kegan Paul Ltd

Second edition first published 1999
by Routledge
11 New Fetter Lane, London EC4P 4EE

Simultaneously published in the USA and Canada
by Routledge
29 West 35th Street, New York, NY 10001

©1987, 1999 James Naughton

Typeset in Times by Routledge

Printed and bound in Great Britain by Clays Ltd, St Ives PLC

British Library Cataloguing in Publication Data
A catalogue record for this book is available from the British Library.

Library of Congress Cataloguing in Publication Data
Naughton, J.D. (James D.)
Colloquial Czech: the complete course for beginners/James Naughton. –
[2nd, rev. ed.]
Colloquial series. Includes index.
1. Czech language – Textbooks for foreign speakers – English.
I. Title. II. Series.
PG4112.N38
491.8682421–dc21   98-16728

ISBN 0–415–16134–7

Contents

Abbreviations used

acc.	accusative
adj.	adjective
coll.	colloquial
dat.	dative
f.	feminine
freq.	frequentative
gen.	genitive
impf	imperfective
ins.	instrumental
lit.	literally
loc.	locative
m.	masculine
m.a.	masculine animate
m.i.	masculine inanimate
n.	neuter
nom.	nominative
pf	perfective
pl.	plural
sg	singular
> <	arrow-heads pointing to perfectives

Introduction

The Czech Republic reached its present political shape when Czechoslovakia split into its Czech and Slovak components at the end of 1992. This 'Velvet Divorce' had been preceded by the 'Velvet Revolution' of 1989, which saw the fall of communism in Czechoslovakia.

The country today continues to grapple politically and economically with the major changes of the post-communist years. Its capital city, Prague, is of course abundantly visited by foreigners, drawn by its fine architecture and musical life, amongst other attractions. The rest of the country also has much to offer: historic Baroque towns and chateaux, forests and mountains, ski resorts, and not least the renowned local beers and less familiar wines.

The population of the Czech Republic is presently around ten million. As a result of emigration during the nineteenth and twentieth centuries, there are also many people of Czech descent all over the globe, especially in North America.

Culture

Czech literature has received a notably favourable reception from English readers in recent decades, through fiction writers such as Milan Kundera, Josef Škvorecký and Bohumil Hrabal, and poets such as Miroslav Holub. The classical music of Smetana, Dvořák and Janáček needs no special introduction, while many readers have also encountered pre-war writings such as Jaroslav Hašek's rambling comic novel *The Good Soldier Švejk*, or works by Karel Čapek, whose play *R.U.R.* gave the term 'robots' to the English language. Czech films, theatre, art, photography and modern architecture have all won considerable success abroad at various times.

History

Before 1918 the historic lands of the Czech Crown – Bohemia, Moravia and part of Silesia – were part of the Austro-Hungarian Empire, ruled over by the Habsburgs. After the First World War, and the fall of the Habsburg Empire, this area formed the western part of Czechoslovakia under its first president Masaryk (with Slovakia, formerly Upper Hungary, to the east). During the Second World War the truncated Czech Lands became a Nazi Protectorate. Restored to independence in 1945, Czechoslovakia soon became a part of the Soviet-dominated Eastern Bloc, ruled by communist regimes from February 1948. The reform movement of the later 1960s was crushed by the Warsaw Pact invasion of Czechoslovakia in August 1968.

Language

The Czech language is closely related to Slovak and Polish, and somewhat less closely to Russian. Words like **sestra** 'sister' and **tři** 'three' show its Indo-European origins, shared with English, though long evolution since pre-historic times has meant that (except for recent loan words or shared borrowings from Latin, etc.) English and Czech now resemble each other really very little.

Czech began to be employed regularly in literature from the later thirteenth century. By the sixteenth and seventeenth centuries it had evolved into something recognizably close to its present-day forms. It was further intensively developed during the National Revival of the late eighteenth to mid-nineteenth centuries. By the later eighteenth century Czech had become overshadowed by German in education and public life (German having undergone its own revival), but during the nineteenth century the Czechs gained a vigorous press and other national institutions of education and culture. The use of Czech also became more widespread in administration and public life, even before the achievement of independence in 1918.

Today there is still a certain contrast between standard written and spoken norms, though this is generally more evident in Prague and Bohemia than it is in Moravia. (Some of these differences will be noted at various points in the course, but most of the dialogues and texts present a usage compatible with both speech and writing – a colloquial form of standard Czech.)

The course

This textbook replaces my earlier volume in the Colloquial series, which was produced over ten years ago. It has now been almost totally rewritten, in the light (I hope) of experience, with a stronger concern for the needs of the non-specialist learner (of whom there are now far more than there used to be). The lessons also introduce a significantly wider range of themes and settings. The course aims to take you up to a level at which you can begin to communicate on a range of essential everyday topics, as well as tackle books, the press and other media.

The language is certainly a difficult one for English speakers, so no promises are going to be made about how easy your task is going to be – it simply is not! Much of the grammar and vocabulary will be alien to you at first, and success will depend on how much practice and revision you put in.

Exactly how you proceed through the lessons will depend on various factors, such as your own experience of learning languages and whether you have a teacher or not, but the order of items suggests the author's own preferred approach: dialogues (as far as possible) before a more detailed study of grammar and other points, backed up by simple activating exercises and short texts for reading. (Most of the lessons consist of two roughly equal cycles of dialogues, language points, and exercises.)

A two-hour recording has been produced to accompany the lessons. Its use is particularly essential if you are working on your own, without any class or native speaker. You should listen to the dialogues frequently until you understand them well and practise the exercises until your oral responses are fairly automatic.

At first, English versions of all the dialogues and texts are provided, but these are phased out by the end of chapter 6, by which time the learner should be able to work more independently, with the aid of the detailed vocabularies and extensive Czech–English glossary.

Some further study material

Ivana Bednářová and Magdalena Pintarová, *Communicative Czech* (*Elementary Czech* and *Intermediate Czech*), 2 volumes, Jihlava/Prague: the authors/Univerzita Karlova, 1996–7. (Revision material with exercises and key.)

Thomas Dickins, *Spoken Czech*, Wolverhampton: University of Wolverhampton, 1993. (Video.)

Josef Fronek, Světlana Obenausová and David Bickerton, *Mluvte s námi česky!* *Audiovizuální kurs*, Glasgow: Glasgow University, 1995. (Audio-visual.) *Traveller's Literary Companion to Eastern and Central Europe*, James Naughton (ed.), Brighton: In Print, 1995. (Chapter introducing Czech literature, bibliography of available translations, extracts.)

Dictionaries

Ivan Poldauf, *Comprehensive Czech–English Dictionary/Velký Česko–anglický slovník*, Čelákovice: WD Publications/New York: Hippocrene Books, 3rd edn, 1996. (Largest available Czech–English dictionary.)

Josef Fronek, *Anglicko–český slovník*, Voznice: Leda, 1996. (Most comprehensive one-volume English–Czech.)

Josef Fronek, *Česko-anglický slovník*, Prague: SPN, 1993. (Smaller Czech–English, due to be enlarged.)

Slovník spisovné češtiny pro školu a veřejnost, J. Filipec, František Daneš, Jaroslav Machač, Vladimír Mejstřík (eds), 2nd edn, Prague: Academia, 1994. (One-volume Czech dictionary.)

Acknowledgements

I am much indebted to Jana Dankovičová, Marie Svobodová and several others for their improvements to the text of this book at the preparation stage. I would also like to thank my editorial readers, the speakers on the recording and all the staff concerned at Routledge for their useful advice and suggestions.

Pronunciation guide

Czech spelling is generally straightforward, and after a reasonable amount of effort you will probably find the pronunciation of the language one of its less difficult features.

Vowels

Czech vowels **a**, **e**, **i/y**, **o**, **u** are quite close to the English vowel sounds in 'tuck, tech, tick, tock, took'. (There's no difference in sound between **i** and **y**, but the letter used affects the pronunciation of preceding **d**, **t**, **n** – see below.)

With acute signs added (**á**, **é**, **í/ý**, **ó**, **ú**) the vowels are pronounced longer: roughly like '*ah, eh, ee, aw, oo*'. The long vowel **ú** is normally spelt **ů** (with a **kroužek** 'little circle') except as the first letter in a word.

Word stress is on the first vowel (long or short!). Practise saying these words. (You needn't worry about what any of them mean just yet, but they're mostly common and in the glossary at the back.)

a, á	ano, ale, dal, dál, málo, malá
e, é	ne, den, nese, krém, malé, milé
i, í/y, ý	byl, syn, vina, bílý, milý, malý
o, ó	ona, slovo, doma, gól, móda, haló
u, ú/ů	ruka, ruku, domu, dům, úloha, domů

There are also three diphthongs (combinations) in which the first vowel, pronounced as above, merges quickly into a very short *u* sound. The commonest is **ou**:

ou	bouda, malou, náhodou, nesou

The other two only appear in foreign loan words, whose meaning is usually easy to guess:

| au | auto 'car, automobile', **autobus** 'bus', **restaurace** 'restaurant' |
| eu | **pneumatika** '(pneumatic) tyre', **neutralita** 'neutrality' |

Other sequences of vowel letters are pronounced as two syllables:

ie	'*i-ye*' e.g. **Anglie** 'England'
io	'*i-yo*' e.g. **rádio** 'radio'
ao	'*a-o*' e.g. **kakao** 'cocoa'

Consonants

We can almost take for granted **b**, **d**, **f**, **g** (as in 'good'), **h**, **k**, **l**, **m**, **n**, **p**, **s** (as in 'sun'), **t** (as in 'stop'), **x** and **z**, as they are pronounced much the same as in English. However, **k**, **p**, and **t** in fact lack the typical English slight puff of air following them (unless they come at the end of a word):

> **kilo, ruka, pil, koupil, ten, to, ta**

H is pronounced more deeply and hollowly than the English version:

> **holit, haló, mnoho, nahý**

Distinguish **h** from **ch**, which is pronounced as in the Scottish word 'loch' (*not* like a regular English '*ch*'!):

> **chudý, chyba, ucho, chladno**

R is briefly trilled, again like Scottish English, and uttered clearly in all positions:

> **rád, ruka, Karel, hora, pár, sestra, horko**

Both **r** and **l** can act as vowels, creating syllables of their own:

> **krk, bratr, plný, nesl**

Czechs may try to get you to say this rather silly made-up sentence, which suggests, falsely, that the language lacks vowels, and literally means 'stick (your) finger through (your) neck/throat':

> **Strč prst skrz krk.**

Qu and **w** only turn up in loan words with unadapted spelling. **S** is occasionally pronounced [z] in loanwords (e.g. words for '-isms' ending in **-ismus**):

western [vestern], **WC** [vétsé], **quasi-/kvazi-, Josef** [Jozef], **feminismus** [feminizmus]

'Soft' and 'hard' consonants

It is important for Czech spelling and grammar to identify the so-called 'soft' consonants as a distinct group. These are the special diacritic ('accented') letters **č, ď, ň, ř, š, ť, ž** plus **c** and **j**. Other consonants (without 'accents') are called 'hard', to distinguish them from the 'soft' ones.

All the 'soft' consonants except for **c** and **j** are written with a 'soft sign', usually written and printed ˇ, and called a 'hook' (**háček**). 'Soft' **t** and **d** are also written with a **háček**, but printed **ť, ď**, with a closely linked apostrophe. Their capital forms are **Ť, Ď**.

C is pronounced like ts in 'ba*ts*' (and *not* like **k**), J is like y in 'y*es*':

c	**cesta, noc, cena, práce**
j	**jeden, já, moje, ahoj**

Č, š and **ž** are pronounced like '*ch*in, *sh*in, vi*s*ion':

č	**čeká, Čech, Angličan, klíč**
š	**šest, máš, špatný, píšeš**
ž	**žena, život, můžeš, muži**

Ď/ď, Ť/ť and **Ň/ň** are reasonably close to British English '*d*uty, *t*une, *n*ew' (as pronounced *dyooty, tyoon, nyoo*):

Ď, ď	**ďábel, Láďa, maďarský**
Ť, ť	**ťuknout, chuť, koťata**
Ň, ň	**píseň, promiň, koňak**

The real Czech speciality here is **ř**, a single sound which is pronounced like a flatly trilled **r** with a simultaneous **ž/š**-like friction. You may have heard it in the name of the Czech composer Antonín Dvořák:

Ř, ř	**Dvořák, řeka, říkat**

Distinguish: **hořký** 'bitter' and **horký** 'hot'. You may find **Ř** a little easier to pronounce after another consonant: **tři, při, přece, dřív, křičet, zavřít**. But you could have more trouble when it comes in a consonant cluster, e.g. **hřbitov, křtiny** (each two syllables only!).

Fun with clusters

Czech likes an occasional consonant cluster, though they don't really dominate the language as much as rumour would suggest. Try saying these reasonably simple examples:

mnoho, hluboký, kniha, psi, chci, chtěl
čtvrt, čtyři, vždyť, vždycky

Note also the gentle initial **j** before **s**, **d** and **m** in:

jsem, jsi, jste, jdu, jdeš, jde, jmenovat

In ordinary speech these regularly turn into [sem], [si], [ste], [du], [deš], [de] and [menovat]. You can imitate this as a beginner without sounding too sloppy.

Another rather swallowed-up sound is the **d** in words like **dnes** or **ledna**. But you'll probably do that anyway, as you become more accustomed to the language.

'Soft' i versus 'hard' y

After soft consonants the 'i' vowel is normally spelt with the letter **i**, called 'soft i' (**měkké i**), e.g. **žil** 'he lived'.

The letter **y**, 'hard y' (**tvrdé y**), is pronounced the same, but only follows 'hard' consonants (or occasionally **c**, e.g. **cynický** 'cynical').

'Ambivalent' (**obojetné**) consonants **b**, **p**, **m**, **v**, **f** and **l**, **s**, **z** are followed by either **i** or **y**, and you just have to learn which. Some words are only differentiated by spelling, e.g. **byl** means 'he was', but **bil** means 'he beat'.

Consonants before ě and i

The letter **ě** indicates that preceding **d**, **t** or **n** is to be pronounced **ď**, **ť**, **ň**. The vowel itself is simply pronounced like an ordinary Czech **e**:

dělat, tělo, německý, vidět

Groups **bě**, **pě**, **vě**, **fě** are pronounced as if they were spelt **bje**, **pje**, **vje**, **fje**. Compare the English sounds in 'beauty', 'pure', 'view' and 'few'. The group **mě** is usually pronounced **mně** (some speakers say **mje**):

běhat, pět, věc, žirafě, mě (same as **mně**), **měsíc, mámě**

Other consonants are never followed by **ě**, but by **e** instead.

Before the 'soft' vowels **i/í** you also regularly pronounce **d, t, n** as **ď, ť, ň**. In other words, the 'soft' sign is just omitted here (since after ordinary **d, t, n** Czech habitually spells a 'hard' **y/ý**):

ď	**vidím** [viďím], **lidi** [liďi], **rádi** [ráďi]
ť	**děti** [děťi], **tisíc** [ťisíc]
ň	**nic** [ňic], **oni** [oňi]

Note what happens when endings are added to words or word roots ending in one of these three soft consonants:

loď 'boat', *but* **na lodi** [loďi] 'on a boat', **lodě** 'boats'
vidět 'to see', *but* **vidím** 'I see'

Listen carefully to the sound differences between:

ti kamarádi (soft **ť** and **ď**) and **ty kamarády** (ordinary **t** and **d**)
ti páni (soft **ť** and **ň**) and **ty pány** (ordinary **t** and **n**)
ti studenti (soft **ť** twice) and **ty studenty** (ordinary **t**)

Within foreign loanwords however this rule fails to apply, to avoid respelling. So you use a 'hard' **t, d** and **n** in foreign words such as:

diplomat 'diplomat', **politika** 'politics', **nikotin** 'nicotine'

Voicing and devoicing

This section explains some finer (and less essential) details about the pronunciation of consonants. (Beginners may prefer to skip this section, if it's a bit too much, and come back later.)

In these pairs of consonants the first is normally 'voiced' (produced with humming vocal chords), the second is its 'voiceless' pair:

b ↔ p, v ↔ f
d ↔ t, ď ↔ ť
g ↔ k, h ↔ ch
z ↔ s, ž ↔ š
dz ↔ c, dž ↔ č

When any of these consonants are next to one another, they share the same voice quality, 'voiceless' or 'voiced', regardless of the spelling. The quality takes its cue from the last consonant.

Typically, one consonant becomes 'voiceless' to match the next:

včera [fčera], **těžký** [ťeškí], **lehký** [lechkí], **sladký** [slatkí], **Zuzka** [Zuska]

But sometimes one becomes 'voiced' to match the next:

kde [gde], **kdo** [gdo], **prosba** [prozba], **leckdo** [ledzgdo]

Voiced **v** has no effect on preceding consonants:

svůj, svoje, tvůj, tvoje

And words with the group **sh** are most often pronounced [sch]:

na shledanou [naschledanou] 'goodbye'

The 'voiced' members of the list also typically 'devoice' when they come at the end of a word, before a pause:

hrad [hrat], **sníh** [sňích], **už** [uš], **krev** [kref]

Prepositions, like **v** 'in', **s** 'with', **do** 'into', are pronounced together with the next word. If they contain a vowel, they usually take the stress away from the following word;

v Praze [fpraze] 'in Prague', **z Prahy** [sprahy] 'from Prague' **do Prahy** [doprahy] 'to/into Prague'

If the following word starts with a vowel, there may be a slight glottal stop, causing 'devoicing':

v Olomouci [f'olomouci] or [volomouci] 'in Olomouc'

The alphabet

Alphabetical order is much the same as in English, but note that:

- **ch** comes after **h** in the dictionary (e.g. **duch** *after* **duha**)
- **č, ř, š, ž** also count as separate letters (after **c, r, s, z**)

Other letters (**ď, ň, á** etc.) are *not* treated separately.

A spot of geography

Now revise your pronunciation – **výslovnost** – with some basic place names.

Česká republika[1] 'the Czech Republic', Čechy 'Bohemia', Morava 'Moravia'

řeky 'rivers' – **Vltava, Labe, Ohře, Berounka, Morava, Dunaj** 'the Danube'

hory 'mountains' – **Krkonoše** 'the Giant Mountains, Riesengebirge', **Krušné Hory** 'the Ore Mountains, Erzgebirge', **Šumava, Český les** 'the Bohemian Forest, Böhmerwald'

hlavní město 'capital city' – **Praha** 'Prague' (population over 1 million); its districts include **Staré Město** 'the Old Town', **Nové Město** 'the New Town', **Malá Strana** 'the Lesser Town', **Hradčany** 'the Castle district', **Vyšehrad, Vinohrady, Smíchov, Žižkov**

města 'cities/towns' – **Brno, Plzeň** 'Pilsen', **Ostrava, Olomouc, Pardubice, Hradec Králové, Ústí nad Labem, Liberec**

1 The one-word term **Česko** may also be used to denote the whole Republic.

Basic numbers

Now say and learn the numbers up to twelve:

0 **nula**, 1 **jeden**, 2 **dva**, 3 **tři**, 4 **čtyři**, 5 **pět**, 6 **šest**, 7 **sedm**, 8 **osm**, 9 **devět**, 10 **deset**, 11 **jedenáct**, 12 **dvanáct**

For counting people normally use the form **jedna** for 'one'.

The number 'four', **čtyři**, is often pronounced [štyri], which you may well find easier. For 'seven' and 'eight' you also hear [sedum], [osum].

Ještě jednou.	Once again.
Výborně!	Excellent!
Na shledanou.	Goodbye for now.

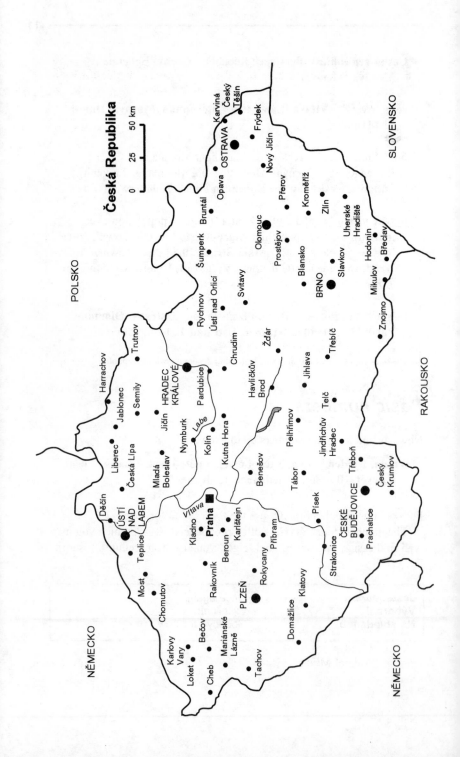

1 Vítám vás v Praze!

Welcome to Prague!

In this lesson you will learn how to:

- introduce yourself
- say 'hello', 'goodbye', 'please' and 'thank you'
- ask some questions, reply 'yes' or 'no'
- attach some adjectives to nouns
- use some verbs in the present
- address some people by name

Dialogue 1

Letiště

The airport

Neil Parker arrives in **Praha** *'Prague'. Notice how the word* **Praha** *changes in the phrase* **v Praze,** *meaning 'in Prague'. For 'Welcome to Prague' you say* **Vítám vás v Praze,** *literally 'I welcome you in Prague'*

NEIL: Dobrý den. Vy jste Věra Benešová?
VĚRA: Ano. To jsem já.
NEIL: Těší mě. Já jsem Neil Parker.
VĚRA: Vítám vás v Praze! Vy jste Američan?
NEIL: Ne, já jsem Angličan. Moje manželka je Američanka.
VĚRA: Ale mluvíte dobře česky!
NEIL: Učím se jen rok. Trochu rozumím, ale mluvím špatně.
VĚRA: Ale ne! Mluvíte pěkně! Máte kufr?
NEIL: Ano, mám. Samozřejmě. Tady je.
VĚRA: Tak dobře. Pojďme. Auto čeká venku.

NEIL: *Hello. Are you Věra Benešová?*

VĚRA: *Yes. That's me.*
NEIL: *Pleased to meet you. I'm Neil Parker.*
VĚRA: *Welcome to Prague! You're American, aren't you?*
NEIL: *No, I'm English. But my wife is American.*
VĚRA: *But you speak Czech (very) well!*
NEIL: *I've only been learning for a year. I understand a bit, but I
speak badly.*
VĚRA: *No! You speak (really) nicely/well! Have you got a suitcase?*
NEIL: *Yes I have. Of course. Here it is.*
VĚRA: *OK then. Let's go. The car's waiting outside.*

Vocabulary

dobrý den	hello (*lit.* 'good day')
(já) jsem	I am
(vy) jste	you are
těší mě	pleased to meet you (*lit.* 'it pleases me')
vítám vás	welcome (*lit.* 'I welcome you')
ano – ne	yes – no
(pan) Beneš, (paní) Benešová	(Mr) Beneš, (Mrs) Benešová (*female form adds* **-ová**)
Američan, Američanka	(an) American man, woman (*female adds* **-ka**)
Angličan, Angličanka	(an) Englishman, Englishwoman
Čech, Češka	(a) Czech man, woman
můj manžel, moje manželka	my husband, my wife
mám, máte	I have, you have
mluvím, mluvíte	I speak, you speak
rozumím, rozumíte	I understand, you understand
učím se, učíte se	I am learning, you are learning (*lit.* 'teaching yourself')
dobře/pěkně – špatně	well (fine, good, okay)/nicely – badly
tady je	here it is
pojďme	let's go
ale	but
auto	car
čeká	is waiting, waits
jen, jenom	only
kufr	suitcase
rok	year
samozřejmě	of course (*lit.* 'self-evidently')
tak	so
trochu	a little, a bit
venku	outside

Language points

'Hello' and 'goodbye'

The basic everyday greeting is:

Dobrý den.	Hello (*lit.* 'good day').

This is used at any time during the day, until evening, and people often say (or mutter) it when entering a restaurant, smaller shop, train compartment, etc. or when starting to speak to someone.

First thing in the morning, but only till about 9 a.m., you can also say:

Dobré ráno./Dobré jitro.	Good morning.

The standard evening wish is:

Dobrý večer.	Good evening.

You only say 'Good night' last thing at night, at bedtime:

Dobrou noc.	Good night.

(Note how the word for 'good' changes its ending. This is something we shall look at in more detail later. Meantime, just learn the phrases.)

Learn also the polite phrase said by Czechs before a meal:

Dobrou chuť.	Enjoy your meal (*lit.* 'good appetite').

The standard phrase for 'goodbye' means 'see you', 'till we meet again', much like French *au revoir* and German *auf Wiedersehen:*

Na shledanou.	Goodbye.

Three casual greetings mean both 'hello' and 'goodbye':

Ahoj!/Nazdar!/Čau!	Hi! *and* Bye! See you!

They can be used with friends, children and closer family.

'That', 'this'

To is one of the commonest words in Czech. It's an essential general word for 'that' or 'this', in the sense of 'that/this thing or person':

To je Pavel.	That/this is Pavel.
To je Eva.	That/this is Eva.
To je můj kufr.	That/this is my suitcase.

To can also refer to plural nouns:

To jsou moje kufry.	Those/these are my suitcases.

In English we often say 'it', where Czech says 'that':

Co je to?	What is it? What is that?
To je pivo.	It's beer. That's beer.
Kdo je to?	Who is it? Who is that?
To je Eva.	It's Eva. That's Eva.

But a Czech verb needs no word for 'it' as the subject of a verb, if the thing has already been specified:

Kde je auto? – Je tady.	Where is (the) car? – (It) is here.

The same may apply if English 'it' is not actually a 'thing' at all:

Je zima.	(It) is cold.

No 'a' or 'the'

Notice also how Czech does not express the articles 'a' and 'the'. You just decide what is meant from the context.

Mám kufr.	I have (a) suitcase.
Tady je kufr.	Here is (the) suitcase.

'To have'

Verbs are listed under their infinitives, which regularly end in **-t**. The infinitive is the same as an English verb preceded by 'to', e.g. **mít** 'to have'.

To say 'I have', 'you have' etc. (and form the present tense) you use a series of related personal forms:

(já) mám	I have	**(my) máme**	we have
(ty) máš	you have (*familiar sg.*)	**(vy) máte**	you have (*pl./ polite sg.*)
(on, ona) má	he, she has	**(oni) mají**	they have

The subject pronouns **já**, **ty**, **on**, etc. are only needed for more emphasis or contrast.

On má kufr, ale ona nemá.
He has a suitcase, but she hasn't.

Mostly you simply omit them:

Mám kufr.	I have a suitcase.
Má kufr.	S/he has a suitcase.
Mají kufr.	They have a suitcase.

To make a verb negative you just add **ne-**. Notice also how spoken English often adds 'got' to the verb 'to have':

Nemám kufr.	I don't have a suitcase. I haven't got a suitcase.

Saying 'you' to strangers

There are two words for 'you', **ty** and **vy**.

Ty and matching verb forms are used to address one person you know sufficiently well (or a child).

Vy and matching verb forms are used to address (a) more than one person, (b) one person who is a stranger, not well acquainted with you, or a more senior person whom you wish to address with polite respect.

The easiest and safest rule is to address adult strangers as **vy**, switching to **ty** only if they suggest it.

Amongst personal friends, especially those of roughly your own age, **ty** is standard usage, but remember to use **vy** forms when addressing shop assistants, strangers on the street, parents of friends and so on.

Verb 'to be'

The present forms of **být** 'to be' (colloquially often **bejt**) are unlike those of any other verb, but absolutely essential:

(já) jsem	I am	**(my) jsme**	we are
(ty) jsi	you are (*familiar sg*)	**(vy) jste**	you are (*pl./ polite sg*)
(on, ona) je	he, she is	**(oni) jsou**	they are

Remember, the subject pronouns are usually superfluous:

Jsem Věra.	I am Věra.
Tady jsem.	Here I am.
Jsme tady.	We are here.

In speech **jsem** is regularly reduced to **sem**, **jste** to **ste**, and so on. You will also frequently hear (**ty**) **seš/jseš** instead of (**ty**) **jsi** for 'you are'.

For the negative, you add **ne-** as usual, but the negative of **je** is **není**. In these negative forms the **j** is always audible:

Nejsem Čech/Češka.	I am not (a) Czech.
Není doma.	He/she is not at home.
Nejsou doma.	They aren't at home.

Questions

Questions without a question word at the beginning can be expressed simply by a change of intonation:

Máš kufr?	Do you have a suitcase?
Vy jste Jana?	You are Jana? Are you Jana?
Jste Angličanka?	Are you English?
Nejsou doma?	Aren't they at home?

Sometimes the order of subject and verb is reversed, as in English questions with 'is'. This can add a more emphatic questioning tone:

Věra je Češka?/Je Věra Češka?	Is Věra (a) Czech?
To je hrad?/Je to hrad?	Is it a castle?

Exercise 1

Write or say the following in Czech:

1 Hello. I am Josef (*pronounced* [jozef]).
2 Pleased to meet you.
3 Are you (a) Czech man/woman?
4 No. I am an English man/woman.
5 Věra is waiting outside.

Exercise 2

Work out the questions (English and Czech) to which these are the answers:

1 Ano. Já jsem Američanka.
2 Ano. Věra je Češka.
3 Samozřejmě. Máme kufr. Tady je.
4 Ano. Jsem venku.
5 Ano. Já jsem Jana.

Dialogue 2 💿

Praha

Prague

*Neil and Věra drive past Prague Castle, **Pražský hrad**, with St Vitus Cathedral, **katedrála/chrám svatého Víta**, at its centre. Neil is full of enthusiasm, but Věra knows there is business to be done. The district called **Malá Strana**, literally 'Little Side', lies between it and the river **Vltava**. On the other side is the Old Town, **Staré Město**, with its famous Old Town Square, **Staroměstské náměstí**, its Old Town Hall, **Staroměstská radnice**, and twin-towered Týn Church, **Týnský chrám**. Crossing the river, Neil sees the Charles Bridge, **Karlův most**, lined with Baroque statues*

NEIL: Co je to tamhle vpravo?

VĚRA: Vpravo? To je katedrála svatého Víta a Pražský hrad.

NEIL: Jsem tady poprvé, víte. Praha je tak pěkná!

VĚRA: Ano. Staré Město je velmi pěkné – zvlášť Staroměstské náměstí, radnice a Týnský chrám … A Malá Strana je taky krásná.

NEIL: Kde je řeka?

VĚRA: Vltava? Vltava je tamhle. Vlevo.

NEIL: A kde je ten slavný starý most? Karlův most.

VĚRA: Tamhle vpravo. Půjdeme tam zítra. Dnes nemáme čas. Večer máme schůzi.

NEIL: Kdo je váš nový ředitel? Jak se jmenuje? Není to Američan?

VĚRA: Ne. Je to Čech. Jmenuje se Karel Novotný.

NEIL: *What's that over there on the right?*

VĚRA: *On the right? That's St. Vitus Cathedral and Prague Castle.*

NEIL: *This is my first visit, you know. Prague's so lovely!*

VĚRA: *Yes. The Old Town is very fine – especially the Old Town Square, the Town Hall and the Týn Church … And the Malá Strana is beautiful too.*

NEIL: *Where's the river?*

VĚRA: *The Vltava? The Vltava is over there. On the left.*

NEIL: *And where's that famous old bridge? The Charles Bridge.*

VĚRA: *Over there on the right. We'll go there tomorrow. Today we haven't got time. In the evening we have a meeting.*

NEIL: *Who is your new manager? What's his name? Isn't he an American?*

VĚRA: *No. He's Czech. His name's Karel Novotný.*

Vocabulary

co je to?	what is that?		
kde je ...?	where is ...?		
kdo je ...?	who is ...?		
jak se jmenuje?	what's his/her name? (*lit.* 'how self (s/he) names?')		
není to ...?	isn't it? isn't s/he?		
je to ...	it is ... s/he is		
jmenuje se ...	his/her name is ... (*lit.* 's/he names self ...')		

a	and	**půjdeme**	we'll go
čas	time	**ředitel, -ka**	manager, director, head
nemáme čas	we don't have time	**řeka**	river
dnes	today	**schůze**	a meeting
chrám	large church, or cathedral	**máme schůzi**	we have a meeting
		slavný, -á, -é	famous
jak?	how?	**starý, -á, -é**	old
katedrála	cathedral	**tak**	so
Karel	= Charles	**taky**	also
Karlův most	the Charles Bridge	**tam, tamhle**	there, over there
krásný, -á, -é	beautiful	**váš**	your
město	town	**velmi**	very
most	bridge	**víte**	you know
nový, -á, -é	new	**vlevo**	on the left
pěkný, -á, -é	nice, pretty, lovely, good-looking	**Vltava**	the Vltava river
		vpravo	on the right
		zítra	tomorrow
poprvé	for the first time	**zvlášť**	especially, separately
Pražský hrad	Prague Castle		

pražský is a typical place-name adjective ending in **-ský**, from **Praha** 'Prague'

Language points

Gender

Both **Praha** 'Prague' and **řeka** 'river' in the dialogue above are *feminine* nouns, grammatically speaking, despite being inanimate. This is typical of Czech nouns ending in **-a**. What does this mean?

When describing a noun with an adjective (e.g. 'a lovely town') you need to know the gender of the noun, which can be *masculine, feminine* or *neuter*. The ending of the adjective changes accordingly (see below).

You will not be surprised to hear that nouns for males are normally masculine, while nouns for females are normally feminine.

Luckily, there is also a fairly simple and reliable rule for determining the gender of other, inanimate nouns:

Masculine nouns typically end in a consonant:

hrad 'castle', **kufr** 'suitcase', **vlak** 'train'

Feminine nouns typically end in **-a** or **-e** or **-ost**:

voda 'water', **lekce** 'lesson', **radost** 'joy, happiness'

Neuter nouns typically end in **-o** or **-í**:

město 'town', **auto** 'car', **náměstí** 'square'

Exceptions will be marked in the vocabularies, unless the gender is obvious from the meaning, e.g. **táta** 'dad'.

Adjectives

So-called 'hard' adjectives end in the 'hard' long vowel **-ý** (e.g. **pěkný** 'lovely, nice'). They change their ending according to the gender of the noun they describe.

So does the adjective **ten, ta, to** meaning 'that' or 'this'.

The bracketed forms below are non-standard, but common in everyday spoken usage, especially in Prague and Bohemia. (These forms are not used in the main dialogues.)

masculine	**ten pěkný (pěknej) hrad**	that lovely castle
feminine	**ta pěkná řeka**	that lovely river
neuter	**to pěkné (pěkný) město**	that lovely town

Now learn some other common basic adjectives:

velký 'big'	**malý** 'small'
starý 'old'	**nový** 'new', **mladý** 'young'
dobrý 'good'	**špatný** 'bad', **zlý** 'evil, nasty'
krásný 'beautiful', **pěkný**,	**ošklivý** 'ugly'
hezký 'pretty, nice'	
čistý 'clean, pure'	**špinavý** 'dirty'

Some nouns are *adjectival*. This simply means they are adjectives in form, e.g. **vrátný** '(hotel) porter', **vrátná** 'female porter'.

Adjectives ending in the long vowel **-í** are called *soft*, e.g. **první** 'first', **inteligentní** 'intelligent'. Their basic form does not change for gender:

první hrad, první řeka, první město

Verbs

Many regular verbs have the same present endings as **mít** 'to have' (**mám, máš, má; máme, máte, mají**).
Most have infinitives ending in **-at**, e.g. **čekat** 'to wait':

čekám	I wait	**čekáme**	we wait
čekáš	you wait	**čekáte**	you wait
čeká	he/she/it waits	**čekají**	they wait

Verbs with infinitives ending in **-it**, e.g. **mluvit** 'to speak', have **í** (instead of **á**) in their endings. Their standard 'they' form is identical to the 'he/she/it' form:

mluvím	I speak	**mluvíme**	we speak
mluvíš	you speak	**mluvíte**	you speak
mluví	he/she/it speaks	**mluví**	they speak

We can call these verbs **á**-types and **í**-types. Many **í**-types have infinitives ending in **-et**, e.g. **vidět – vidím** 'to see – I see'.

One present tense in Czech covers both what 'is happening' (here and now) and what 'happens' (in general). **Čekám** means both 'I wait' and 'I am waiting'.

Interpret for yourself the forms of **dělat** 'to do, make' and **vidět** 'to see':

dělám	**děláme**	**vidím**	**vidíme**
děláš	**děláte**	**vidíš**	**vidíte**
dělá	**dělají**	**vidí**	**vidí**

Co děláš?	What are you doing?
Nedělám nic.	I'm not doing anything (*lit.* 'nothing' – note the obligatory double negative).

Co vidíš?	What do you see?
Nevidím nic.	I don't see anything.

Saying 'not'

As we have seen, to make a verb negative you just add **ne-**:

Nečekám.	I'm not waiting.
Nemám čas.	I don't have time. I haven't got time.

Negative adjectives also add the prefix **ne-**, e.g. **neinteligentní** 'unintelligent'. In other contexts, **ne** can be a separate word for 'not' (as well as 'no', the opposite of **ano** 'yes').

Ne dnes, zítra.	Not today, tomorrow.

'My name is ...'

Learn the basic phrase for 'what is your name?' Literally, you say 'how (your)self (do) you name?'

Jak se jmenujete?	What is your name?

(For a child you use the familiar form: **Jak se jmenuješ?**)

The answer takes the form 'I name (my)self ...'

Jmenuju se John/Jane.	My name is John/Jane.

The pronoun **se** 'self, oneself' can refer to any person who is the subject of the verb ('I', 'you', 'he/she/it', 'we', 'you', 'they').

To say 'His/Her name is ...' you say 'S/he calls (him/her)self ...':

Jmenuje se John/Jane.	His/her name is John/Jane.

How are you?

Adding the same useful little word **se** '(one)self' to **mít** 'to have' produces a standard idiomatic phrase meaning 'to be feeling' (*lit.* 'have oneself'). To ask people how they are, you can use the phrase (with the **vy** form for 'you'):

Jak se máte?	How are you? (How are you feeling?)

But if you use the **ty** form for 'you', you say:

Jak se máš?	How are you?

A conventional answer would be:

Děkuju. Mám se dobře.   Thank you. I am (feeling) well.

Or simply:

Děkuju, dobře.   Thank you, well.

If feeling unwell, you might wish to say:

Špatně!   Badly!

More neutral is:

Jde to.   OK (*lit.* 'it goes').

'Please' and 'thank you'

'Please' is **prosím** (*lit.* 'I ask, request').

Pivo, prosím.   Beer, please.

Prosím? 'please?' as a question in Czech can mean 'What do you want?' or 'What did you say? I beg your pardon?'

'Thank you' is **děkuju** (more formally **děkuji**), and **díky** or **dík** is just 'thanks'. **Děkuju** regularly elicits another use of **prosím**, in the sense of 'you're welcome'.

Here is the range of meanings of **prosím**, in the form of a simple dialogue:

Prosím?   Yes? What do you want?
– Pivo, prosím.   – Beer, please.
Prosím?   Sorry?
– Pivo, prosím.   – Beer, please.

assistant fetches it

Prosím.   Here you are.
– Děkuju pěkně.   – Thank you very much (*lit.* 'nicely').
Prosím.   You're welcome.
– Na shledanou.   – Goodbye.

Addressing people: the vocative

For addressing one person (masculine or feminine), there is sometimes a special ending or 'case' of the noun in Czech called the 'vocative'. In English we just use intonation: 'Tom!'

Nouns ending in **-a** change this to **-o**!

Eva – Evo!
Jana – Jano!

Nouns ending in a consonant typically add -e!

Josef – Josefe!
Pavel – Pavle! (*drops* -e-)

Ask your Czech friends how to call them. Are any other endings used? More details later ...

Exercise 3

Fill in the blanks with appropriate adjectives in the right form:

1 Náš hrad je _____. (*pretty*)
2 Vltava je _____. (*beautiful*)
3 Mám _____ auto. (*new*)
4 Kufr je _____. (*small*)
5 _____ Město je _____. (*old, beautiful*)

Exercise 4

Revise your vocabulary and find opposites for the following:

čistý, malý, vpravo, ano, ošklivý, mladý

Exercise 5

Translate these sentences, then make them negative:

1 Věra je Češka.
2 Čekají venku.
3 Jsem tady.
4 Jsem Angličan(ka).

Exercise 6

Answer these questions in an appropriate way:

1 Jak se máte?
2 Jste Čech/Češka?
3 Jak se jmenujete?
4 Je Praha pěkné město?
5 Je Vltava krásná?

6 Kdo je váš učitel (*teacher*)? Jak se jmenuje?
7 Je Karlův most starý?

Exercise 7

Fill in the blanks in this simple dialogue:

– ...?
– Děkuju. Dobře.
– ...?
– Ne. Nemám auto.
– ...?
– Ano. Samozřejmě. Karel je tady. Čeká venku.
– Tak dobře. ...
– Na shledanou.

Dialogue 3 📼

Promiňte

Excuse me

Paul Smith asks the way to Václavské náměstí, Wenceslas Square

PAUL: Promiňte, prosím vás, nevíte, kde je Václavské náměstí?
IRENA: Ano, ovšem, vím. Je to velmi blízko. Hned vpravo, rovně a potom vlevo. Rozumíte?
PAUL: Hned vpravo, rovně a potom vlevo. Ano, rozumím. Děkuju.
IRENA: Vy jste Čech?
PAUL: Ne, já nejsem Čech. Já jsem Angličan.
IRENA: Ale mluvíte dobře česky!
PAUL: Ale ne. Trochu rozumím, ale mluvím špatně. Snažím se. Jmenuju se Paul. Paul Smith.
IRENA: Těší mě. Já jsem Irena. Irena Smutná. Jste student?
PAUL: Ano, jsem student. Učím se česky. A co vy? Jste taky studentka?
IRENA: Ne, už nejsem. Jsem učitelka. Učím ve škole angličtinu.

PAUL: *Excuse me, please, do you know where Wenceslas Square is?*
IRENA: *Yes, of course, I do. It's very near. Immediately to the right, straight on and then left. Do you understand?*

PAUL: *Immediately to the right, straight on and then left. Yes, I understand. Thank you.*

IRENA: *Are you Czech?*

PAUL: *No, I'm not Czech. I'm English.*

IRENA: *But you speak Czech well!*

PAUL: *No. I understand a bit, but I speak badly. I'm trying. My name is Paul. Paul Smith.*

IRENA: *Pleased to meet you. I'm Irena. Irena Smutná. Are you a student?*

PAUL: *Yes, I'm a student. I'm learning Czech. And what about you? Are you also a student?*

IRENA: *No, not any more. I'm a teacher. I teach English at a school.*

Vocabulary

angličtina	English language	**už**	now, already
učím angličtinu	I teach English	**už ne**	not now, no
blízko	near		longer
co?	what?	**učit**	to teach
česky	(in) Czech	**učit se**	to learn, teach
ovšem	of course		oneself
potom	then	**učitel, -ka**	teacher
promiň(te)!	sorry! excuse me!	**vás**	you (object form)
	(**-te** *for formal*	**prosím vás**	please (*lit.* 'I ask
	sg/pl.)		you')
rovně	straight ahead	**vím**	I know
rozumět	to understand	**víš, víte**	you know
snažit se	to try		
student, -ka	student		
škola	school		
ve škole	in (a) school		

In Czech the negative question is often politer:

Nevíte, kde je …?
Do you know where … is? (*lit.* 'Don't you know where … is?')

Remember how to say 'excuse me', as above:

Promiňte!

Learn also that if you step on someone's foot or bump into someone, the usual expression for 'sorry' is:

Pardon.

Dialogue 4 📼

Jak se máte?

How are you?

Mr Adámek takes personal delivery of a letter

PAN ADÁMEK:	Dobrý den. Jak se máte?
PANÍ HOLUBOVÁ:	Děkuji, dobře. Čekáte dlouho?
PAN ADÁMEK:	Ne. Jenom chvíli.
PANÍ HOLUBOVÁ:	Máte tady dopis. Prosím.
PAN ADÁMEK:	Děkuji. Na shledanou.
PANÍ HOLUBOVÁ:	Na shledanou.

MR ADÁMEK:	*Hello. How are you?*
MRS HOLUBOVÁ:	*Thank you, fine. Have you been waiting long?*
MR ADÁMEK:	*No. Only a short time.*
MRS HOLUBOVÁ:	*There's a letter here for you. Here you are.*
MR ADÁMEK:	*Thank you. Goodbye.*
MRS HOLUBOVÁ:	*Goodbye.*

Vocabulary

dlouho	for a long time
dopis	letter
chvíli	(for) a while, a short time
jen, jenom	only
na shledanou	goodbye
pan	Mr
paní	Mrs, married woman

Czech sometimes uses 'have' where English prefers 'is', e.g. **máte tady dopis** 'there's a letter here for you' (*lit.* 'you have here a letter').

Dialogue 5 ▪▪

Těžký kufr

A heavy suitcase

Adam and Eve wrestle over a heavy case

ADAM: Ahoj, Evo!
EVA: Ahoj, Adame!
ADAM: Jak se máš?
EVA: Dobře.
ADAM: Čekáš dlouho?
EVA: Ano. Strašně dlouho. Tady máš ten kufr. Kde máš auto? Ty nemáš auto?
ADAM: Ne. Nemám. A ty máš?
EVA: Ne. Taky nemám. Bohužel.
ADAM: Tenhle kufr je ale strašně velký! A těžký.
EVA: Ale ty jsi přece silný, ne?
ADAM: Ne, nejsem tak silný. Ale máme štěstí! Venku čeká taxík.

ADAM: *Hi, Eva.*
EVA: *Hi, Adam.*
ADAM: *How are you?*
EVA: *Fine.*
ADAM: *Have you been waiting a long time?*
EVA: *Yes. A terribly long time. Here's the suitcase. Where's the car? Don't you have a car?*
ADAM: *No. I don't. Do you?*
EVA: *No. I don't either. Unfortunately.*
ADAM: *But this suitcase is terribly big! And heavy.*
EVA: *But anyway you're strong, aren't you?*
ADAM: *No, I'm not that strong. But we're in luck! There's a taxi waiting outside.*

Vocabulary

ahoj	hi, hello/bye
ale	but (*not always first word in a clause*)
bohužel	unfortunately
čekáš	you wait, *here* = have been waiting
přece	anyway, after all
ne?	no? *here* = aren't you?

silný	strong
strašně	terribly
štěstí	luck, happiness
máme štěstí	we are lucky (*lit.* 'have luck')
tak + *adj.*	so, so very
taxík	taxi
ten, ta, to	that, this
tenhle, tahle, tohle	this, 'this here'
těžký	heavy
taky/také ne-	not … either (*lit.* 'also not')

2 Co děláte?

What are you doing?

In this lesson you will learn how to:

- use more verbs in the present
- say 'my', 'your', etc.
- say 'like', 'must', 'know' and 'understand'
- learn more numbers and talk about money
- talk about some activities and sports
- talk about languages, countries and nationalities
- form some basic plurals

Dialogue 1 🔊

Oběd

Lunch

*Young Eva (familiarly **Evička**) meets neighbour Mr Beneš sitting outside*

EVA: Dobrý den, pane Beneš. Jak se máte?
BENEŠ: Děkuju, dobře. Co děláš, Evičko?
EVA: Píšu dopis. A co děláte vy?
BENEŠ: Čtu si noviny. A kouřím. Je tady hezky, že ano?
EVA: Co dělá paní Benešová?
BENEŠ: Vaří oběd. Dnes vaří vepřovou, knedlík a zelí. Kde je tvoje sestra?
EVA: Věra? Je doma. Učí se.
BENEŠ: A co dělá bratr?
EVA: Nevím, co dělá. Asi sedí doma a poslouchá rádio. Nebo možná spí. Táta a máma nejsou doma. Babička je taky pryč.

EVA: *Hello, Mr Beneš. How are you?*
BENEŠ: *Thank you. I'm fine. What are you doing, Evička?*
EVA: *I'm writing a letter. And what are you doing?*
BENEŠ: *I'm reading the newspaper. And smoking. It's nice here, isn't it?*
EVA: *What's Mrs Benešová doing?*
BENEŠ: *She's cooking lunch. Today she's making roast pork, dumplings and cabbage. Where's your sister?*
EVA: *Věra? She's at home. She's studying.*
BENEŠ: *And what's your brother doing?*
EVA: *I don't know what he's doing. He's probably sitting at home listening to the radio. Or maybe he's asleep. Dad and Mum aren't at home. Granny's also away.*

Vocabulary

a	and	**psát/píšu**	to write/I write
asi	probably	**rádio**	radio
bratr	brother	**sedět**	to sit
babička	grandmother	**si**	to/for (one)self
číst/čtu (si)	to read/I read	**sestra**	sister
dělat/dělám	to do, make/I do, make	**spát/spím**	to sleep/I sleep
		strašně	terribly
dnes	today	**táta**	Dad
doma	at home	**tvůj** *m.*, **tvoje** *f.*, *n.*	your
hezky	nice, lovely	**učit se/učím se**	to study/I study (*lit.* 'teach myself')
knedlík	bread dumpling		
kouřit	to smoke		
líný	lazy	**vařit/vařím**	to cook/I cook
máma	Mum	**vědět/vím, víš**	to know/I know, you know
možná	perhaps		
nebo, anebo	or, or else	**vepřová (pečeně)**	roast pork
někdy	sometimes	**vaří vepřovou**	s/he's cooking roast pork
oběd	lunch (midday meal)	**zelí**	cabbage
poslouchat/ poslouchám	to listen to/ I listen to	**že ano?**	(*lit.* 'that yes?' = isn't it? *invites agreement*)
pryč	away (not at home)		

The other main meals are **snídaně** 'breakfast' and **večeře** 'evening meal, supper'.

Language points

E-type verbs ('write', 'read')

Another type of verb has the vowel -e- in most of its present endings. We shall call them e-types for this reason.

Common basic verbs of this type must be learnt individually, for example **psát** 'to write'. Its present forms have **š** instead of **s**:

píšu	I write	**píšeme**	we write
píšeš	you write	**píšete**	you write
píše	he/she/it writes	**píšou**	they write

Note how the 'I' form ends in **-u**. Colloquially, the 'we' form of such verbs may drop its final **-e**, e.g. **píšem**.

The verb **číst** 'to read' is another such e-type verb (many of which have infinitives ending in **-st**):

čtu	I read	**čteme**	we read
čteš	you read	**čtete**	you read
čte	he/she/it reads	**čtou**	they read

'Teach' and 'study'

The basic verb **učit/učím** 'to teach/I teach' produces the equally useful reflexive verb **učit se/učím se** 'to study/I study', literally 'to teach oneself'.

Učí češtinu.	S/he teaches Czech.
Učí se češtinu.	S/he studies/learns Czech (*lit.* 'teaches her/himself').

Notice again how **se** does duty for different '-self' words in English:

učím se	I teach myself = I study
učíš se	you teach yourself = you study
učí se	s/he teaches her/himself = s/he studies
učíme se	we teach ourselves = we study
učíte se	you teach yourselves = you study
učí se	they teach themselves = they study

More í-type verbs

Three essential verbs of the í-type have unpredictable infinitives ending in **-át**:

spát/spím	to sleep/I sleep
stát/stojím	to stand/I stand
bát se/bojím se	to fear, to be afraid/I fear, I am afraid

Possessive adjectives

Note how **můj** 'my' and **tvůj** 'your' change for feminine and neuter nouns. The bracketed variants are on the whole less colloquial:

To je můj bratr, moje (má) sestra, moje (mé) auto.
That's my brother, my sister, my car.

To je tvůj otec, tvoje (tvá) matka, tvoje (tvé) auto.
That's your father, your mother, your car.

Tvůj means possession by someone you address as **ty**. **Váš** means possession by a person or people addressed as **vy** (plural, or formal). **Náš** means 'our'.

To je váš bratr, vaše sestra, vaše auto.
That's your brother, your sister, your car.

To je náš bratr, naše sestra, naše auto.
That's our brother, our sister, our car.

Jeho 'his/its' and **jejich** 'their' never alter before different forms of following noun, nor does **její** 'her' with noun subjects. (**Její** is a soft adjective.)

To je její bratr, jeho sestra, jejich auto.
That is her brother, his sister, their car.

The possessive can often be omitted for family members, when it is clear who is meant:

To je bratr.	This is (my) brother.
To je matka.	This is (my) mother.
To je manžel, manželka.	This is (my) husband, wife.

Surnames and forms of address

Learn some common standard vocative forms of address, using terms **pán** 'man, gentleman, master', **mladý pán** 'young man', **paní** 'Mrs, married woman' and **slečna** 'miss'.

Distinguish **pán** from **pan**, the term for 'Mr', as in **pan Novák** 'Mr Novák'. This has a short vowel, as does the vocative of both:

pane!	'Mr!' sir!	**mladý pane!**	young man!
paní!	'Mrs!' madam!	**slečno!**	Miss!

Czechs often use titles in addressing people, for example:

pane doktore!	'Mr doctor!'
pane profesore!	'Mr professor!'
pane inženýre!	'Mr engineer!'

Feminine equivalents of these are:

paní doktorko! paní profesorko! paní inženýrko!

Male surnames are either nouns, e.g. **Hrabal**, or adjectival nouns, e.g. **Novotný**. The nouns needn't alter in informal usage after **pane!** 'Mr!' Adjectival nouns *never* alter in the vocative:

pane Hrabal(e)!	Mr Hrabal!
pane Novotný!	Mr Novotný!

Female surnames add **-ová**, giving an adjectival form. If the male surname is already adjectival, **-ý** just changes to **-á**:

paní Hrabalová	Mrs Hrabal
paní Novotná	Mrs Novotný

More vocatives!

Masculine nouns ending in **k, g, h, ch** (consonants called 'velars') add **-u!** to form the vocative, while nouns ending in a 'soft' consonant (see Pronunciation guide) add **-i!**:

Pepík – Pepíku!	Pepík!
Miloš – Miloši!	Miloš!

Similarly, you will hear **František – Františku!** and **Vašek – Vašku!** (dropping **-e-**).

Pepík is a common familiar form for the personal name **Josef**. The most famous nineteenth-century Habsburg emperor was **František Josef**.

Vašek is a familiar form of **Václav**. The Czech patron saint St. Wenceslas (of the well-known English carol) is **svatý Václav**. **Václav** is also the first name of **prezident Václav Havel**.

Numbers and money

The verb **stát/stojím** 'to stand' also means 'to cost'. Learn the crucial phrase:

Kolik to stojí?   How much does it cost?

Koruna 'crown' is the Czech unit of currency, and feminine. Its plural is **koruny**. 'Money' is **peníze** (*pl.*).

Jeden 'one' becomes **jedna** with feminine nouns, **jedno** with neuter nouns. This is just like the forms of **ten, ta, to** 'that':

jeden dolar	one dollar
jedna koruna (libra, marka)	one crown (pound, mark)
jedno pivo	one beer

However, when stating a price, the feminine ending **-a** becomes **-u** (as object of the verb 'cost'):

Kolik to stojí? (Jednu) korunu.
How much does it cost? One crown.

Dva 'two' becomes **dvě** with feminine and neuter nouns. **Tři** 'three' and **čtyři** 'four' do not alter. With numbers 'two' to 'four' you use plural forms:

dvě, tři, čtyři koruny	two, three, four crowns
dvě, tři, čtyři libry, marky	two, three, four pounds, marks
but **dva … dolary**	two, *etc.* dollars (*m.*)

But with numbers 'five' and above you use special plural forms meaning 'of crowns', 'of pounds' and so on. Just learn these phrases for now:

pět, šest, sedm … korun	five, six, seven … crowns
osm, devět, deset … liber, marek	eight, nine, ten … pounds, marks
pět … dolarů	five … dollars

Numbers 11–100

Numbers in the 'teens' end in **-náct**:

11 **jedenáct**, 12 **dvanáct**, 13 **třináct**, 14 **čtrnáct** (!), 15 **patnáct** (!), 16 **šestnáct**, 17 **sedmnáct**, 18 **osmnáct**, 19 **devatenáct** (!)

The first 'tens' end in **-cet**:

20 **dvacet**, 30 **třicet**, 40 **čtyřicet**

The rest end in **-desát**:

50 **padesát** (!), 60 **šedesát** (!), 70 **sedmdesát**, 80 **osmdesát**, 90 **devadesát** (!)

Learn also **sto** 'a hundred': **sto dvacet** 'a hundred and twenty'.
Compounds with 'one' and 'two' use fixed forms **jedna** and **dva**:

dvacet jedna korun	twenty-one crowns
dvacet dva korun	twenty-two crowns

Exercise 1

Answer these questions about Dialogue 1:

1 Co dělá Eva?
2 Co dělá pan Beneš? (*two things*)
3 Co dělá paní Benešová?
4 Kde je Věra?
5 Co dělá Věra?
6 A co asi dělá bratr? (*three things*)

Exercise 2

Ask simple questions to which these are sensible answers:

1 Kouřím.
2 Igor je doma.
3 Ne, já nespím.
4 Ne, neposlouchám rádio.

38

Exercise 3

Use the right forms for 'my', 'your', 'our' with the nouns which follow:

1 můj: _____ kufr, _____ auto, _____ sestra
2 tvůj: _____ řeka, _____ oběd, _____ rádio
3 náš: _____ město, _____ řeka, _____ hrad
4 váš: _____ matka, _____ učitel ('teacher'), _____ taxík

Exercise 4

Give these prices in Czech crowns:

five crowns, thirty-five crowns, fifty-seven crowns, ninety-two crowns, two crowns, one crown, one hundred and twenty-six crowns

Dialogue 2 ▣

Sport

Sport

Mr Beneš asks more about Eva's brother

BENEŠ: Igor je nemocný?
EVA: Ne. Je jenom trochu líný, víte.
BENEŠ: Má rád nějaký sport?
EVA: Ano. Hraje fotbal. Někdy i volejbal. Ale jen když musí.
BENEŠ: A jaký sport máš ráda ty?
EVA: Já hraju tenis a hokej. A co vy? Co vy hrajete, pane Beneši?
BENEŠ: Ale já jsem starý člověk! Hraju jenom karty a tak. A dívám se někdy na televizi a poslouchám rádio. Když mám čas!
EVA: Ale, pane Beneši, čas máte celý den! Jste přece důchodce, ne?
BENEŠ: Ano, ale musím hodně dělat doma a na zahradě.
EVA: A každý den chodíte do hospody, že ano!

BENEŠ: *Is Igor ill?*
EVA: *No. He's just a bit lazy, you know.*
BENEŠ: *Does he like any sport?*
EVA: *Yes. He plays football. Sometimes volleyball too. But only when he has to.*
BENEŠ: *And what sport do you like?*

EVA: *I play tennis and hockey. And what about you? What do you play, Mr Beneš?*

BENEŠ: *But I'm an old man! I only play cards and stuff. And sometimes I watch TV and listen to the radio. When I have time!*

EVA: *But Mr Beneš, you've got all day! You're a pensioner, aren't you?*

BENEŠ: *Yes, but I have to do a lot at home and in the garden.*

EVA: *And every day you go to the pub, don't you!*

Vocabulary

a tak	and such	**karta**, *pl.* **karty**	card(s)
celý	the whole, all	**každý**	every, each
člověk	person, man	**když**	when
důchodce,	pensioner	**líný**	lazy
důchodkyně		**má rád**	he likes
dívat se	to look at, watch	**má ráda**	she likes
dívat se na	to watch	**máš rád(a)**	you like
televizi	television	**nějaký**	some
fotbal	football	**nemocný**	ill, sick
hodně	a lot, very much	**přece**	after all
hokej	hockey	**televize**	television
hospoda	pub	**tenis**	tennis
do hospody	to the pub	**trochu**	a bit, a little
hrát/hraju	to play/I play	**volejbal**	volleyball
chodit	to go (regularly)	**zahrada**	garden
i	also, and also, even	**na zahradě**	in (*lit.* 'on') the garden
jaký?	what kind of?		

Language points

Sport and games

Here are a few names of sports favoured by the Czechs. The alternative terms ending in **-ná** are adjectival nouns, and less colloquial:

fotbal/kopaná	football, soccer (*highly popular with Czechs*)
hokej	ice hockey (*the usual local form of the sport*)
tenis	tennis
basketbal/košíková	basketball
volejbal/odbíjená	volleyball

plavání	swimming
lyžování	skiing
tanec	dance
šachy	chess
karty	cards

A popular old Czech card game, with its own cards, is called **mariáš** (from French 'mariage'). Traditionally it is played in the **hospoda** 'pub'.

'To play'

Note how the **e**-type verb **hrát** 'to play' has variant forms for 'I' and 'they' in the present tense:

hraju, hraji	I play (*neutral, formal*)
hraješ	you play
hraje	he/she/it plays
hrajeme	we play
hrajete	you play
hrajou, hrají	they play (*colloquial, standard*)

The more formal variants ending in **-i** and **-í** occur mainly after **j** (but also sometimes after other 'soft' consonants, e.g. **píši** instead of **píšu** 'I write').

'To like'

The phrase **mít rád** 'to like' (*lit.* 'to have glad') is used to express a general, habitual liking for a thing or person. **Rád** becomes **ráda** if the subject is female. Compare **on** 'he' and **ona** 'she' (and typical feminine nouns in **-a**):

Igor má rád tenis.
Igor likes tennis.

(On) má rád tenis.
He likes tennis.

Věra má ráda hokej.
Věra likes ice hockey.

(Ona) má ráda hokej.
She likes ice hockey.

The usual negative is **nemít rád**:

Věra nemá ráda tenis.
Věra doesn't like tennis.

With people the meaning can be rather strong, so be careful!

Mám tě rád/Mám tě ráda.
I really like you. I love you.

You can also express active 'dislike' with **nerad, nerada** (short **a**!):

Věra má tenis nerada.
Věra dislikes tennis.

To say that you 'like' or 'dislike' *doing* something you use **rád** or **nerad** with the activity verb (*not* in the infinitive!):

Rád/ráda poslouchám rádio.
I like to listen to the radio.

Nerad/nerada vařím.
I don't like cooking.

The noun **dítě** 'child' is neuter ('it'). So now you use **rádo** (compare neuter **město** 'town'):

Dítě rádo spí.
The child likes sleeping.

The plural form is **rádi**, pronounced [ráďi]. This matches **oni** 'they', pronounced [oňi]:

(Oni) rádi spí.
They like sleeping.

In standard Czech these have special feminine plural forms **ony, rády** (with rarer neuter plurals **ona, ráda**):

(Ony) rády spí.
They (*female*) like sleeping.

However, in ordinary spoken Czech **oni** and **rádi** can be used for any gender.

Expressing necessity/obligation

Muset (or **musit**) 'to have to, must' is the basic verb used to express necessity/obligation.

musím	musíme
musíš	musíte
musí	musí, musejí

Musím vařit oběd.
I have to cook lunch. I must cook lunch.

Musíte poslouchat rádio.
You have to listen to the radio.

Watch the meaning of the negative:

Nemusíte kouřit.
You don't have to smoke. You needn't smoke.

Another verb **smět/smím** 'may, to be allowed' is used for the negative sense of 'mustn't':

Smím kouřit?
May I smoke? Am I allowed to smoke?

Nesmíte tady kouřit.
You mustn't (aren't allowed to) smoke here.

Knowing facts

The basic verb **vědět/vím** 'to know/I know' is an irregular **í**-type. Only the 'they' form of the present matches the infinitive:

vím	I know	**víme**	we know
víš	you know	**víte**	you know
ví	he/she/it knows	**vědí** (!)	they know

Víme, co děláme.
We know what we are doing.

Nevědí, kde je pan Beneš.
They don't know where Mr Beneš is.

Don't confuse this verb with **vidět/vidím** 'to see'. It's easily done!

Nevidíte ho?
Don't you see him? Do you see him?

Polite questions

Note how a negative question in Czech can often mean the same as a positive question in English:

Nevíte, kde je pan Beneš?
Do you know where Mr Beneš is?

In English 'Don't you know ...?' would express surprise or even sarcasm. In Czech negative forms of yes/no questions are regularly more polite.

Knowing how to

Another basic verb **umět** is used for 'know how to':

Pan Beneš neumí vařit.
Mr Beneš doesn't know how to cook.

Věra umí číst.
Věra knows how to read.

Its standard 'they' form is **umějí** (but **umí** also occurs):

Neumějí vařit.
They don't know how to cook.

Languages

To say 'know (a language)' you use **umět** 'know how to' followed by special language adverbs ending in **-sky** or **-cky** (short **-y**):

česky	(in) Czech	**anglicky**	English
německy	German	**slovensky**	Slovak
maďarsky	Hungarian	**polsky**	Polish
rusky	Russian	**francouzsky**	French

Pan Beneš umí jenom česky.
Mr Beneš only knows Czech.
Ale Věra umí anglicky.
But Věra knows English.

Similarly, with **mluvit/mluvím** 'to speak/I speak':

Jan mluví německy.
Jan speaks German.

Corresponding adjectives end in **-ský, -cký**:

český dopis	a Czech letter
anglická kniha	an English book
ruský román	a Russian novel

Nouns for languages end in **-ina**:

čeština	Czech	**slovenština**	Slovak
angličtina	English	**němčina**	German
maďarština	Hungarian	**polština**	Polish
ruština	Russian	**francouzština**	French

Or **jazyk** 'language/tongue' may be used with the adjectives:

český jazyk	the Czech language

With **učit** 'to teach' and **učit se** 'to learn' you can mostly use language adverbs – nouns define a formal study area, e.g. **učím ho česky/češtinu** 'I'm teaching him Czech/Czech language', **učím se česky/češtinu** 'I'm learning Czech'. But, if no student is mentioned, **učím češtinu** means 'I teach Czech' and **učím česky** 'I teach in Czech'!

'To understand'

Rozumět/rozumím 'to understand' is formed from **roz-** plus **umět** 'to know how'. This verb can also be used with language adverbs.

Rozumíte česky?	Do you understand Czech?
Nerozumějí anglicky.	They don't understand English.

Countries and nationalities

The Czech Republic, **Česká republika**, is sometimes also called **Česko** – in fact there is no other one-word form, but the term is not fully accepted by many speakers, as it has a rather slangy quality. Country names commonly end in **-sko, -cko** or **-ie** [-ije]:

Slovensko	Slovakia
Anglie [-ije]	England
Německo	Germany
Rakousko	Austria
Maďarsko	Hungary
Polsko	Poland
Rusko	Russia
Francie	France
Československo	former Czechoslovakia

Velká Británie	Great Britain
Amerika	• America
Spojené státy	the United States

The names for the three historic provinces of the Czech Lands are **Čechy** (*pl.*) 'Bohemia', **Morava** 'Moravia', **Slezsko** 'Silesia'.

Nouns for members of nationalities mostly have female forms in **-ka**:

Čech/Češka	a Czech
Slovák/Slovenka	a Slovak
Angličan/Angličanka	an Englishman/-woman
Američan/Američanka	an American
Němec/Němka	a German
Rakušan/Rakušanka	an Austrian
Maďar/Maďarka	a Hungarian
Polák/Polka	a Pole
Rus/Ruska	a Russian
Francouz/Francouzka	a Frenchman/-woman.

A Moravian is either **Moravan/-ka** or, colloquially, **Moravák/Moravačka**.

Learn also **cizinec/cizinka** 'a foreigner, a stranger', from the soft adjective **cizí** 'foreign'.

Basic plurals of nouns

Nouns commonly have plural **-y** (like **koruny, dolary** above), but neuters ending in **-o** have plural **-a**:

jeden rohlík – dva rohlíky	one roll – two rolls
jedna káva – dvě kávy	one coffee – two coffees

But:

jedno pivo – dvě piva	one beer – two beers

Nouns ending in a 'soft' consonant have plural **-e**. So do nouns ending in **-e**, which means their plural is unaltered:

jeden čaj – dva čaje	one tea – two teas
jedna večeře – dvě večeře	one supper – two suppers

Masculine animate nouns typically have plural **-i**:

jeden kamarád – dva kamarádi [-ďi]	one friend – two friends

We shall look at plurals again in more detail later.

Exercise 5

Answer 'no' to these questions, making complete sentences and using the right gender form if required:

1 Máš rád/ráda tenis? – Ne, …
2 Máte rád/ráda sport?
3 Vaříš?
4 Rozumíš?
5 Jste nemocný/nemocná?
6 Musíte kouřit?

Exercise 6

Answer 'yes' to these questions, in the same way:

1 Musíte se učit? – Ano, …
2 Umíš anglicky?
3 Rozumíte německy?
4 Umí Eva vařit?
5 Mluvíte dobře německy?
6 Musíme se učit?

Exercise 7

Make these nouns plural, changing 'one' to 'two':

jedna sestra, jeden oběd, jedno auto, jeden dopis, jeden taxík, jedna matka

Dialogue 3 🔲

Volný čas

Leisure time

Petr asks Magda about her knowledge of languages and other interests

PETR: Magdo, umíš anglicky?
MAGDA: Ne, Petře. Ale mluvím trochu německy a rozumím polsky.
PETR: Co děláš, když máš volný čas?
MAGDA: Mám ráda hudbu a umění. Ráda poslouchám rádio, dívám se na televizi a čtu si.

PETR: Co ráda čteš?
MAGDA: No – romány, povídky a tak. A co ty?
PETR: Já čtu jenom noviny a časopisy. Máš ráda nějaký sport?
MAGDA: Jenom tenis. A někdy hraju karty. Hraješ rád karty?
PETR: Ne. Já karty vůbec nehraju. Ale hraju šachy.
MAGDA: Já taky. Strašně ráda!
PETR: Musíme si někdy spolu zahrát.

PETR: *Magda, do you know any English?*
MAGDA: *No, Petr. But I speak German a little and I understand Polish.*
PETR: *What do you do when you have free time?*
MAGDA: *I like music and art. I like listening to the radio, watching television and reading.*
PETR: *What do you like reading?*
MAGDA: *Well – novels, short stories and the like. What about you?*
PETR: *I only read newspapers and magazines. Do you like any sport?*
MAGDA: *Only tennis. And sometimes I play cards. Do you like playing cards?*
PETR: *No. I don't play cards at all. But I play chess.*
MAGDA: *So do I. I really love it!*
PETR: *We must have a game together sometime.*

Vocabulary

a tak	and such
čas	time
časopis	magazine
hudba	music
mám rád(a) hudbu	I like music
mluvit	to speak
polsky	Polish
povídka	short story
román	novel
rozumět	to understand
spolu	together
strašně	terribly, awfully
šachy *pl.*	chess
trochu	a little
umění	art
volný	free
vůbec ne(-)	not at all
zahrát si	to have a game

Petr → Petře!: **r** becomes **ř** before vocative **-e** (but *not* after a vowel – e.g. **pane profesore!**).

3 Rodina a práce

The family and work

In this lesson you will learn how to:

- talk more about family
- name some jobs and occupations
- state the object of actions with the accusative
- use some prepositions
- say 'who', 'which' and 'someone'

Dialogue 1 ▣

Rodina

The family

Petr and Magda continue their chat (from the previous lesson)

PETR: Co jinak ráda děláš?
MAGDA: Ráda chodím na procházky. A běhám.
PETR: To jsi teda sportovkyně!
MAGDA: Ale ne! Bratr je velký sportovec. Hraje fotbal, volejbal a hokej. Znáš Igora?
PETR: Ne, neznám. A máš taky sestru?
MAGDA: Ne, nemám. Proč se ptáš?
PETR: Protože to chci vědět!
MAGDA: A ty máš bratra?
PETR: Ano, mám. Ale je hloupý. A nedělá žádný sport.
MAGDA: A co dělá tvůj táta?
PETR: Je lékař.
MAGDA: A máma?
PETR: Máma je učitelka.

PETR: *What else do you like doing?*
MAGDA: *I like going for walks. And I run.*
PETR: *So you're a sportswoman then!*
MAGDA: *No I'm not! My brother's a great sportsman. He plays
             football, volleyball and ice hockey. Do you know Igor?*
PETR: *No, I don't. Do you have a sister too?*
MAGDA: *No. Why do you ask?*
PETR: *Because I want to know!*
MAGDA: *And do you have a brother?*
PETR: *Yes, I do. But he's stupid. And he doesn't play any sport.*
MAGDA: *And what does your Dad do?*
PETR: *He's a doctor.*
MAGDA: *And your Mum?*
PETR: *Mum's a teacher.*

Vocabulary

běhat	to run
bratra	= *acc. of* **bratr** brother (*see Language Points*)
hloupý	stupid, silly
hokej	ice hockey
chci	I want
chodit na procházky	to go for walks
jinak	otherwise, else
lékař, -ka	doctor
proč?	why?
protože	because
ptát se/ptám se	to ask
sestru	*acc. of* **sestra** sister (*see Language Points*)
sportovec	sportsman
sportovkyně	sportswoman
teda	in that case, then
to jsi teda … !	that means you are … then!
učitel, -ka	teacher
vědět/vím	to know (facts)
znát/znám	to know (person, place)
žádný (+ *negative verb*)	no, not any

Dialogue 2 🔲

Paní vrátná

The concierge

*Entering his **kolej** ('hall of residence') a young man, **mladý pán**, is accosted by the new **paní vrátná** ('Mrs porter', as is often said in Czech). A moment later his friend Olga turns up*

VRÁTNÁ:	Mladý pane! Kam jdete? Jak se jmenujete?
KAREL:	Dobrý den, paní vrátná. Jmenuju se Karel Novotný. Já tady bydlím.
VRÁTNÁ:	Promiňte, pane Novotný. Já vás ještě neznám. Jsem tu jenom týden, víte? Počkejte, máte tady dopis…
OLGA:	Ahoj, Karle! Jak se máš?
KAREL:	Ahoj, Olgo! Co tu děláš?
OLGA:	Čekám na Janu. Aha, už jde. Ty máš dopis?
KAREL:	Jo. Píše mi táta, víš. Nechcete jít ke mně? Vařím kafe.
OLGA:	Fajn. Ale musíme se učit! Zítra máme zkoušku.
KAREL:	No dobře. Ale pojďte. Taky musím ještě něco číst. Zítra mám češtinu a angličtinu.
VRÁTNÁ:	Slečno! Kam jdete? (*Ale je pozdě. Už jsou pryč.*)

PORTER:	*Young man! Where are you going? What's your name?*
KAREL:	*Hello ('Mrs porter'). My name's Karel Novotný. I live here.*
PORTER:	*I'm sorry, Mr Novotný. I don't know you yet. I've only been here a week, you know. Wait, there's a letter for you here …*
OLGA:	*Hi, Karel! How are you?*
KAREL:	*Hi, Olga! What are you doing here?*
OLGA:	*I'm waiting for Jana. Ah, she's coming now. You've got a letter?*
KAREL:	*Yes. It's from Dad (*lit. *'Dad is writing to me'), you know. Do you want to come to my room? I'm making coffee.*
OLGA:	*Fine. But we have to study! We have an exam tomorrow.*
KAREL:	*Well okay. But come on. I've still got to read something as well. Tomorrow I have Czech language and English.*
PORTER:	*Miss! Where are you going? (But it's too late. They've gone now.)*

Vocabulary

bydlet/bydlím	to live/I live	mi	to/for me
čekat/čekám na	to wait/I wait for	něco	something
fajn	fine, okay	no ...	well, um ...
chceš, chcete	you want	počkej(te)!	wait! (-te for
jít/jdu	to go, come		pl./formal sg)
ještě	still	pojď(te)!	come!
ještě ne(-)	not yet, still not	pozdě	(too) late
jo	yes (coll. for ano)	týden	week
kam	where to?	tu = tady	here
kafe n.	coffee (coll. for	zkouška	examination
	káva)		
ke mně	to me (motion), to		
	my place		

A smaller exam would just be called **test**. An exercise is **cvičení**.

Language points

Family

We have begun to meet various nouns for **lidé** 'people' and **rodina** 'the family'. In the list below, note that **děvče** 'girl' and **dítě** 'child' both count as neuter!

žena – muž	woman – man/wife, husband
ženská – mužský	woman – man (casual/coll.)/female – male
děvče n. (!), pl. děvčata	girl, girls
dívka, holka, holčička	girl (positive tone), girl (casual/coll.), little girl
kluk, chlapec	boy, little boy
hoch	boy (usually more formal)
matka – otec	mother – father
sestra – bratr	sister – brother
dcera – syn	daughter – son
teta – strýc	aunt – uncle
babička – dědeček	grandmother – grandfather
vnučka – vnuk	granddaughter – grandson
manželka – manžel	wife – husband
manželé pl.	married couple

rodič(e) – prarodiče   parent(s) – grandparents
příbuzný, -á   a relative

dítě *n.* (!), **děti** *f. pl.* (!)   child, children

To these we may add the more intimate terms:

máma, maminka   mum, mummy
táta, tatínek   dad, daddy
strejda = strýc   uncle

Children often call unrelated grown-ups (including perhaps you as a foreign visitor) **strejda** 'uncle', **teta** 'aunty'.

The nominative

The basic (dictionary) form of a Czech noun is the subject form, called the 'nominative' case. This is used for the subject (agent, doer) of a verb:

Otec vaří.   Father is cooking.
Voda je dobrá.   The water is good.

The accusative

A noun directly affected by the action or other meaning of a verb is called its object. If you say 'the dog bites Peter' then the object is Peter. But if you say 'Peter bites the dog', then the object is the dog!

In Czech you often have to put a noun into a special form for the object called the 'accusative case'.

However, only masculine animate nouns (i.e. masculine nouns for men and animals) and feminine nouns have different forms. Masculine *inanimates* and neuters always stay the same in the accusative case:

Máme kufr. Máme auto.   We have a suitcase. We have a car.
Otec vaří oběd.   Father is cooking lunch.

Hard and soft nouns

When dealing with the way Czech nouns 'decline' or change their endings in different 'cases', you need to distinguish between so-called 'hard' and 'soft' types.

Learn this general rule:

hard	ending in a 'hard' consonant, **-a** or **-o** (e.g. **hrad** m. 'castle', **voda** f. 'water', **město** n. 'town')
soft	ending in a 'soft' consonant, **-e** or **-í** (**pokoj** m. 'room', **lekce** f. 'lesson', **náměstí** n. 'square')

Remember, *soft* consonants are those with accents, plus **c** and **j**. The rest normally count as hard.

Hard types

Feminine nouns ending in **-a** form an accusative in **-u**:

voda	**Petr vaří vodu.**	Petr boils the water.
sestra	**Petr vidí sestru.**	Petr sees (his) sister.

So do any masculine animates ending the same way:

táta	**Petr vidí tátu.**	Petr sees Dad.

But typical masculine animates ending in a 'hard' consonant add **-a**:

bratr	**Petr má bratra.**	Petr has a brother.
David	**Petr hledá Davida.**	Petr is looking for David.

Note: the verb 'to be' is *not* followed by the accusative!

To je Jana/David.   That is Jana/David.

Soft types

Soft feminine nouns ending in **-e** have an accusative ending in **-i**:

Libuše	**Hledáme Libuši.**	We're looking for Libuše.
ulice	**Hledáme ulici.**	We're looking for a street.

Soft masculine animates have an accusative ending in **-e**. The ending **-tel** also counts as soft, e.g. **učitel** 'teacher'.

Miloš	**Hledáme Miloše.**	We're looking for Miloš.
učitel	**Hledáme učitele.**	We're looking for a teacher.

Any other soft types remain *unchanged*:

Hledáme náměstí.	We're looking for the square.
Hledáme kancelář.	We're looking for the office.

Vanishing syllables

Many nouns ending in a consonant drop a final -e- syllable when any case endings are attached:

To jsou Karel a Pavel.	That's Karel and Pavel.
Znáte Karla a Pavla?	Do you know Karel and Pavel?

Similarly:

Karle! Pavle!	Karel! Pavel!

Prepositions

Prepositions are words like 'on', 'onto', 'for', 'across', which link up with nouns to define place, time, purpose, etc.

In Czech they are always followed by nouns in particular cases. For example, the accusative case is used with:

---

na meaning 'onto' or 'for (a purpose)'

Čekám na Věru, na Milana.
I'm waiting for Věra, Milan.

Dávám oběd na stůl. (*here acc.= nom.*)
I put ('give') lunch onto the table.

---

pro meaning 'for' in the sense of 'for the benefit of'

Kniha pro Irenu, pro Igora.
A book for Irena, for Igor.

---

přes meaning 'across, despite'

Most přes řeku.
A bridge across the river.

Knowing people and places

To say you 'know, are familiar with' a person or place, use the verb **znát/znám** (not **vědět/vím**, which is used for facts, information):

Znáte Prahu?	Do you know Prague?
Znáte Karla?	Do you know Karel?
Ne. Karla neznáte.	No. You don't know Karel.

Note the flexible word order of Czech. You put the word you want to emphasize more at the end. (In the third example the topic of Karel had already been mentioned. It was the matter of not knowing him that was important.)

Exercise 1

Complete the following as suggested and translate:

1 Vidím _____. (*the river*)
2 Vařím _____. (*lunch, supper*)
3 Nemáme _____. (*water*)
4 Nemají _____. (*a teacher*)
5 Neznají _____. (*Igor*)
6 Vidíte _____? (*brother*)

Exercise 2

Say or write the following in Czech:

1 I have a brother.
2 I don't have a sister.
3 Eva doesn't have a father.
4 They don't have a mother.
5 Do you know Eva?
6 Do you know Josef?
7 Does Eva know Pavel?

Exercise 3

Translate and answer these questions (honestly!), in complete sentences:

1 Běháte?
2 Vaříte?
3 Máte ráda/rád vodu?
4 Jste sportovec/sportovkyně?
5 Chodíte na procházky?
6 Máte rád/ráda fotbal?
7 Znáte dobře Prahu?

Dialogue 3 ▣

Návštěva

A visit

Andrew Brown is looking for his friend Ivan Drábek. Paní Drábková comes to the door

ANDREW: Dobrý den. Promiňte, někoho tady hledám, ale nevím, jestli mám správnou adresu.
DRÁBKOVÁ: Koho hledáte?
ANDREW: Nebydlí tady Ivan Drábek?
DRÁBKOVÁ: Ano, já jsem Drábková. Ivan je můj syn. A kdo jste vy?
ANDREW: Já jsem Andrew Brown, anglický novinář. Neumíte náhodou anglicky?
DRÁBKOVÁ: Bohužel ne. Mluvím jenom česky.
ANDREW: Moje čeština je velmi špatná, víte. Učím se jen rok.
DRÁBKOVÁ: Ale mluvíte pěkně. Máte pěknou výslovnost.

ANDREW: *Hello. Excuse me, I'm looking for somebody here, I don't know if I have the right address.*
DRÁBKOVÁ: *Who are you looking for?*
ANDREW: *Does (lit. 'doesn't') Ivan Drábek live here?*
DRÁBKOVÁ: *Yes, I'm (Mrs) Drábková. Ivan's my son. And who are you?*
ANDREW: *I'm Andrew Brown, an English journalist. You don't know English by any chance?*
DRÁBKOVÁ: *No, unfortunately. I only speak Czech.*
ANDREW: *My Czech is very bad, you know. I've only been learning (lit. 'I'm learning') it for a year.*
DRÁBKOVÁ: *But you speak nicely. You have nice pronunciation.*

Vocabulary

adresa	address	pěkně	nicely
hledat	to look for	promiňte	excuse me
jestli	if, whether	rok	(for) a year
koho, *acc. of* kdo	who?	správný	correct, right
náhodou	by chance, maybe	syn	son
někoho, *acc. of* někdo	someone	špatný	bad
novinář, -ka	journalist	výslovnost	pronunciation

Language points

Occupations

Czech personal nouns usually have separate male and female forms. Female forms usually add **-ka**, e.g. **ředitel**, **ředitelka** 'manager, director'. Some terms for occupations (**práce** means 'work', **zaměstnání** 'employment') are close to English:

architekt, -ka	architect
bankéř, -ka	banker
diplomat, -ka	diplomat
doktor, -ka	doctor
ekonom, -ka	economist
inženýr, -ka	engineer
manažer, -ka	business manager
sekretář, -ka	secretary
žurnalista, -istka	journalist

With others, note how related words have shared roots:

lékař, -ka	physician, doctor
lék	a medicine
novinář, -ka	journalist
nový	new
noviny	newspaper
právník, právnička	lawyer
právo	law, justice, right [*but*: **zákon** 'a law']
překladatel, -ka	translator
překládat	to translate
učitel, -ka	teacher
učit	to teach
učit se	to learn
podnikatel, -ka	entrepreneur
podnik	an enterprise

Some female forms end in **-ice** or **-yně**:

dělník, dělnice	worker, industrial worker
dělat	to do, make
pracovník, pracovnice	worker, employee
práce	work
hudebník, hudebnice	musician
hudba	music

průvodce, průvodkyně	guide
also **průvodce**	guidebook
umělec, umělkyně	artist
umění	art

Adjectives

Adjectives only have distinct accusative forms in conjunction with feminine and masculine animate nouns.

Feminine **-á** becomes accusative **-ou**:

To je dobrá voda.	That is good water.
Máme dobrou vodu.	We have good water.
To je správná adresa.	That is the correct address.
Máme správnou adresu.	We have the right address.

Masculine animate **-ý** becomes accusative **-ého**:

To je dobrý právník.	That is a good lawyer.
Máme dobrého právníka.	We have a good lawyer.
Pavel je malý kluk.	Pavel is a small boy.
Honza má malého kluka.	Honza has a small boy.

Soft adjectives only change for masculine animate **-ího**:

Má inteligentního kluka.	S/he has an intelligent boy.

Surnames again

Remember, female surnames in **-ová** behave like adjectives. Surnames in **-ý** are really adjectives and have female forms in **-á**. **Paní** 'Mrs' is invariable in the singular.

To je paní Novotná.	This is Mrs Novotná.
Znáte paní Novotnou?	Do you know Mrs Novotná?
To je paní Benešová.	This is Mrs Benešová.
Znáte paní Benešovou?	Do you know Mrs Benešová?

Here are the male equivalents (note again the difference between hard and soft types in the accusative):

To je pan Novotný.	This is Mr Novotný.
Znáte pana Novotného?	Do you know Mr Novotný?

To je pan Beneš.	This is Mr Beneš.
Znáte pana Beneše?	Do you know Mr Beneš?

'Who' and 'someone'

To ask 'who?' you use **kdo**:

Kdo je to?	Who is it?

But if 'who?' is the object it becomes **koho** in the accusative case:

Koho hledáš?	Who are you looking for?

Similarly, **někdo** changes to **někoho** if it is the object:

Je tam někdo?	Is somebody there?
Hledám někoho.	I'm looking for someone.

'Who' and 'which'

If 'who' has nothing to do with a question, but refers to a preceding noun, you use **který, -á, -é**. Its gender form matches the noun it refers to:

Mám bratra, který se učí česky.
I have a brother who is learning Czech.

Mám sestru, která se učí anglicky.
I have a sister who is learning English.

If the noun is a thing, **který** means 'which' (often omitted in English):

Auto, které tady vidíte, je výborné.
The car (which) you see here is excellent.

In a question **který?** again means 'which?', while **jaký?** means 'what kind of?':

Které je to auto?	Which car is it?
Jaké je to auto?	What kind of car is it?

Exercise 4

Complete the following as suggested and translate:

1 To je _____ voda. (*good*)
2 Ivan má _____ učitele. (*good*)
3 Eva nemá _____ adresu. (*correct*)
4 Znáte pana _____ ? (*Bílý*)

5 Máte _____ výslovnost. (*nice*)
6 Věra má _____ otce. (*a good*)
7 Ondřej má _____ matku. (*a pretty*)
8 _____ hledáš? (*whom*)
9 Honza _____ hledá. (*someone*)

Exercise 5

Which of these statements are true (**ano/ne?**) about Dialogue 3?

1 Andrew hledá Ivana Drábka.
2 Ivan hledá matku.
3 Andrew je americký student.
4 Paní Drábková někoho hledá.
5 Paní Drábková umí jenom anglicky.

Dialogue 4 ▣

Je Andrew ženatý?

Is Andrew married?

*Andrew has strong Czech connections – his sister is married to a Czech,
and his brother is also learning the language*

DRÁBKOVÁ: Nemáte náhodou manželku Češku?
ANDREW: Ne. Nejsem ženatý. Ale mám sestru, která je překla-
           datelka a má za manžela Čecha, a bratra, který je právník
           a učí se taky česky. Máme dobrého přítele, který nás učí.
           Je inženýr a chce se učit anglicky. Jmenuje se Petr
           Šedivý. Znáte ho?
DRÁBKOVÁ: Ale ano, Petra známe dobře. Ivan má taky angličtinu
           velmi rád. Učí se už dlouho, rád čte anglickou a ame-
           rickou literaturu. Pojďte dál. Ivan je doma. Dívá se na
           televizi. Právě dávají americký film.

DRÁBKOVÁ: *You don't happen to have a Czech wife, do you?*
ANDREW: *No. I'm not married. But I have a sister who's a translator
           and has a Czech husband, and a brother who's a lawyer
           and also learning Czech. We have a good friend who's
           teaching us. He's an engineer and he wants to learn
           English. His name's Petr Šedivý. Do you know him?*

DRÁBKOVÁ: *Yes, I know Petr well. Ivan also likes English very much. He's been learning for a long time now, he likes reading English and American literature. Come in. Ivan's at home. He's watching television. They're just showing an American film.*

Vocabulary

americký	American
čte	reads, is reading
dál(e)	further
dávat	to give, put (*here* = show)
chce	s/he wants
inženýr, -ka	engineer
který, -á, -é	who, which
literatura	literature
manžel	husband
manželka	wife
nás	us
pojďte dál	come on in
právě	just, just now
právník, právnička	lawyer
překladatel, -ka	translator
přítel, přítelkyně	friend
učit	to teach
učit se	to study, learn
už	now, already
za manžela *acc.*	'for a husband'
ženatý	married

Note that 'married' of a man is **ženatý**, but 'married' of a woman is **vdaná**:

Milan je ženatý. Zuzana je taky vdaná.
Milan is married. Zuzana's also married.

4 Město a sídliště

City and housing estate

In this lesson you will learn how to:

- talk about places
- use two verbs for 'to go' and **-ovat** verbs
- ask for items in a snackbar
- discuss studies and chores
- understand more cases, say 'of' with the genitive
- say 'x times'

Dialogue 1 ▣

Kam jdeš?

Where are you going?

Petr asks Jana where she's going, and what Věra and Eva are doing

PETR: Ahoj, Jano! Jak se máš?
JANA: Dobře. Kam jdeš?
PETR: Jdu do města. Nevíš, kde je Věra?
JANA: Věra je ve městě. Kupuje dárek. Potom jde na večeři k Zuzaně.
PETR: A Eva?
JANA: Eva je v Brně. Je na návštěvě u kamaráda.
PETR: Škoda.

PETR: *Hello, Jana. How are you?*
JANA: *Fine. Where are you going?*
PETR: *I'm going to town. Do you know where Věra is?*
JANA: *Věra's in town. She's buying a present. Then she's going for dinner to Zuzana's.*
PETR: *And Eva?*

JANA: *Eva is in Brno. She's visiting a friend.*
PETR: *Pity.*

Vocabulary

dárek	present, gift
do + *gen.* **(města)**	into/to (town)
jít/jdu	to go/I go
k + *dat.* **(Zuzaně)**	to (Zuzana's)
kam	where to?
kamarád, -ka	friend
kupovat/kupuju	to buy/I buy
na + *loc.* **(návštěvě)**	on (a visit)
návštěva	a visit
potom	then
škoda	a pity
u + *gen.* **(kamaráda)**	at (a friend's)
v, ve + *loc.* **(městě)**	in (town)
večeře	dinner/supper
na večeři *acc.*	for supper

Dialogue 2 💿

Práce a škola

Work and school

Jana is studying **na univerzitě** *'at university'/* **na vysoké škole** *'in higher education'.* **Vysoký** *means 'high', but 'high school'/'secondary school' is* **střední škola** *and 'elementary, primary school' is* **základní škola**

PETR: Co děláš? Máš chvíli čas?
JANA: Uklízím byt, mezitím vařím oběd, dívám se na televizi. Potom jdu do samoobsluhy. No a tak dál.
PETR: Ty nejdeš do práce? Pracuješ, ne?
JANA: Ne. Už rok nepracuju. Jsem studentka. Studuju v Praze medicínu. Teď máme prázdniny, víš.
PETR: Já taky studuju. Studuju v Brně ekonomii.

PETR: *What are you doing? Do you have a moment?*
JANA: *I'm tidying the flat, in the meantime cooking lunch, and watching television. Then I'm going to the local supermarket. And so on.*

PETR: *Aren't you going to work? You are working, aren't you?*
JANA: *No. I haven't been working for a year now. I'm a student. I'm studying medicine in Prague. At the moment we're on holiday, you know.*
PETR: *I'm studying too. I'm studying economics in Brno.*

Vocabulary

byt	flat, apartment	**Praha**	Prague
a tak dál(e)	and so on	**v Praze**	in Prague
ekonomie	economics	**prázdniny**	holidays
chvíli *acc.*	for a moment, a while	**samoobsluha**	self-service (grocery store)
medicína	medicine		
mezitím	meanwhile	**studovat/studuju**	to study/I study
nejdeš	you're not going	**teď**	now
no	well	**uklízet/uklízím**	to tidy/I tidy
práce	work		
do práce	to work		
pracovat/pracuju	to work/I work		

Language points

'To go'

You should learn the 'I' present form of monosyllabic verbs individually, as they tend to be unpredictable. Many have **e**-type personal endings.

Look at the basic verb **jít/jdu** 'to go', and distinguish it from the verb **jet/jedu** 'to go by vehicle, to ride'. They use the same basic endings, but you use **jet** when you refer to going by vehicle (or riding on horseback).

-u	**jdu**	I go	**jedu**	I ride
-eš	**jdeš**	you go	**jedeš**	you ride
-e	**jde**	he/she/it goes	**jede**	he/she/it rides
-eme	**jdeme**	we go	**jedeme**	we ride
-ete	**jdete**	you go	**jedete**	we ride
-ou	**jdou**	they go	**jedou**	they ride

The **j** in **jd-** can be omitted in casual speech, but not in the negative:

Jde domů.	He is going home.
Nejde domů.	He isn't going home.

Jít and **jet** can also both also mean 'come' – i.e. the 'going' can be in either direction. Note **sem** meaning motion 'to here':

Jde tam.	He is going there.
Jede tam.	He is going there (by vehicle).
Jde sem.	He is coming here.
Jede sem.	He is coming here (by vehicle).

Verbs in -ovat

Verbs with infinitives ending in the suffix **-ovat** also belong to the **e**-type. Note how infinitive **-ovat** becomes present tense **-uju**, etc.

Pracujou is a common spoken form, but non-standard.

pracuju (*neutral*), **pracuji** (*formal*)	I work
pracuješ	you work
pracuje	he/she/it works
pracujeme	we work
pracujete	you work
pracují (*standard*), **pracujou** (*coll.*)	they work

Other common verbs of this basic type are: **kupovat/kupuju** 'to buy', **děkovat/děkuju** 'to thank', **opakovat/opakuju** 'to repeat', and verbs of foreign origin such as **studovat/studuju** 'to study', and **organizovat/ organizuju** 'to organize'.

The present tense: revision

The present tense of a verb can usually be predicted from its infinitive, unless it is monosyllabic. Regular types include:

-at:	**čekám, čekáš, čeká**	wait
	čekáme, čekáte, čekají	
-it:	**vařím, vaříš, vaří**	cook
	vaříme, vaříte, vaří	
-ět:	**vidím, vidíš, vidí**	see
	vidíme, vidíte, vidí	
-ovat:	**pracuju, pracuješ, pracuje**	work
	pracujeme, pracujete, pracují	

Certain **-ět/et** verbs have a standard 'they' form in **-ějí/ejí**, e.g. **rozumějí** 'they understand' (sometimes also **rozumí**).

In everyday speech the ending **-ejí** shortens to **-ej**. Many speakers use this ending informally with any **í**-type verb, though it is markedly non-standard, e.g. **viděj** 'they see', **vařej** 'they cook'.

More about cases

Czech nouns have to be put into different forms or 'cases' for various purposes, as we have seen already. Cases are vital, but at first one of the hardest things for English speakers to master.

We'll try to make it as simple as we can. The vocative and accusative have already been discussed. The other cases are as follows:

- The *genitive* case means 'of'. It also follows **do** 'into', **z** 'out of', and **od** 'from (a person)'.
- The *dative* means 'to/for'. It also follows **k/ke** 'towards'.

(Both cases can denote a change of place.)

- The *locative* follows **v/ve** 'in', **na** 'on', and **o** 'about'.
- The *instrumental* follows **za** 'behind/beyond', **před** 'in front of', and **s** 'with'.

(Both cases can denote a fixed location.)

Case forms

Here are some typical examples of the case forms, using two basic 'hard' type nouns after prepositions. Notice the obvious differences between feminine **voda** 'water' and neuter **město** 'town'. The locative in **-ě** is the same for both:

gen.	**do vod-y**	**do měst-a**	into, from
dat.	**k vod-ě**	**ke měst-u**	to/wards
loc.	**ve vod-ě**	**ve měst-ě**	in
ins.	**za vod-ou**	**za měst-em**	beyond, behind

(For **k** 'towards' and **v** 'in' use the longer forms **ke** and **ve** sometimes for clarity or ease of pronunciation.)

Masculine inanimates, e.g. **byt** 'flat, apartment', have similar forms to the neuters, but the genitive usually ends in **-u**: **do bytu** 'into the flat', **k bytu** 'towards the flat', **v bytě** 'in the flat', **za bytem** 'behind the flat'. The ending **-u** is also found in the locative, e.g. **v bytě** *or* **v bytu**.

We shall focus on each case in more detail later. At first, just concentrate on recognition and learning common phrases.

Exercise 1

True or false about Dialogue 1? (**Ano/ne?**)

1 Eva je v Praze.
2 Věra jde k Evě na večeři.
3 Petr kupuje dárek.
4 Petr jde do města.
5 Věra je na návštěvě u kamaráda.

Exercise 2

True or false about Dialogue 2? Correct those which are wrong:

1 Petr vaří oběd.
2 Jana uklízí byt.
3 Petr jde do samobsluhy.
4 Petr studuje v Praze medicínu.
5 Jana studuje v Brně ekonomii.

Exercise 3

Translate these verb forms into Czech:

> I work, you (*sg*) smoke, they look for, we give, they play, we cook, they sleep, I go, I tidy up, we study

Dialogue 3 ▐▌

V bufetu

In the snackbar

*Honza asks the female assistant (**prodavačka**) for some drinks and ice-cream in a snackbar (**bufet**). When ordering things in a café, etc., you usually say 'once', 'twice' or 'three times', etc. for one, two or three items. (The item stays in the singular.) The accusative is used for the items requested – so watch out for feminines: **zmrzlin-a** and **sklenic-e** become **zmrzlin-u** and **sklenic-i**!*

PRODAVAČKA: Co si přejete?
HONZA: Sklenici mléka, třikrát zmrzlinu, jednou kávu a dvakrát kolu prosím. A skleničku vína.

PRODAVAČKA: Bílé nebo červené víno?
HONZA: Červené.
PRODAVAČKA: A jakou si přejete zmrzlinu? Jahodovou, čokoládovou nebo vanilkovou?
HONZA: Dvakrát jahodovou a jednou vanilkovou.

ASSISTANT: *What do you want?*
HONZA: *A glass of milk, three ice creams, one coffee and two colas please. And a glass of wine.*
ASSISTANT: *White or red wine?*
HONZA: *Red.*
ASSISTANT: *And what kind of ice cream do you want? Strawberry, chocolate or vanilla?*
HONZA: *Two strawberry and one vanilla.*

Vocabulary

bílý	white	**mléko** (*coll.* **mlíko**)	milk
červený	red	**sklenice**	a (taller) glass
čokoláda	chocolate	**sklenička**	smaller (e.g.
čokoládový	chocolate *adj.*		wine) glass
dvakrát	twice	**třikrát**	three times
jahoda, -y	strawberry, -ies	**vanilka**	vanilla
jahodový	strawberry *adj.*	**vanilkový**	vanilla *adj.*
jednou	once	**víno**	wine
káva	coffee	**zmrzlina**	ice cream
kola	cola	**přát/přeju si**	to wish

Co si přejete?   What would you like?

Dialogue 4 ▣

Vzkaz

A message

*A young man (**mladý pán**) comes into the snack bar to look for someone*

MLADÝ PÁN: Promiňte, nevíte, jestli tady není paní Čermáková? Myslím, že tady pracuje. Mám tady vzkaz od její sestry.
PRODAVAČKA: Ano, mladý pane, pracuje tady. Právě jde. Máte štěstí. Dobrý den, paní Čermáková, máte návštěvu. Já už jdu domů. Na shledanou.

YOUNG MAN: *Excuse me, do you know if Mrs Čermáková is here? I think that she works here. I have a message here from her sister.*

ASSISTANT: *Yes, young man, she works here. She's just coming. You're in luck. Hello, Mrs Čermáková, you've got a visitor. I'm going home now. Goodbye.*

Vocabulary

aha	ah!
domů	(to) home
její	her
myslet/myslím	to think/I think
návštěva	visit, *here* visitor
od + *gen.*	from
vzkaz	message

Dialogue 5 🔲

Jana píše dopis

Jana writes a letter

Jana tells pan Novák about a friend she's writing to

JANA: Kam jdete, pane Novák!

NOVÁK: Jdu do parku, když je tak pěkně. A co děláte vy? Píšete něco? Vidím, že máte papír a pero.

JANA: Jdu do zahrady. Píšu dopis. Moje přítelkyně píše, že je jí smutno. Chci jí napsat pár slov.

NOVÁK: Jak se jmenuje vaše přítelkyně?

JANA: Jmenuje se Eva. Je to milé děvče. Mám ji moc ráda.

NOVÁK: Kde bydlí?

JANA: Teď bydlí v Londýně. Studuje tam ekonomii.

NOVÁK: Umí anglicky? Mluví a píše dobře?

JANA: Ano, samozřejmě. Eva je totiž Angličanka.

JANA: *Where are you going, Mr Novák?*

NOVÁK: *I'm going to the park, since it's so nice. What about you, what are you doing? Are you writing something? I see you've got some paper and a pen.*

JANA: *I'm going into the garden. I'm writing a letter. A girlfriend of*

*mine has written to me saying she's feeling miserable. I want
to write her a few words.*
NOVÁK: *What's your friend's name?*
JANA: *Her name's Eva. She's a sweet girl. I like her very much.*
NOVÁK: *Where does she live?*
JANA: *She's living in London now. She's studying economics there.*
NOVÁK: *Does she know English? Does she speak and write it well?*
JANA: *Yes, of course. You see, Eva's English.*

Vocabulary

děvče *n.*	girl	**psát/píšu**	to write/I write
ji	her		(*activity*)
jí	to her	**přítelkyně**	female friend
milý	dear	**slovo**	word
moc	very, a lot	**pár slov**	a couple of words
napsat (*cf.* **psát**)	to write (*complete act*)	**smutno**	sad
		totiž	that's to say, you see (*explanatory*)
něco	something		
ode mě	from me		
papír	paper	**váš, vaše**	your
pár	a couple	**vidět/vidím**	to see/I see
park	park	**zahrada**	garden
pero	pen	**že …**	that …

Note the idiomatic phrase **je jí smutno**, *lit.* 'it is to her sad', which means
'she's feeling sad, she's in a sad state of mind'. Similarly, you say **je mi
smutno**, *lit.* 'it is to me sad', 'I'm feeling sad.'

Language points

Reflexive si

Remember the common phrase **co si přejete?** 'what would you like?'
(*lit.* 'what do you wish?').

Notice the little word **si**, which means 'for/to oneself' (it is the dative
of **se** 'oneself').

Many verbs commonly appear with **si** attached:

Kupuju si svetr.	I buy (for) myself a sweater.
Kupuješ si svetr.	You buy yourself a sweater.
Kupuje si svetr.	S/he buys herself/himself a sweater.

Kupujeme si svetr.	We buy ourselves a sweater.
Kupujete si svetr.	You buy yourselves a sweater.
Kupují si svetr.	They buy themselves a sweater.

Try not to confuse this word when you hear it with **jsi** meaning 'you are'!

Jsi doma?	Are you at home?

Saying 'of'

To say 'of' you use the genitive case on its own. Here are typical examples, using hard-type nouns:

f.	**-y**	**káva: šálek/hrnek kávy**	cup/mug of coffee
		voda: sklenice vody	glass of water
n./m.a.	**-a**	**víno: sklenice vína**	glass of wine
		mléko: sklenice mléka	glass of milk
		autor: jméno autora	name of author
m.i.	**-u**	**papír – kousek papíru**	piece of paper

Masculine *inanimates* mostly have the genitive ending **-u**, but not all! Some individual nouns have the ending **-a**, e.g. **sýr – kousek sýra** 'a piece of cheese'. You just have to learn which!

Notice the vowel shortening in **chléb – kousek chleba** 'a piece of bread'. This happens with just a few nouns, before any case endings. (With this word, **chleba** is also used colloquially as nominative/accusative! **Máte chleba?** 'Do you have any bread?')

'Soft' nouns mostly have the genitive ending **-e**, e.g. **hodně práce** 'lots of work'. But we'll look at these properly later.

'Into' and 'out of'

As we have already mentioned, the genitive case follows **do** 'into' and its opposite **z** 'out of, from':

f.	**Praha**	**do/z Prahy**	(in)to/from Prague
n.	**auto**	**do/z auta**	into/out of the car
m.i.	**hotel**	**do/z hotelu**	into/out of the hotel

Place names ending **-ín/-ýn** or **-ov** have genitive **-a**:

Londýn – do Londýna	(in)to London
Zlín – do Zlína	to Zlín
Benešov – do Benešova	to Benešov

Z becomes **ze** before words beginning with **z/s**, and sometimes to avoid creating awkward consonant clusters:

zahrada – ze zahrady   out of the garden
škola – ze školy   out of school

'From'

The genitive also follows **od** 'from, away from' (a person or place):

f.	**Dopis od Evy.**	A letter from Eva.
m.i.	**Dopis od Adama.**	A letter from Adam.
f.	**Jdou od řeky.**	They are coming from the river.

Masculine animate nouns: accusative = genitive

The genitive of *masculine animate nouns* is normally identical to the accusative:

Znáte Igora. Dopis od Igora.   You know Igor. A letter from Igor.

Znáte Miloše. Dopis od Miloše.   You know Miloš. A letter from Miloš.

Only those ending in **-a** in the nominative disobey this rule, by following the feminine type, e.g. **táta** 'Dad':

Znáte tátu. Dopis od táty.   You know Dad. A letter from Dad.

Znáte mámu. Dopis od mámy.   You know Mum. A letter from Mum.

'*X* times': *x*-krát

As we saw when ordering in the snackbar, to say '*x* times' you can simply add **-krát** to the number:

jedenkrát (*or* **jednou**) 'once', **dvakrát** 'twice', **třikrát** 'three times' … **desetkrát** 'ten times' … **stokrát** 'a hundred times'

Similarly:

několikrát 'several times', **mnohokrát/mockrát** 'many times', **víckrát** 'more times', *also* **tentokrát** 'this time', **tenkrát** 'that time' (*or* **tehdy** 'then, at that time')

Exercise 4

These people are going to various places. Add correct forms of the place names suggested:

1 Brno: Josef jede do _____.
2 Ostrava: Eva jede do _____.
3 Oxford: Ivan jede do _____.
4 Jihlava: Věra jede do _____.
5 Kolín: Igor jede do _____.

Exercise 5

Co si přejete? 'What do you want?' Reply, asking for the following:

1 two ice creams (*'twice ice cream'*)
2 three colas (*'three times cola'*)
3 a glass of milk
4 a cup of coffee
5 a piece of bread
6 a glass of water

Exercise 6

Complete as suggested and translate:

1 Jdu do _____. (*hotel*)
2 Jdou do _____. (*garden*)
3 Jana jde do _____. (*park*)
4 Adam má _____. (*a glass of wine*)
5 Pavel nemá _____. (*ice cream*)
6 Přejete si _____? (*coffee*)
7 Eva _____ dopis. (*is writing*)
8 Karel si kupuje _____. (*a book*)

Dialogue 6 🔲

Sídliště

A housing estate

Filip Novák's just moved house and now he's living out at the end of the **metro** *'underground',* **v Jižním Městě,** *in Jižní Město 'South City', on a large Prague* **sídliště** *(*n.*) 'housing estate' (***bydlí na sídlišti** *'he lives on a housing estate')*

FILIP: Dobrý den, paní Čermáková. Jak se máte?
ČERMÁKOVÁ: Dobře. Kam jedete?
FILIP: Jedu do města. Právě čekám na tramvaj. No a odpoledne jedu k tetě do Ostravy. Teta má dceru, která studuje angličtinu. Právě píše diplomovou práci a potřebuje pomoc. Strašně nerada píše, ale teď prostě musí.
ČERMÁKOVÁ: A co děláte teď vy? Pracujete nebo ještě studujete?
FILIP: Jsem student. Studuju angličtinu a němčinu.
ČERMÁKOVÁ: Bydlíte tu někde blízko?
FILIP: Ne, teď máme nový byt. Je dost daleko, v Jižním Městě. Starý je hned za rohem. Moje sestra tam stále ještě bydlí. A vy, kde pracujete?
ČERMÁKOVÁ: Jsem prodavačka. Prodávám v samoobsluze. Právě teď tam jedu. Čekám na autobus.

FILIP: *Hello, Mrs Čermáková. How are you?*
ČERMÁKOVÁ: *Fine. Where are you going?*
FILIP: *I'm going to town. I'm just waiting for the tram. And in the afternoon I'm going to my aunt's in Ostrava. My aunt has a daughter who's studying English. She's just writing her diploma thesis and she needs help. She really doesn't like writing, but now she simply has to.*
ČERMÁKOVÁ: *And what are you doing now? Are you working or still studying?*
FILIP: *I'm a student. I'm studying English and German.*
ČERMÁKOVÁ: *Do you live somewhere near here?*
FILIP: *No, we have a new flat now. It's rather far away, in Jižní Město. The old one's just round the corner. My sister still lives there. What about you, where do you work?*
ČERMÁKOVÁ: *I'm a sales assistant. I'm working in a small supermarket. I'm just going there now. I'm waiting for the bus.*

Vocabulary

autobus	bus
blízko	near, nearby
dcera	daughter
diplomová práce	diploma work, thesis
dost	enough, rather
daleko	far, far away
hned	at once, immediately
jet/jedu	to go by vehicle, ride
ještě (stále ještě)	still
nerad	doesn't like
někde	somewhere
no	well
nový	new
odpoledne	in the afternoon
pomoc *f.*	help
potřebovat/potřebuju	to need
prodavač, -ka	sales assistant
prodávat	to sell
prostě	simply
roh	corner
za rohem	round the corner
samoobsluha	a self-service food store, small supermarket
v samoobsluze	in a small supermarket
stále	constantly, still
strašně	awfully, terribly
teta	aunt
tramvaj *f.*	tram
tu (= tady)	here

5 Kultura a byt

Culture and the flat

In this lesson you will learn how to:

- say 'want' and 'can'
- use the locative and dative
- talk a little about the arts
- ask for more food items
- discuss rooms and furniture
- talk about giving 'to' and doing 'for'
- distinguish 'on/onto' and 'in/into'

Dialogue 1 ▧▧

Hudba a film

Music and film

Honza is at the bus-stop. He invites Věra to come with him, but she has other ideas

HONZA: Ahoj, Věro, jak se máš?

VĚRA: Dobře, Honzo. Kam jedeš?

HONZA: Jedu do města k bratrovi. Vaří oběd. Nechceš jet se mnou? Právě čekám na autobus. Odpoledne jdeme spolu do parku. Potom chceme jít plavat.

VĚRA: Já ale chci jít do kina. Dávají nový americký film, který chci vidět. Je prý skvělý a hrozně napínavý.

HONZA: O čem je ten film?

VĚRA: O politice a o prezidentovi. Hraje tam můj oblíbený herec a taky jedna moc krásná herečka.

HONZA: Která?

VĚRA: Nepamatuju si její jméno. Večer jdu na koncert. Hraje Česká filharmonie. Hrají Beethovena a Schuberta.

HONZA: *Hello, Věra, how are you?*

VĚRA: *Fine, Honza. Where are you going?*

HONZA: *I'm going to town to (my) brother's. He's cooking lunch. Don't you want to come with me? I'm just waiting for the bus. In the afternoon we're going together to the park. Then we want to go swimming.*

VĚRA: *But I want to go to the cinema. They are showing (*lit. *'giving') a new American film, which I want to see. It's apparently excellent and terribly exciting.*

HONZA: *What is this film about?*

VĚRA: *About politics and also about the President. My favourite actor is playing in it and also a certain very beautiful actress.*

HONZA: *Which (one)?*

VĚRA: *I don't remember her name. In the evening I'm going to a concert. The Czech Philharmonic is playing. They are playing Beethoven and Schubert.*

Vocabulary

o čem	about what?	**o** + *loc.*	about
filharmonie	Philharmonic	**oblíbený**	favourite
herec	actor	**pamatovat si**	remember
herečka	actress	**plavat/plavu**	to swim
hrozně	terribly	**politika**	politics
chtít/chci	to want/I want	**prezident**	president
jméno	name	**prý**	apparently, they say
kino	cinema	**skvělý**	splendid, brilliant
koncert	concert	**spolu**	together
se mnou	with me	**ten, ta, to**	that
napínavý	exciting	**večer**	(in the) evening

Dialogue 2 🔲

Jídlo a pití

Food and drink

*Paní Bílková offers her new lodger Petr Novák some food. Petr turns out to have special requirements. Note they are on **vy** terms. Later, when she*

*brings the meal, she will wish him **dobrou chuť!** 'enjoy your meal!'*
(lit. 'good appetite')

BÍLKOVÁ: Co si přejete k večeři, rybu nebo maso?
PETR: Promiňte, nejím ani ryby ani maso. Jsem vegetarián.
Nemáte vajíčko nebo nějaký sýr?
BÍLKOVÁ: Ano, máme. To není problém. Co si dáte k pití? Kávu nebo čaj?
PETR: Nemáte pivo nebo víno? Já jsem totiž taky velký alkoholik!
BÍLKOVÁ: No dobře! Dáte si teda omeletu, sýr a víno? Červené nebo bílé?
PETR: Červené. Děkuji pěkně.
BÍLKOVÁ: Prosím.

BÍLKOVÁ: *What do you want for supper, fish or meat?*
PETR: *Sorry, I don't eat either fish or meat. I'm a vegetarian.*
Don't you have an egg or some cheese?
BÍLKOVÁ: *Yes, we have. It's not a problem. What will you have to drink? Coffee or tea?*
PETR: *Don't you have beer or wine? I'm also a great alcoholic you see!*
BÍLKOVÁ: *Well fine! In that case will you have an omelette, cheese and some wine? Red or white?*
PETR: *Red. Thank you very much.*
BÍLKOVÁ: *You're welcome.*

Vocabulary

alkoholik	an alcoholic	**omeleta**	omelette
ani … ani	neither … nor	**k pití**	for a drink, to drink
co si dáte?	what will you have?	**k večeři**	for dinner/supper
čaj	tea	**pivo**	beer
dobrou chuť!	enjoy your meal! (*lit.* 'good appetite!')	**problém**	problem
		ryba, *pl.* -y	fish
		sýr -a	cheese
jíst/jím	to eat/I eat	**vajíčko**	egg
maso	meat	**vegetarián, -ka**	a vegetarian

Alongside **něco k pití** 'something to drink' you also say **něco k jídlu** 'something to eat'. Similarly, with **snídaně** 'breakfast', **oběd** 'lunch', **večeře** 'evening meal, supper', you say **něco k snídani**, **něco k obědu**, **něco k večeři** 'something for breakfast/lunch/supper'.

Language points

'Want'

Chtít 'to want' is basically another **e**-type verb, but note the 'I' form **chci** and the 'they' form **chtějí**:

chci	I want	**chceme**	we want
chceš	you want	**chcete**	you want
chce	he/she/it wants	**chtějí**	they want

It is followed by infinitives or nouns:

Jestli chceš, můžeš spát.	If you want, you can sleep.
Chceme jít do kina.	We want to go to the cinema.
Nechtějí jít domů.	They don't want to go home.
Nechci mléko, chci kávu.	I don't want milk, I want coffee.
Co chcete?	What do you want?
Chci nové kolo.	I want a new bike.

Often it is more polite to say 'wish', using **přát si/přeju si**. Note the use of **k** in these phrases:

Co si přejete k obědu?	What would you like for lunch?
Co si přejete k pití?	What would you like for a drink?

Saying 'in', 'on', 'along/after', 'about'

The locative case (typical ending **-ě**) is used after prepositions only, especially for location, but also for time or topic:

v	in
na	on
po	along, after
o	about (a topic)

Igor bydlí v Ostravě.	Igor lives in Ostrava.
Praha je na Vltavě.	Prague is on the Vltava.
Po obědě spí.	After lunch s/he sleeps.
Mluvíme o Evě.	We are talking about Eva.

V becomes **ve** before **v/f**, e.g. **voda – ve vodě** 'in the water'.

Locative -ě

The hard-type feminine locative ending is always **-ě**. After **l, s, z** it is simply spelt **-e**, e.g. **škola – ve škole** 'in school'.

This ending involves special changes to some preceding consonants, which need to be studied carefully.

Labials (**b,p,f,m,v**) and dentals (**d,t,n**) simply change as indicated by the spelling form **-ě**:

Ostrava – v Ostravě	in Ostrava
mapa – na mapě	on the map
ryba – o rybě	about the fish
voda – ve vodě	in the water
máma – o mámě	about Mum
kavárna – v kavárně	in the café

The other consonants which change are **r** and the so-called 'velars' **k, g/h** and **ch**. They alter as follows:

r → -ře	**sestra – o sestře**	about sister
k → -ce	**řeka – v řece**	in the river
g, h → -ze	**Olga – o Olze**	about Olga
	Praha – v Praze	in Prague
ch → -še	**střecha – na střeše**	on the roof

Locative **-ě** is also standard usage with many hard-type masculine inanimates and neuters, especially in basic common phrases:

hrad – na hradě	in (*lit.* 'on') the castle
les – v lese	in the forest
most – na mostě	on the bridge
sklep – ve sklepě	in the cellar
stůl – na stole	on the table (**ů** *shortens to* **o**)
auto – v autě	in the car
Brno – v Brně	in Brno
kino – v kině	in/at the cinema
město – ve městě	in (the) town

Locative -u

However, a large number of hard-type masculine inanimate and neuter nouns have a different locative ending in **-u**.

This includes (with few exceptions) any masculine inanimates or neuters with a final velar **k, g/h, ch**. (This avoids the consonant changes for velars listed above.)

park – **v parku**	in the park
taxík – **v taxíku**	in the taxi
Německo – **v Německu**	in Germany
roh – **na rohu**	on the corner

Also, most abstract nouns, and much less basic or more recent vocabulary:

sport – **o sportu**	about sport
kufr – **v kufru**	in the suitcase
hotel – **v hotelu**	in the hotel
klub – **v klubu**	in the club
rádio – **v rádiu**	on ('in') the radio

Even where **-ě/-e** is regularly used, **-u** is often equally possible:

byt – **v bytě/v bytu**	in the flat
dopis – **v dopise/v dopisu**	in the letter

Motion to/towards

K, ke means motion 'to (as far as)', 'towards' or 'to' a person's house/place. It is always followed by nouns in the dative case.

The dative singular is the same as the locative, except that hard-type masculine inanimate and neuter nouns always have **-u**:

Jana – **k Janě**	towards Jana, to Jana's (house, place)
řeka – **k řece**	towards/to the river
most – **k mostu**	towards/to the bridge
auto – **k autu**	towards/to the car

K becomes **ke** before **k/g** and awkward consonant groups: **ke Kateřině** 'towards Kateřina', **ke stolu** 'towards the table. **Až k** means 'all the way to, as far as':

Jdete až k mostu.	You go as far as the bridge.

Masculine animate dative/locative -ovi

For hard-type masculine animate nouns, both the dative and the locative regularly end in **-ovi**:

Jdeme k Petrovi.	We are going to Petr's.
Jdeme k bratrovi.	We are going to (my) brother's.
Mluvíme o Petrovi.	We're talking about Petr.
Mluvíme o tátovi.	We're talking about Dad.

However, when two (or more) are used in a series, all except the last normally use the shorter ending **-u**:

Karel Novák – o Karlu Novákovi   about Karel Novák

Giving to, doing for

Used without a preposition the dative case has its basic meaning of 'to/for', e.g. giving 'to' or doing 'for':

Dávám Věře knihu.	I'm giving a book to Věra.
Vařím Igorovi oběd.	I'm cooking lunch for Igor.

Note that in English instead of saying 'to Věra' and 'for Igor' you can say 'I give Věra the book' and 'I cook Igor lunch.'

Some Czech verbs are followed by a dative even though 'to/for' is never used in English, e.g. **pomáhat** 'to help', **věřit** 'to believe':

Pomáháme Honzovi.	We're helping ('to') Honza.
Věříme tátovi.	We believe ('to') Dad.

Exercise 1

Co si dáte? 'What will you have?' Complete the following as suggested:

1 Máte … ? (*cheese, tea, coffee*)
2 Nemáte … ? (*beer, wine, an egg, fish*)
3 Prosím, … .(*an omelette, white wine*)

Exercise 2

Correct the following statements about Dialogues 1 and 2:

1 Honza jde do zahrady.
2 Honza jede k sestře.
3 Věra nechce jít do kina.
4 Film je o koncertě a o Beethovenovi.
5 Petr chce maso.
6 Petr nechce červené víno.

Exercise 3

Complete as indicated and translate:

1 Vařím _____ oběd. (*mother*)
2 Pomáhám _____ . (*Pavel*)
3 Jdeme k _____ na večeři. (*Josef*)
4 Mluvíme o _____. (*politics*)
5 Jana mluví o _____. (*Václav Havel*)

Dialogue 3 ▣

Hudba

Music

Zina Bednářová asks Petr Novák about Mr and Mrs Rybář

ZINA: Je tady pan Rybář?
PETR: Pan Rybář? Je v práci.
ZINA: Znáte ho dobře?
PETR: Ano, pracuje v muzeu. A vidím ho dost často ve městě. Někdy se setkáváme v hotelu Paříž a obědváme spolu. Jindy sedíme na náměstí nebo v parku a mluvíme o politice, umění a literatuře. Je to velmi moudrý, zajímavý člověk.
ZINA: A co dělá jeho paní?
PETR: Paní Rybářová je doma. Nemůže pracovat, protože je nemocná. Je velmi inteligentní a milá. Nemůže chodit, ale hraje velmi pěkně na klavír. Jestli chcete, můžeme tam jít na návštěvu.
ZINA: Dnes nemůžu, ale někdy jo, velmi ráda.
PETR: A vy taky umíte hrát na klavír?
ZINA: Ne, ale hraju na kytaru a ráda zpívám.
PETR: Máte ráda klasickou hudbu?
ZINA: Ne. Já mám radši rockovou a lidovou hudbu.

ZINA: *Is Mr Rybář here?*
PETR: *Mr Rybář? He's at work.*
ZINA: *Do you know him well?*
PETR: *Yes, he works in the museum. And I see him quite often in town. Sometimes we meet in the hotel Paris and we lunch together. Other times we sit on the square or in the park and*

we talk about politics, art and literature. He is ('it is') a very astute, interesting person.

ZINA: *And what does his wife do?*

PETR: *Mrs Rybářová's at home. She can't work, because she's ill. She is very intelligent and sweet/nice. She can't walk, but she plays the piano (lit. on the piano) very nicely. If you want, we can go there for a visit.*

ZINA: *I can't today, but sometime yes, very gladly.*

PETR: *Do you also know how to play the piano?*

ZINA: *No, but I play the guitar and I like singing.*

PETR: *Do you like classical music?*

ZINA: *No. I prefer rock and folk music.*

Vocabulary

často	often	**moct/můžu**	to be able/I can
člověk	person	**moudrý**	wise, astute
dnes	today	**muzeum** *n.*	museum
hotel	hotel	**náměstí**	square
hudba	music	**obědvat**	to have lunch
chodit	to walk	**mám radši**	I like better
inteligentní	intelligent	**rockový**	rock
jindy	(at) other times	**setkávat se**	to meet (each other)
klasická hudba	classical music		
klavír	piano	**ulice**	street
kytara	guitar	**zajímavý**	interesting
lidový	folk	**zpívat**	to sing

Language points

'Can', 'be able'

Moct (in formal use also the older infinitive **moci**) meaning 'to be able, can' is a slightly irregular e-type verb. The older 'I' and 'they' forms **mohu** and **mohou** are more formal than **můžu** and **můžou**.

můžu, mohu	I can
můžeš	you can
může	he/she/it can
můžeme	we can
můžete	you can
můžou, mohou	they can

Moct is regularly followed by the infinitives of other verbs:

Můžeš jít.	You can go.
Nemůžu pracovat.	I can't work. I'm not able to work.
Můžeme čekat.	We can wait.

Distinguish 'know how' (**umět**) from 'can, may' (**moct**):

Umí číst.	S/he can read (knows how to).
Může číst.	S/he can read (may, has the possibility to).

Nouns ending in -um

A small group of common nouns ending in **-um** are taken from Latin. They are neuter and drop the **-um** before case endings, like this:

muzeum – do muzea, v muzeu	to, in the museum
centrum – do centra, v centru	to, in the centre
gymnázium – do gymnázia, v gymnáziu	to, at the grammar/high school

'Soft' dative/locative -i

Most soft-type nouns (of any gender) have a shared soft dative/locative ending **-i**:

učitel – o učiteli	about the teacher
gauč – na gauči	on the couch
ulice – na ulici	on the street

Neuters in **-í** are unchanged: **náměstí – na náměstí** 'on the square'.

Only 'soft' male names for people regularly use the ending **-ovi**, and even then not within a series:

Miloš – o Milošovi	about Miloš
but **o Miloši Benešovi**	about Miloš Beneš

'On' and 'onto', 'in' and 'into'

Sometimes the case taken by a preposition changes its precise meaning. The most common example is **na** 'on' or 'onto'.

When **na** means 'on' it takes the locative, but when it means 'onto' (with motion towards) it takes the accusative:

Kniha leží na stole.	The book is lying on the table.
Dávám knihu na stůl.	I give/put the book onto the table.

However, for 'in' and 'into' there are two different words. **V** +*locative* means 'in', while **do** + *genitive* means motion 'into':

Marta je v Brně.	Marta is in Brno.
Marta jede do Brna.	Marta goes to/into Brno.

Notice how with some places you say **na** 'on/onto' with locative or accusative, instead of **v** 'in' or **do** '(in)to':

Slovensko – Jsou na Slovensku.
They are in (*lit.* 'on') Slovakia.

Jedeme na Slovensko.
We are going to (*lit.* 'onto') Slovakia.

Morava – Jsou na Moravě.
They are in (*lit.* 'on') Moravia.

Jedou na Moravu.
They are going to (*lit.* 'onto') Moravia.

pošta – Jsou na poště.
They're at the post office.

Jdou na poštu.
They're going to the post office.

Similarly, with districts of Prague, such as **Žižkov**, **Smíchov**:

Bydlí na Žižkově, na Smíchově.
S/he lives in Žižkov, in Smíchov.

Jedu na Žižkov, na Smíchov.
I'm going to Žižkov, to Smíchov.

You often need to learn such phrases individually. However, **na** primarily denotes a non-enclosed location, sometimes corresponding to English 'at' (e.g. **na koncertě** 'at the concert', **na koncert** 'to the concert', **na univerzitě** 'at university', **na univerzitu** 'to university'), while **v** and **do** are typically used for locations viewed as enclosed spaces or buildings (e.g. **v kině** 'at the cinema', **do kina** 'to the cinema').

Byt a nábytek: **the flat and furniture**

To make real progress with Czech you're going to have to pick up a lot of unfamiliar-sounding vocabulary. Hard work! Here is some basic vocabulary for housing and rooms.

You may be living in a **dům** 'house', **byt** 'flat' in a **panelák** 'prefabricated block of flats', in a **hotel** 'hotel' or **kolej** (*f.*) 'hall of residence, dorm'. We hope it has **střecha** 'a roof', **dveře** (*pl.*) 'door(s)', at least one **okno** 'window', and maybe **ústřední topení** 'central heating'.

Typical kinds of **pokoj** 'room (for living in)' or **místnost** '(any kind of) room' are: **kuchyň** (*f.*) 'kitchen', **obývací pokoj/obývák** 'living-room', **ložnice** 'bedroom', **koupelna** 'bathroom', **předsíň** 'hallway'. In more spacious circumstances: **jídelna** 'dining-room', **pracovna** 'study'. To which we must add **schody** 'stairs', **sklep** 'cellar' and **garáž** (*f.*) 'garage'.

In housing ads, forms like '3 + 1' (**tři plus jedna**) mean '(three) rooms plus kitchen/bathroom', and **garsoniéra**, colloquially **garsonka**, is a one-person 'bedsit/studio flat'.

In the **kuchyň** you may have a **plynový nebo elektrický sporák** 'gas or electric cooker', **lednička** 'fridge', also presumably **dřez** 'a sink', with **voda** 'water' from the **kohoutek** 'tap, faucet'. Another item is a **pračka** 'washing-machine' for washing your **prádlo** 'laundry'.

In the **koupelna** you might hope for **umyvadlo** 'washbasin', **vana** 'a bath' and/or **sprcha** 'a shower', and (though often separate) **záchod** 'toilet/lavatory' or **WC** [vétsé]. Over the **umyvadlo** you will want to find **zrcadlo** a 'mirror'.

In your **obývák**, or **jídelna** if there is one, you might expect **stůl** 'a table', more than one **židle** 'chair', **křeslo** 'an armchair' and **gauč** 'a couch' or 'bed-settee'. On the **podlaha** 'floor' you might have **koberec** a 'carpet'. Maybe there is **pěkný obraz** 'a pretty picture' on the **stěna** 'wall' (**zeď** is a structural 'wall').

The room may also have **telefon** 'telephone', **rádio** 'radio', **televize** 'TV', **video** 'video', **telefonní záznamník** 'a telephone answering-machine' and perhaps even **počítač** 'a computer'.

For lovers of **hudba** 'music', **kazeťák** 'a cassette player' (**kazeta** 'cassette'), **hifi věž** 'hi-fi tower unit' or **CD přehrávač** 'CD player' (**CD** = [cédé], officially **kompaktní disk** or colloquially **cédéčko**).

By now a bit tired, **trochu unavený**, or **unavená**, you lie in the **ložnice** on your **postel** 'bed', gazing up at the **strop** 'ceiling', with the **kniha**, **knížka** 'book' or **učebnice** 'textbook' under your **lampa** 'lamp' on the **noční stolek** 'night/bedside table'. Maybe you put the book away in the **knihovna** 'bookcase' (also 'library') or **skříň** (*f.*) 'cupboard, closet', feeling like giving up **čeština** for good. **Dobrou noc!**

Exercise 4

Where is something? For these places say **v/ve** 'in' (and translate your-self, using the list above):

hotel, panelák, koupelna, kuchyň, obývák, ložnice, garáž, sklep
vana, lednička, pračka, kniha, učebnice, skříň
rádio, televize (*in English we say 'on'!*)

Exercise 5

For these places say **na** 'on':

stěna, podlaha, židle, stůl, stolek, gauč
záchod, kolej (*in English we say 'in'!*)

Exercise 6

Write or say the following in Czech:

1 I don't want tea, I want coffee.
2 Evička doesn't want fish.
3 We want to go to the cinema.
4 What would you like to drink?
5 The coffee is on the table.
6 Dad is talking about Igor.
7 Sometimes we help mother.
8 We are going to Kateřina's.
9 Do you know her name?

Exercise 7

Revise Dialogue 3 and answer these questions:

1 Kde je pan Rybář?
2 Kde pracuje?
3 O čem mluví Petr a pan Rybář?
4 Co dělá paní Rybářová?
5 Umí Zina hrát na klavír?

Exercise 8

Complete the sentences as indicated and translate:

1 Zina hraje na _____. (*the guitar*)
2 Bydlím v _____. (*a hotel*)
3 Eva sedí na _____. (*the couch*)
4 Muzeum je na _____. (*the square*)
5 Pavel dává hrnek na _____. (*the carpet*)
6 Hrnek je na _____. (*the carpet*)
7 Jestli chceš, _____ jít plavat. (*you can*)
8 Vím, že Věra _____ psát. (*knows how to*)
9 _____ jít na koncert. (*we can't*)
10 _____ jít do kina. (*we want*)

Dialogue 4 🔲

Čtení a televize

Reading and television

Evička is talking to her brother Honza

EVIČKA: Kde je moje kniha?
HONZA: Na stole, nevidíš ji? Máma, když vidí něco ležet na podlaze, vždycky to dává na stůl. Vždyť ji znáš. Strašně ráda uklízí.
EVIČKA: Já tak ráda čtu na podlaze nebo na koberci.
HONZA: Ale já radši čtu na gauči nebo v křesle. Když pak hodím knihu nebo časopis na gauč nebo do křesla, maminka mi je tam vždycky nechá!
EVIČKA: Co dělá táta?
HONZA: Je v obýváku. Kouká na televizi.
EVIČKA: A máma?
HONZA: Máma je v práci. To znamená, že dnes vaříme my.

EVIČKA: *Where is my book?*
HONZA: *On the table, can't (lit. 'don't') you see it? Mum, when she sees something lying (lit. 'to lie') on the floor, she always puts it on the table. I mean, you know her. She so terribly loves tidying up.*
EVIČKA: *I so love reading on the floor or on the carpet.*
HONZA: *But I prefer reading on the settee or in the armchair. Then*

when I throw the book or the magazine onto the settee or into
the armchair, Mum always leaves them there for me!
EVIČKA: *What's Dad doing?*
HONZA: *He's in the living-room. He's watching TV.*
EVIČKA: *And Mum?*
HONZA: *Mum's at work. That means we're cooking today.*

Vocabulary

časopis	magazine	**ležet**	to lie
gauč	settee, couch (often a bed-settee)	**mi**	to/for me
		nechat	to leave, let
		obývák	living room
hodit	to throw	**podlaha**	floor
je	them	**stůl**	table
ji	her/it	**strašně**	terribly
kniha	book	**vždy(cky)**	always
koberec	carpet	**vždyť**	well, anyway, after all
koukat na + *acc.*	to look at (*non-standard coll.*)	**znamenat**	to mean
křeslo	armchair		

6 Doprava, cestování, počasí

Transport, travel, weather

In this lesson you learn how to:

- discuss transport and travel
- talk about seasons and the weather
- form the past tense of a verb
- use the instrumental case

Dialogue 1 🔲

Na venkově

In the country

Marie asks Josef Bednář about his country cottage

MARIE: To je velmi pěkná fotografie. Jste opravdu skvělý fotograf. To je ale krásná vesnice! Vy tam bydlíte?

JOSEF: Ne, ale máme tam chalupu. Jezdíme tam na víkend a přes léto tam bydlíme.

MARIE: To je vynikající, to se mi líbí, být celé léto na venkově. Je na té fotografii váš domek?

JOSEF: Tady pod kopcem, mezi školou a náměstím, před kostelem. Vidíte?

MARIE: Je to daleko?

JOSEF: Ne. Ta vesnice není daleko od Prahy. Jezdíme tam autem nebo vlakem. Cesta vlakem trvá jen hodinu a půl.

Vocabulary

to je ale	'but that is', that really is a ...	**to se mi líbí**	I like that. (*lit.* 'it pleases me')
celý	the whole	**mezi** + *ins.*	between, among
dům,domek	house, little house	**opravdu**	really
fotograf *m.*, **-ka** *f.*	photographer	**pod** + *ins.*	under, beneath
fotografie,	photograph	**před** + *ins.*	in front of, before
coll. **fotka**		**půl**	half
na té fotografii	in that photograph (*lit.* 'on')	**škola**	school
		ten *m.*, **ta** *f.*, **to** *n.*	that
hodina	hour	**trvat**	to last
chalupa	cottage	**váš**	your
jezdit	to go by vehicle (repeated action)	**venkov -a**	the country
		vesnice	village
		víkend	weekend
kopec	hill	**na víkend**	for the weekend
kostel	church	**o víkendu**	at the weekend
léto	summer	**vlak**	train
líbit se	to please	**vynikající**	marvellous

Many people in the Czech Republic have a country cottage of some sort: **chalupa** 'cottage' (**na chalupě** 'at the cottage') should be older, more traditional or substantial than the simpler, very frequent, often timber-built **chata** 'chalet' (**na chatě** 'at the chalet'). People often nip off to these places surprisingly early on a Friday, causing traffic jams around major cities ...

Dialogue 2 🔘

Kávu nebo čaj?

Coffee or tea?

Paní Hašková offers pan Král something to drink

HAŠKOVÁ: Co si dáte k pití, pane Král? Kávu nebo čaj?
KRÁL: Kávu prosím.
HAŠKOVÁ: S mlékem nebo bez mléka?
KRÁL: S mlékem.
HAŠKOVÁ: Sladíte?
KRÁL: Ne. Kávu piju bez cukru a s mlékem. Ale čaj piju s cukrem a bez mléka.
HAŠKOVÁ: A já naopak kávu sladím a čaj piju bez cukru!

Vocabulary

bez + *gen.*	without	**naopak**	on the contrary
cukr -kru	sugar	**pít/piju**	to drink/I drink
Král	= King, surname	**s** + *ins.*	with
král -e, královna	king, queen	**sladit**	to sweeten

People commonly say **mlíko** instead of **mléko**: **s mlíkem** 'with milk', **bez mlíka** 'without milk'. Colloquially, e.g. in the home, **káva** is generally referred to as **kafe** *n.*: **dáte si kafe?** 'will you have some coffee?'.

Czechs are usually more expert at coffee than tea, by English standards, although perfectly good tea blends are obtainable. Traditional Czech coffee is a kind of Turkish brew – stir and wait a while for the thick grounds to settle. Try the more distinctive Czech brands such as *Jihlavanka* for this.

Dialogue 3 ▬

Cestování

Travel

Here paní Hašková asks Peter Jones from London about his travel plans

HAŠKOVÁ: Jste tady v Praze sám nebo cestujete s kamarádem?
PETER: Cestuju s bratrem a se sestrou.
HAŠKOVÁ: Kde jsou teď?
PETER: Jezdí po Moravě. Včera byli v Olomouci a dnes jedou do Brna.
HAŠKOVÁ: Znáte také Slovensko a Maďarsko?
PETER: Ještě ne. Zatím jsme byli jen v Německu, v Rakousku, a teď v Praze.
HAŠKOVÁ: Jak se vám tady líbí?
PETER: Moc se mi tady líbí.

Vocabulary

byli	they were	**Rakousko**	Austria
jsme byli	we were	**sám** *m.*, **sama** *f.*	by yourself, alone
cestovat	to travel	**Slovensko**	Slovakia
ještě ne	not yet	**včera**	yesterday
Maďarsko	Hungary	**zatím**	so far, meanwhile
Německo	Germany		

Jak se vám tady líbí?
(*lit.* 'How to-you here does-it-please?') How do you like it here?

Moc se mi tady líbí.
(*lit.* 'Very-much to-me here it-pleases.') I like it here very much.

Language points

Pleasing and liking

By using **líbit se** + *dative* 'to please/be pleasing to someone' you can express a more immediate response of liking or not liking than the more fixed, habitual quality of **mít rád** 'to like/love'. The person is expressed in the dative, often with pronoun forms **mi** 'to me', **ti** 'to you' (familiar *sg*), **vám** 'to you' (*pl.*, polite *sg*):

Praha se mi (ne)líbí.	'Prague pleases/doesn't please me' = I don't like it.
Brno se Karlovi líbí.	Brno pleases Karel = he likes it.
Tenhle svetr se matce nelíbí.	Mother doesn't like this sweater.
Jak se ti/vám tady líbí?	How do you like it here?
Moc se mi tady líbí.	I like it here very much.

Phrases with **rád**, such as **mám/nemám Prahu rád/ráda** 'I like/don't like Prague', express a habitual, fixed view.

The instrumental for 'by', 'with', 'through'

On its own the instrumental case denotes the means or instrument 'by' or 'with' which something is done. Its standard endings are feminine **-ou**, masculine/neuter **-em**:

vlak, auto: Cestujeme vlakem, autem.	We travel by train, by car.
nůž: Krájíme chleba nožem.	We cut bread with a knife.
pero: Píšeme perem.	We write with a pen.
tužka: Píšeme tužkou.	We write with a pencil.

Soft feminine nouns have instrumental **-í**:

tramvaj (*f.*): **Jezdíme tramvají.**	We go by tram.

The instrumental also has the spatial meaning 'through':

Půjdeme parkem.	We'll go through the park.

'With' and 'without'

A very common use of the instrumental is after the preposition **s** 'with', meaning accompanying someone or something:

> **bratr: Cestuju s bratrem.**
> I'm travelling with (my) brother.

> **matka: Cestuju s matkou.**
> I'm travelling with (my) mother.

Brother/sister is obviously not the means of travel! By the way, masculine animates in **-a** behave like feminines in the instrumental:

> **kolega: Cestuju s kolegou(!).**
> I'm travelling with a colleague.

S 'with' is the opposite of **bez** 'without' (which takes the genitive):

> **mléko: káva s mlékem – bez mléka**
> coffee with milk – without milk

> **cukr: čaj s cukrem – bez cukru**
> tea with sugar – without sugar

S becomes **se** before **s/z** (sometimes also to avoid awkward consonant groups): **se sestrou** 'with sister',

'Behind'/'in front', 'above'/'below', 'between'

One pair of prepositions with the instrumental denotes location 'behind' or 'in front of' an object:

za	behind (or beyond)		před	in front (or before)

> **auto: za autem**   behind the car
> **dům: před domem**   in front of the house

Another pair denotes location 'below' or 'above':

pod	below, under		nad	above, over

> **strom: pod stromem**   under the tree
> **řeka: nad řekou**   over the river

Another related preposition is **mezi** 'between' (or 'among'):

auto a vlak: mezi autem a vlakem
between the car and the train

Jana a Pavel: mezi Janou a Pavlem
between Jana and Pavel

Neuter nouns in -í

Neuter nouns in **-í** have an instrumental in **-ím**:

náměstí: nad náměstím
above the square

Other singular cases are unaltered:

na náměstí, k náměstí
on/onto the square, towards the square

The seasons

Season is **roční období** (*lit.* 'year period'). **Sezóna** is a time associated with a particular activity, e.g. **divadelní sezóna** 'the theatrical season'.
The four seasons in Czech are:

zima, léto	winter, summer
jaro, podzim	spring, autumn

Notice how you say 'in …':

v zimě, v létě	in winter, in summer
but **na jaře, na podzim** (!)	in spring, in autumn

With **od** 'from' and **do** 'to, till' you get:

od jara do podzimu	from spring to autumn
od zimy do léta	from winter to summer

Note also their derived soft adjectives: **zimní kabát** 'a winter coat', **letní den** 'a summer day', **jarní déšť** 'spring rain', **podzimní mlha** 'autumn mist'.

Buying tickets and travelling

For travel **vlakem** 'by train' or **autobusem** 'by bus' you'll need a **lístek** or **jízdenku** 'ticket', stating perhaps 'second or first class' **druhou/první třídu**, and often you need a 'seat reservation' **místenku**. Remember, you use accusative forms when you ask for things.

The ticket clerk may start by saying:

Prosím? *or* **Prosím, další**.   Yes? or Next, please?

You might begin with the useful opening phrase **Prosil(a) bych …** 'I'd like …', but in any case you ask for tickets by saying **jednou** 'once' for one ticket, **dvakrát** 'twice' for two, **třikrát** 'three times' for three, etc. (attaching **-krát** to the number):

jednou (dvakrát …)	'once' ('twice' …)
(rychlík, expres Ostravan)	(fast train, Ostravan express)
do Olomouce (Ostravy, Brna …)	to Olomouc (Ostrava, Brno…)
druhou (první) třídu	second (first) class
jízdenku s místenkou	a ticket with a seat reservation
nekuřák, prosím	non-smoking, please
k oknu	'towards', i.e. at the window
– K oknu už není.	– No window seats left.
– Může být ke dveřím?	– Can it be by the door?
– Jistě./Dobře. Děkuji.	– Certainly/Okay. Thanks.

For return tickets you can say:

jeden zpáteční, dva zpáteční …   one return, two returns …

You may also have to pay **rychlíkový příplatek** 'an express train supplement'. A slower stopping train is called **osobní vlak**, (*lit.* 'personal train').

You may also want to ask:

Musím přesedat/přestupovat?   Do I have to change?

At the (**železniční/autobusové**) **nádraží** '(railway/bus) station' look out for **jízdní řád** 'the timetable' or signs saying **PŘÍJEZDY** 'arrivals' and **ODJEZDY** 'departures'. And then find the right **nástupiště** 'platform'. **Úschovna** is the 'left-luggage office', for your **zavazadlo** *sg*/**zavazadla** *pl.* 'luggage', or there may be **skříňky na zavazadla** 'luggage lockers'. Look out also for **INFORMACE** 'Information'.

Once on the train, or bus, you might want to say:

S dovolením.	Excuse me (*lit.* 'with permission').
Je tady volno?	Is it free here? Is this seat free?
obsazeno	occupied, engaged

People often say **dobrý den** 'good day' and **na shledanou** 'goodbye' to fellow-travellers, much more commonly than in Britain (and also in other similar situations).

A smaller railway station is **stanice** 'station', **stanice metra** is 'metro station/stop'. You can also say **stanice tramvaje, stanice autobusu** 'tram/bus stop', but another word for these two is **zastávka** 'stop'. **Konečná (stanice)** is 'terminus/last stop'.

For travelling **letadlem** 'by plane', **letenka** is 'air ticket', **letiště** airport.

To go there **taxíkem** 'by taxi': **na letiště prosím!** To the airport please! But first ask 'how much is it?' **kolik to stojí?** Watch out. Taxi-drivers in Prague often try to overcharge customers … Always get them to quote a fare!

Nouns in -iště

We met two nouns ending in **-iště** just above: **nástupiště** 'platform' and **letiště** 'airport'. This is a neuter suffix for nouns denoting sites where some kind of action takes place (*cf.* **nastoupit** 'to board', **letět** 'to fly'). Another is **hřiště** 'playground, playing field' (*cf.* **hrát** 'to play').

Exercise 1

Translate and reply to these questions as suggested:

1 Jezdíte do města autem? – (*No, I go by bus.*)
2 Kde je váš byt? – (*Our flat is on the square behind the church.*)
3 Kde je kostel? – (*The church is in front of the school.*)
4 A kde je škola? – (*The school is between the cinema and the river.*)
5 Jak jezdíte do Prahy? – (*We go to Prague by train.*)
6 Cestujete sám/sama? – (*No, I'm travelling with my father and mother.*)
7 Jak se vám tady líbí? – (*I like it very much here.*)
8 Co si přejete? – (*Tea with milk, please, and with sugar.*)
9 Prosím? – (*A return ticket with a seat reservation to Ostrava please.*)

Exercise 2

Correct these statements about Dialogues 1–3:

1 Chalupa je mezi kostelem a řekou.
2 Vesnice není daleko od Brna.
3 Pan Král pije kávu s cukrem a bez mléka.
4 Peter cestuje s kamarádkou.
5 Bratr a sestra byli včera v Ostravě a dnes jedou do Prahy.

Dialogue 4 📼

Nebyli doma

They weren't at home

Zuzana has been looking for Igor

ZUZANA: Kde jste byli včera odpoledne? Hledala jsem vás, ale nikdo nebyl doma. Co jste dělali?

IGOR: Jeli jsme všichni do města. Já jsem seděl v bufetu a učil se na zkoušku. Pavel šel do kina. Jana šla s Věrou na koncert. Táta se strýcem byli v hospodě a máma měla schůzku s kamarádkou ze školy.

ZUZANA: *Where were you yesterday afternoon? I looked for you, but no-one was at home. What were you doing?*

IGOR: *We all went to town. I sat in a snackbar and studied for my exam. Pavel went to the cinema. Jana went with Věra to a concert. Dad and uncle were in the pub and Mum had an appointment with a friend from school.*

Vocabulary

byl, byli (*pl.*)	was, were	**seděl(a) (jsem)**	(I) sat
bufet	snackbar, buffet	**schůzka**	meeting, appoint-
dělal, dělali	was, were doing		ment
hledal(a) (jsem)	(I) looked for	**strýc**	uncle
hospoda	pub	**šel, šla, šli**	went
jel, jela, jeli	went, rode	**učil se**	studied
kamarádka	female friend	**vás**	you (*acc.*)
měl, měla	had	**všichni**	all, everyone
nás	us (accusative)	**zkouška**	exam
nikdo nebyl	nobody was		

Dialogue 5 📼

Šla domů

She went home

But Zuzana didn't wait very long

IGOR: Čekala jsi na nás dlouho?

ZUZANA:	Ne, jen chvíli. Čekala jsem před domem, ale když nikdo nešel, šla jsem domů. Dívala jsem se na televizi a pak jsem hrála se sestrou šachy.
IGOR:	A jak se máš? Dobře?
ZUZANA:	Dnes jsem trochu unavená, protože jsem včera šla pozdě spát a během týdne musím ráno vstávat.
IGOR:	*Did you wait for us long?*
ZUZANA:	*No, only a short time. I waited in front of the house, but when nobody came, I went home. I watched television and then I played chess with my sister.*
IGOR:	*And how are you? Well?*
ZUZANA:	*Today I'm a little tired, because yesterday I went to sleep late and during the week I have to get up early.*

Vocabulary

během + *gen.*	during	**ráno**	early; early
čekal(a) (jsem)	(I) waited		morning
díval(a) (jsem)	(I) watched,	**šachy** *pl.*	chess
se na (+ *acc.*)	looked at	**šel, šla (jsem)**	(I) went
dům – domu	house	**týden, týdne** *gen.*	week
hrál(a) (jsem)	(I) played	**unavený**	tired
nikdo nešel	nobody came	**vstávat**	to get up
pozdě	late		

Language points

Past tense form in -l

Czech has one basic and rather easy way of forming the past tense of a verb. To obtain the 'he' past form of a verb, you replace the **-t** of the infinitive by **-l**:

čekat	to wait	**čekal**	he waited, he was waiting
vařit	to cook	**vařil**	he cooked, was cooking
studovat	to study	**studoval**	he studied, was studying

This **-l** form agrees with its subject in gender as well as number. For 'she waited' you use **-la**, for 'it waited' you use **-lo**:

m.	**Igor/autobus čekal**	Igor/the bus waited
f.	**Jana/tramvaj čekala**	Jana/the tram waited
n.	**auto čekalo**	the car waited

For 'they waited' you use **-li** for masculine animate subjects, but **-ly** for any others, except that in standard Czech there is also a neuter plural ending **-la**. Note how these endings exactly match basic plurals of nouns:

m.a. pl.	**studenti čekali**	the students waited
other pl.	**vlaky čekaly**	the trains waited
	ženy čekaly	the women waited
but n. pl.	**auta čekala** (*coll.* **čekaly**)	the cars waited

Endings **-li** and **-ly** are identical in speech. With mixed-gender subjects, **-li** takes precedence in spelling over **-ly**:

Pavel a Zuzana čekali.   Pavel and Zuzana waited.

Present forms of **být** are added to the **-l** forms to indicate singular 'I', 'you' and plural 'we', 'you'. So the full table of the past tense looks like this:

čekal(a) jsem	I waited
čekal(a) jsi	you waited (*familiar sg*)
čekal, čekala, čekalo	he/she/it waited
čekali (čekaly) jsme	we waited
čekali (čekaly) jste	you waited (*pl.*)
čekali, čekaly (-a *n.*)	they waited

Note that the **-l** form for singular 'you' is always singular!

čekal(a) jste   you (*polite sg*) waited

Often, the familiar singular **jsi** is reduced to **-s**:

čekals, čekalas   you (*familiar sg*) waited

Word order

When **jsem, jsi(-s)** and **jsme, jste** are used in past forms they normally come in the second possible position in a sentence. So, if a subject pronoun is added for emphasis, you say:

Já jsem čekal(a).   I waited.

If there's a question word or phrase:

Jak dlouho jsi čekal(a)?
How long did you wait?

Co jsi dělal(a)? *or* **Cos dělal(a)?**
What were you doing?

If **se/si** 'oneself' is needed, it is placed *after* **jsem, jsi, jsme, jste**:

My jsme se učili.	We studied/were studying.
Kde jste se učil(a)?	Where did you study?

Familiar singular **jsi** + **se, si** normally become **ses** and **sis**:

Učil(a) ses?	Were you studying?
Zpíval(a) sis?	Were you singing (to/for yourself)?

Monosyllabic verbs

Long vowels of monosyllabic infinitives usually shorten in the past:

psát → psal	wrote
spát → spal	slept
chtít → chtěl	wanted (**í → ě**)
pít → pil	drank (**í → i**)
plout → plul	floated (**ou → u**)
růst → rostl	grew (**ů → o**)

But long **á** sometimes remains:

hrát → hrál	played
stát → stál	stood
zdát se → zdálo se	it seemed

'Went'

Only a few verbs have any gross irregularities in the past. The most glaringly obvious example is **šel, šla, šli/šly**, the past of **jít** 'to go':

Pavel šel domů.	Pavel went/has gone home.
Jana šla domů.	Jana went/has gone home.
Šli jsme domů.	We went home.

'Didn't go' is **nešel, nešla, nešli**. To make a verb negative in the past you simply add **ne-** to the past **-l** form:

Nešli domů.	They didn't go home.

'Was' and 'had'

The past of **být** 'to be' is **byl(a)**, **byli**, etc.

byl(a) jsem	byli -y jsme
byl(a) jsi	byli -y jste, *sg* byl(a) jste
byl, byl(a), bylo	byli, byly (-a *n.*)

Byl(a) doma.	S/he was at home.
Nebyli doma.	They weren't at home.
Kde jste byli?	Where were you (*pl.*)?

The past of **mít** 'to have' is **měl**:

měl(a) jsem	měli -y jsme
měl(a) jsi	měli -y jste, *sg* měl-a jste
měl, měla, mělo	měli, měly (-a *n.*)

Měl/měla knihu.	S/he had a book.
Měli auto.	They (male/mixed) had a car.
Měly auto.	They (female) had a car.
Neměli jsme čas.	We didn't have time.

The weather

Statements about **počasí** 'the weather' often begin:

Je ...	It is ...
Bylo ...	It was ...
Bude ...	It will be ...

Quite a lot of weather phrases use adverbs, ending typically in **-ě** or (often in this context) special forms in **-o**:

Je pěkně/hezky.	It's nice/lovely weather.
Bude krásně.	It's going to be beautiful.
Bylo ošklivo.	It was nasty weather.
Bylo teplo, horko.	It was warm, hot.
Je chladno. Bude zima.	It is cool. It'll be cold.
Venku je tma.	Outside it's dark.
Bylo ještě světlo.	It was still light.
Dnes bude slunečno.	Today it will be sunny.

Bude jasno.	It will be bright.
Bude polojasno.	It will be 'semi-bright', fair.
Místy přeháňky.	Showers in places.
Je oblačno, zataženo.	It's cloudy, overcast.
Je mlha. Je mlhavo.	There's a mist. It's misty/foggy.
Je větrno.	It's windy.
Je sucho. Je mokro.	It's dry. It's damp.
Bude bouřka.	There'll be a thunderstorm.

Other expressions use various verbs:

Prší. Pršelo.	It's raining. It was raining.
Sněží. Sněžilo.	It's snowing. It was snowing.
Mrzne. Mrzlo.	It's freezing. It was freezing.
Slunce svítí.	The sun is shining.
Vítr fouká.	A wind is blowing.

Předpověď počasí (na dnešek/na zítřek) 'the weather forecast (for today/for tomorrow)' – other essential terms: **déšť** 'rain', **mráz** 'frost', **sníh** 'snow', **mlha** 'mist, fog', **přeháňky** 'showers', **mrholení** 'drizzle', **jasno** 'bright', **polojasno** *lit.* 'semi-bright', *cf.* 'bright intervals', **teplota** 'temperature', **stupeň** 'degree', e.g. **deset stupňů** 'ten (of) degrees'.

Feeling fine, etc.

Similar phrases with the verb 'to be' with the dative of a pronoun (e.g. **mi** 'to me', **ti/vám** 'to you') and an adverb, express 'feel'. For example:

Je mi pěkně/hezky/krásně.	'It is to me fine/great.' = I feel fine/great.
Bylo mi špatně.	I felt 'bad' = ill, sick.
Není vám zima?	Aren't you cold? Don't you feel cold?
Je ti teplo?	Are you (*familiar sg*) warm?
Je mi smutno.	I feel sad.

Feeling like doing

To say you 'feel like' or 'don't feel like' doing something you can use **chtít** 'to want' plus reflexive **se** and a dative pronoun:

Chce se mi spát.	I feel like sleeping (*lit.* 'it wants itself to me to sleep').
Nechce se mi jít do práce.	I don't feel like going to work.

'Hungry', 'thirsty': 'right' and 'wrong'

When you want to say that you are feeling hungry or thirsty, however, you say:

Mám hlad.	I am/feel hungry (*lit.* 'I have hunger).
Mám žízeň.	I am/feel thirsty (*lit.* 'I have thirst).
Máte hlad?	Are you hungry?

Similarly, with **pravda** 'truth':

Mám pravdu.	I'm right (*lit.* 'I have truth').
Nemám pravdu.	I'm not right. I'm wrong.

Exercise 3

Put these sentences into the past, and translate into English:

1 Hledám sestru.
2 V létě nestuduješ.
3 Co děláte na jaře?
4 Pavel jde do kina.
5 Táta je v hospodě.
6 Dívám se na televizi.
7 V zimě hrají šachy.
8 Studuju medicínu.
9 Matka nemá byt.
10 Na podzim cestujeme.

Exercise 4

Translate these sentences, then put them into the present:

1 Pil(a) jsem kávu.
2 Eva čekala na vlak.
3 Pavel nebyl doma.
4 Sestra byla unavená.
5 Škola stála na náměstí.
6 Jiří (= *George*) se učil.
7 Šli spát.
8 Otec neměl sestru.

Exercise 5

Complete to make sense, using forms of **řeka**, **škola**, **vlak**, **dům**, **sestra**, **otec**, **náměstí**. Now put the sentences into the past and translate:

Náš _____ je na _____ mezi _____ a _____.

Můj _____ tam jezdí autem, ale _____ jezdí někdy taky _____.

Exercise 6

Talk about the weather, saying:

1 It's raining. I feel cold.
2 It's nice. The sun's shining.
3 It's cold. It's snowing.
4 It's cloudy, but it's hot.
5 It's windy, but I feel warm.
6 It's misty and it's freezing.

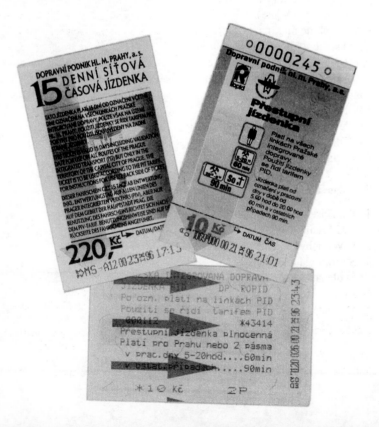

Reading 1

Cesta do práce

The journey to work

Zuzka gets up and goes to work ...

Každý den Zuzka vstává brzo ráno a jede do práce. V zimě, když se vrací, je už tma. Včera, když jela do města, byla ještě téměř tma a pršelo. Na ulici před domem nikdo nebyl.

Stanice autobusu je dost daleko, pod mostem. Je to tam jako v tunelu. Strašně tam fouká vítr. Na autobus čekala velmi dlouho. Někdy se dívala, jak přes most jede dlouhý vlak. Nudila se. Mluvila se sousedkou, která čekala na tramvaj. Za sousedkou stál ješte jeden starý pán ve svetru, byl to další soused. Vypadal docela vesele.

Zuzce se nechtělo jít do práce.

Every day Zuzka gets up early in the morning and goes to work. In the winter, when she gets back, it's already dark. Yesterday, when she went to town, it was still nearly dark and it was raining. There was nobody on the street in front of the house.

The bus stop is quite far, under a bridge. It's like being in a tunnel. There's a terrible wind in there. She waited a very long time for the bus. Sometimes she watched a long train going over the bridge. She was bored. She talked to a woman from nearby who was waiting for the tram. Behind the neighbour an old man in a sweater was also standing, this was another neighbour. He looked quite cheerful.

Zuzka didn't feel like going to work.

Vocabulary

brzo, brzy	early	**každý**	each, every
brzo ráno	early in the morning	**most**	bridge
		nudit se	to be bored
další	another, a further	**pršet**	to rain
docela	quite	**stát/stál**	to stand/stood
dlouhý	long	**soused, -ka**	neighbour
foukat	to blow	**stanice**	bus/tram stop, station
jako	like, as		
ještě	still	**svetr**	sweater
ještě jeden	one more, another	**téměř**	almost

tma	darkness, dark	**vypadat**	to look (appearance)
tunel	tunnel		
vesele	happily, merrily	**zima**	winter, cold
vítr–větru	wind		
vracet se	to return, go/come back		

Vypadá smutně/vesele. 'S/he looks sadly/happily.' S/he looks sad/happy. (**Vypadat** is often followed by an adverb form ending in **-ě/e**, instead of an adjective.)

Reading 2

Kde je autobus?

Where's the bus?

It turned out to be a long wait

Sousedka říkala, že dnes doma nesnídali, během týdne rodina vždycky spěchá do práce, na snídani nemají nikdy čas. Strašně nerada takhle ráno čeká, ale nemá jinou možnost. Sama neumí řídit auto a ani si ho nemůžou dovolit, protože vůbec nemají peníze. Autobus stále nejel.

Za čtvrt hodiny sousedka nastoupila do tramvaje a odjela. Zuzka čekala dál. Už nebyla tma, ale byla zima. Nakonec autobus taky přijel. Zuzka měla opravdu radost, protože se už začínala bát, že do práce přijede pozdě.

Nastoupila do autobusu. Autobus odjel do města. Byl přeplněný jako vždycky, takže nemohla číst noviny. Venku byla hustá mlha.

The neighbour said they didn't have any breakfast at home today, during the week the family are always hurrying to work, they never have time for breakfast. She really dislikes waiting about like this in the morning, but she hasn't any other option. She doesn't know how to drive a car herself, and they can't afford one either, because they haven't got any money. Still the bus didn't come.

A quarter of an hour later the neighbour got on the tram and left. Zuzka carried on waiting. It wasn't dark now, but it was cold. Finally the bus came too. Zuzka was really glad, because she was starting to be afraid she would be late for work.

She got on the bus. The bus drove off into town. As always, it was packed, so she couldn't read the paper. There was a thick mist outside.

Vocabulary

ani ... ne	not ... even		away/off, leave,
bát se/bojím se	to be afraid		depart
čtvrt hodiny	a quarter of an	**peníze**	money
	hour	**přeplněný**	over-full, crowded
za čtvrt hodiny	in a quarter of an	**plný**	full
	hour	**přijede, přijel**	will arrive, arrived
dovolit si	to afford (for	**rodina**	family
	oneself)	**řídit**	to drive
ho	him/it *acc.*	**říkat**	to say
hustý	thick	**sám** *m.*, **sama** *f.*	self (as subject),
jiný	other, another		alone
mlha	mist, fog	**snídaně**	breakfast
možnost	possibility	**snídat**	to have breakfast
nakonec	finally	**stále nejel**	still didn't come
nastoupit do	to get on, board	**takhle**	this way, like this
nemohl(a)	couldn't	**takže ...**	so that ...
nikdy	never	**vůbec**	at all, in general
noviny	newspaper	**vůbec ne**	not at all
odjet	to go/drive	**začínat**	to begin, start

If **nastoupit do** + *gen.* means 'to board, get on' a means of transport, **vystoupit z** + *gen.* means 'to get off'. The prefix **na-** means 'onto' and **vy-** means 'out of'. Compare the pair of nouns in the Prague metro announcement:

> **Ukončete prosím výstup a nástup, dveře se zavírají. Příští stanice (Muzeum, Hradčanská ...)**
> 'Please complete exiting and boarding, the doors are closing. Next station ...'

7 Jídlo, šaty, tělo

Food, clothes, body

In this lesson you will learn how to:

- talk more about food and meals
- name basic items of clothing and parts of the body
- discuss dressing and washing
- use some adverbs of place and motion
- say 'take' and 'carry'
- use more case forms of soft nouns

Dialogue 1

Snídaně

Breakfast

Eva and Jiří (familiar form Jirka) discuss breakfast and eating habits

EVA: Jirko, co jíš k snídani?
JIŘÍ: K snídani jím chleba se salámem nebo se sýrem. A piju džus.
A ty?
EVA: Buď nesnídám vůbec, nebo si dám jen rohlík s máslem a
s džemem. A k obědu?
JIŘÍ: Během týdne obědvám v menze.

Vocabulary

buď ..., nebo	either ..., or
dám si	I'll give myself/have
džem	jam

džus	juice
chléb *m. nom.*, **chleba** *gen.*,	bread
chleba *coll. nom./acc.*	
jíst/jím	to eat/I eat
jedí	they eat
máslo	butter
menza	university canteen
pít/piju	to drink/I drink
rohlík	(pointed) roll
salám	salami

Dialogue 2 🔲

Oběd

Lunch

What did Jirka's university canteen have for lunch yesterday?

EVA: Co jsi jedl včera?
JIŘÍ: Včera jsme měli zeleninovou polévku a kuře s rýží. Měli taky vepřový řízek a bramborový salát.
EVA: To máte teda skvělou menzu! Téměř jako v restauraci.
JIŘÍ: Naše menza je opravdu dobrá, i když je taky poměrně drahá.

Vocabulary

bramborový salát	potato salad
drahý	dear, expensive
i když	even if, though
jedl	ate
kuře *n.*	chicken
opravdu	really
poměrně	relatively, fairly
restaurace	restaurant
rýže	rice
vepřový řízek	pork schnitzel
zeleninová polévka/polívka	vegetable soup

Dialogue 3 🔘

Večeře

Evening meal

What does Jiří do for food in the evenings? Does Eva agree with him about his work and eating habits?

EVA: A večeříš doma?

JIŘÍ: Ano, ale jen málo, čočku s vejcem nebo fazole, chleba se salámem a tak. Anebo si cestou domů na ulici koupím klobásu nebo párek v rohlíku s hořčicí. Potom se dívám chvíli na televizi a hned jdu spát. Během týdne vstávám brzy ráno.

EVA: Máš těžký život! Hodně jídla, a málo práce!

Vocabulary

čočka	lentils	**málo**	little, few
fazole	beans	**párek**	frankfurter
hodně	lots of	**párek v rohlíku**	hotdog (*lit.* 'frank-
hořčice	mustard		furter in a roll')
jídlo	food	**ulice**	street
klobása	sausage	**večeřet**	to have supper
koupím si	I'll buy myself	**život -a**	life

Language points

Meals and eating

The basic word for 'food' is **jídlo**. 'Something to eat' is **něco k jídlu**. Standard words for meals are:

snídaně	breakfast
oběd -a	lunch, midday meal
večeře	supper, evening meal
svačina	snack

Note also the very commonly used verbs **snídat** 'to have breakfast', **obědvat** 'to have lunch', and **večeřet** 'to have supper'.

Kdy snídáte? V šest (hodin).
When do you have breakfast? At six (o'clock).

Kdy obědváte? Ve dvanáct.
When do you have lunch? At twelve.

Kdy večeříte? V sedm.
When do you have supper? At seven.

'At one o'clock' is **v jednu (hodinu).** We shall come back to telling the time in more detail later.

The basic verb **jíst** 'to eat' is a slightly irregular **í**-type:

jím	I eat	**jíme**	we eat
jíš	you eat	**jíte**	you eat
jí	s/he eats	**jedí**	they eat (!)

Note the past forms **jedl, jedla, jedli** 'ate'.

People also often use the verb **dát si,** literally 'to give oneself', when talking about choosing food:

Co si dáte?	What will you have?
Dám si ...	I'll have ...

Drink and drinking

'Drink' in general is **pití.** 'Something to drink' is **něco k pití,** but 'a drink', 'a beverage' is **nápoj.**

The basic verb **pít** 'to drink' is an **e**-type:

piju, piji	I drink (*neutral, formal*)	**pijeme**	we drink
piješ	you drink	**pijete**	you drink
pije	s/he drinks	**pijí, pijou**	they drink (*standard, coll.*)
past forms:	**pil, pila, pili**	drank	

What words for various drinks have we had already? **Pijete pivo? Víno? Mléko? Kávu? Čaj?**

Soft nouns again

As we know, soft-type nouns typically end in **-e** (feminine) or a soft consonant.

Those ending in a soft consonant can be either masculine (in harmony with our general rule) or feminine (marked *f.* in the vocabularies). You just have to learn the feminine ones!

Here are the singular case forms of **pokoj** *m.* 'room' (also 'peace'), **ulice** *f.* 'street', and similar **skříň** *f.* 'cupboard, closet'. They share dative and locative case endings, but soft feminine nouns have a special instrumental ending in **-í**:

	pokoj *nom.*	**ulice** *nom.*, **ulici** *acc.*	**skříň** *nom.*
gen.	do pokoj-e	do ulic-e	do skřín-ě
dat./loc.	k pokoj-i	k ulic-i	ke skřín-i
	v pokoj-i	na ulic-i	ve skřín-i
ins.	před pokoj-em	před ulic-*í*	před skřín-*í*

Feminines ending in **-ie**, pronounced [ije], just follow **ulice**, e.g. **Anglie – v Anglii.**

Neuter nouns in -e

A few nouns ending in **-e** are neuter, with instrumental **-em**.

Basic examples are **pole** 'field', **moře** 'sea', **srdce** 'heart' and **kafe** 'coffee' (*coll.* for **káva**). Nouns ending in **-iště** also belong to this group, e.g. **letiště** 'airport', **hřiště** 'playing field, sports ground'.

Feminine nouns in -ost

Nouns ending in **-ost**, meaning '-ness', are feminine and count as soft, e.g. **radost** 'joy, gladness' (from **rád** 'glad').

Note their special genitive singular **-i** (= dative/locative). This ending is also their basic plural: **radosti** [radosťi] 'of joy' or 'joys'.

Other examples are **místnost** *f.* 'room' (from **místo** 'place'), **kost** *f.* 'bone', irregular **noc** *f.* 'night' and **věc** *f.* 'thing' (**noci** 'nights', **věci** 'things').

Exercise 1

Co jste jedli? 'What did you eat?' Reply as suggested:

1 pork schnitzel and potato salad
2 a frankfurter in a roll with mustard
3 fish and bread with butter
4 vegetable soup, fish, and bread with cheese
5 chicken with rice and ice cream
6 beans with an egg and a roll with jam

Exercise 2

Fill in the blanks with words for *coffee, wine, mustard, street, restaurant, university canteen*, and *café* (**kavárna**):

Přes týden obědvám v _____, která je velmi dobrá, téměř jako v _____.
Někdy chodím do _____ a piju čaj, _____ anebo sklenici _____.
Cestou domů si kupuju na _____ klobásu nebo párek s _____.

Exercise 3

Translate into Czech and then put into the past:

1 They eat in the hotel or in a restaurant.
2 We have lunch in a café.
3 Then we have supper at home.
4 For breakfast I eat bread with cheese or with jam.
5 I drink coffee and tea with sugar and with milk.
6 The restaurant is good, though it is also fairly expensive.

Dialogue 4 ▣

Schůzka

The meeting or rendezvous

*Pavel asks Eva about her brother Ladislav (familiarly Láďa). He's gone to 'Municipal House', **do Obecního domu**, to meet someone. **Obecní dům** is a famous Prague concert-hall-cum-café-restaurant building from around 1910, on **náměstí Republiky**, 'Republic Square'*

PAVEL: Kde je Láďa? Neviděl jsem ho skoro celý měsíc.
EVA: Není doma. Včera přes den pršelo, víš. Láďa seděl doma celý den, četl si noviny a poslouchal rádio. Dnes chtěl jít ven. Teď je ve městě. Táta ho tam vezl asi před hodinou autem. Šel do Obecního domu. Má tam v kavárně schůzku s kamarádkou.
PAVEL: Kdo je to?
EVA: Američanka, jmenuje se Sylvia. Láďa ji učí česky.

Vocabulary

celý	whole, entire
četl	read (*past of* **číst**)
kavárna	café
měsíc	month
před hodinou	an hour ago (*lit.* 'before an hour')
schůzka	meeting
skoro	almost
ven	out (motion)
vézt/vezu,vezl	to convey, take (by vehicle)

Dialogue 5 ▣

Olga je nemocná

Olga's not well

And what about Eva's sister Olga?

PAVEL: A Olga? Není nemocná? Volala mi včera, říkala, že se necítí
dobře. Učila se prý na zkoušku a seděla v knihovně příliš
dlouho.

EVA: V noci ji bolela hlava. Celou noc nespala. Teď je zase nahoře v
ložnici. Někdy, když je nemocná, bere si knihu do postele, ale
teď asi nečte. Právě poslouchá rádio, protože zpívá její
oblíbený zpěvák. Znáš tuhle českou píseň?

Vocabulary

asi	probably, about	píseň -sně *f.*	song
brát/beru (si)	to take (for oneself)	příliš	too
		postel -e *f.*	bed
bolet	to hurt	prý	apparently
cítit	to feel	říkat	to say
hlava	head	tahle *f. nom.,*	this
knihovna	library	tuhle *acc.*	
ložnice	bedroom	zase	again
nahoře	up(stairs)	zpěvák, zpěvačka	singer
noc -i *f.*	night		

Dialogue 6 ▣

Dárek k narozeninám

The birthday present

And Eva's mother?

PAVEL: Kde je tvoje matka? Není v kuchyni?

EVA: Ne. Sedí v jídelně. Dívá se na televizi, píše dopis tetě, nebo si čte nějaký časopis. Aha, teď jde sem do pokoje.

PAVEL: Jdu nahoru, ano? Potřebuju si s Olgou popovídat. Nesu jí dárek, jen takovou maličkost.

EVA: Odkud víš, že Olga má dnes narozeniny?

PAVEL: Sama mi to řekla. Nebere mě sice vážně, ale ví, že ji mám přece jenom moc rád.

Vocabulary

aha	ah	**pokoj**	room
jídelna	dining-room	**popovídat si**	to have a chat
kuchyň -ně *f.*	kitchen	**přece jenom**	anyway, after all
maličkost	a trifle	**řekla**	she said
nahoru	up	**sem**	here (*motion towards*)
narozeniny *pl.*	birthday		
nejspíš	most likely	**sice**	'albeit', although
nést/nesu, nesl	to carry, bring	**takový**	such a, a kind of
odkud?	where from?	**vážně**	seriously

Language points

Talking about place and motion

A distinction in meaning between 'place' and 'motion towards a place' is found in some closely related pairs of words. Note:

Kde je Honza?	Where is Honza?
but **Kam jde?**	Where is he going?
Je tady.	S/he is here.
but **Jde sem.**	S/he is coming here.
Sedí doma.	S/he is sitting at home.
but **Jde domů.**	S/he is going home.

Je venku.	S/he is outside.
but Jde ven.	S/he is going out.
Je uvnitř.	S/he is in/inside.
but Jde dovnitř.	S/he goes in/inside.
Je nahoře.	S/he's upstairs, up above.
but Jde nahoru.	S/he goes up(stairs).
Je dole.	S/he's downstairs, below.
but Jde dolů.	S/he goes down(stairs).

But some other similar words make no such distinction:

Je tam.	S/he is there.
Jde tam.	S/he goes there.
Je pryč.	S/he is away.
Jde pryč.	S/he goes away.
Je zpátky.	S/he's back.
Jde zpátky.	S/he goes back.

Taking and carrying

Here are two verbs for 'take' and 'carry':

| **brát/beru** | to take |
| **nést/nesu** | to carry |

Another two verbs in this general area are easily confused, but also vital:

| **vézt/vezu** | to convey (by vehicle) |
| **vést/vedu** | to lead (on foot) |

The present forms of these four **e**-type verbs are:

brát 'take'	*nést* 'carry'	*vézt* 'convey'	*vést* 'lead'
beru	nesu	vezu	vedu
bereš	neseš	vezeš	vedeš
bere	nese	veze	vede
bereme	neseme	vezeme	vedeme
berete	nesete	vezete	vedete
berou	nesou	vezou	vedou

Note their past forms, as used in these examples:

Nesl (vezl) kufr.
He was carrying (conveying) a suitcase.

Vedli Ivana do pokoje.
They led Ivan into the room.

Note how all of the above verbs may sometimes be translated as 'take' in English. The meaning of English 'take' is very broad, while **brát/beru** basically means 'pick up and take or use':

Beru knihu ze stolu a čtu.
I take/pick up a book from the table and read.

Beru aspirin.
I take/use aspirin.

Nesu oběd do pokoje.
I take/carry, bring the lunch into the room.

Vezu Ivana do města.
I take/convey, drive Ivan into town.

Vedu Ivana do pokoje.
I take/lead, bring Ivan into the room.

Washing and getting dressed

Verbs often have **se** 'oneself' added when the action is devoted to the subject/self, e.g. with **mýt/myju** 'to wash':

Myju se.	I wash. I wash myself.
but **Myju nádobí.**	I wash the dishes.

However, 'to wash' of clothes is **prát/peru**: **peru košile** 'I'm washing some shirts.' 'Washing-machine' is **pračka**, but 'dish-washer' is **myčka nádobí**.

When the action of **mýt** 'to wash' is devoted to the subject/self, but an object is also mentioned, **se** is replaced by **si**:

Myju si ruce.
I wash my hands (*lit.* 'I wash for myself the hands').

The same happens with **oblékat** 'to dress, put on', and **svlékat** 'to undress, take off':

Oblékám se.
I dress myself, get dressed, put on my clothes.

Oblékám si kabát.
I put on my coat (*lit.* 'I put on for (my)self the coat').

Pavel se svléká.
Pavel gets undressed, takes off his clothes.

Pavel si svléká svetr.
Pavel takes off his sweater.

Similarly, **obouvat** 'to put on shoes' and **zouvat** 'to take off shoes':

Obouvám se. Obouvám si boty.
I put on my shoes.

Zouvám se. Zouvám si boty.
I take off my shoes.

In Czech households people commonly take off their shoes when entering the house. It is polite if you as a visitor are also willing to do this. You will typically be offered a pair of simple house slippers – **pantofle/trepky.**

Clothes and parts of the body

The reading texts at the end of this chapter partly deal with **oblečení** 'clothing', and as you wear **šaty** 'clothes' (also a woman's 'dress') over your **tělo** 'body', let's put together a collection of basic words for both topics. You may not be able to learn all this list now, but you can use it for revision later on.

Out of doors, you might wear a **kabát** 'coat', **sako** 'jacket' or **bunda** 'a casual jacket, anorak'. You might have a **deštník** 'umbrella' in your **ruka** 'hand', and **rukavice** 'gloves' on both **ruce** 'hands', to keep your **prsty** 'fingers' warm. 'Arm' is again **ruka**, or **paže**. On your **hlava** 'head' you might have a **klobouk** 'hat' or **čepice** 'cap' to cover your **vlasy** 'hair' and **uši** 'ears' (**ucho** *sg* 'ear'). You might also be wearing **brýle** 'glasses' on your **nos** 'nose', for the sake of your **oči** 'eyes' (**oko** *sg* 'eye'). Round your **krk** 'neck' you might have a **šála** 'a scarf'.

You may have **make-up** 'make-up' (that was easy!) on your **tvář** *f.* 'face', including **rtěnka** 'lipstick' on your **rty** 'lips', around your **ústa** *n. pl.* 'mouth' (more colloquially **pusa** *f. sg*), with its **bílé zuby** 'white teeth' and **růžový jazyk** 'pink tongue'.

You might have an **oblek** 'suit' over your **ramena** 'shoulders'. Alternatively you could have a **svetr** 'sweater' or **pulovr** 'pullover' on your **záda** 'back' (distinguish from **zadek** 'backside') and **hruď, prsa** 'chest' (distinguish from **prs** 'female breast'). Below the **pás** 'waist' or 'belt' you might have **kalhoty** 'trousers', US 'pants' on your **nohy** 'legs', or a **sukně** 'a skirt'. On your **nohy** 'feet' (as well as 'legs'), with their

prsty 'toes', same word as for 'fingers', you might be wearing **ponožky** 'socks' (or **podkolenky** up to your **kolena** 'knees') and then **boty** 'shoes', maybe **sandály** 'sandals' or some kind of **adidasky** 'trainers'; **kozačky** are women's long boots.

You are perhaps also wearing a **košile** 'shirt' or **halenka** 'blouse', unless you are wearing a dress, **šaty** *pl.* (also 'clothes' in general). Alternatively you could be wearing some kind of **džíny** 'jeans' and **tričko** 'tee-shirt'. Do you have a **kapesník** 'handkerchief' in your **kapsa** 'pocket'?

A woman may have a **podprsenka** 'a bra, brassiere'. We should also mention **punčochy** 'stockings' and **punčochové kalhoty** or **punčocháče** 'tights', US 'pantihose', and **spodní prádlo** 'underwear' in general. **Kalhotky** are women's 'knickers', US 'panties'. Men wear **trenýrky/trenky** 'boxer shorts' or now more especially **slipy** 'briefs' (the older term **spodky** typically denotes old-fashioned long underpants). **Tílko** is British 'vest', US 'undershirt'.

Babies wear, amongst other things, **plenky/plínky** 'nappies', US 'diapers'.

Prádlo also means both 'washing, laundry' and 'bedlinen', which takes us back to **postel** 'bed', **pyžamo** 'pyjamas' and **noční košile** 'nightshirt'. Maybe it's time to rest your **unavené kosti** 'tired bones', restore your **krev** 'blood', and refresh your **unavený mozek** 'tired brain'. It's a bit too much for the old **srdce** *n.* 'heart'.

Exercise 4

Translate into Czech:

> Pepík is out. Yesterday it rained. He sat at home, read the paper and listened to the radio. Today he wanted to go out. Now he's in town. He went to Obecní dům. He has a meeting in the café with a female friend. She's an Englishwoman. Her name's Andrea. Pepík is teaching her Czech.

Exercise 5

Complete with the words suggested and translate into English:

1 Seděla v _____. (*the library*)
2 Je nahoře v _____. (*the bedroom*)
3 Honza je v _____. (*bed*)
4 Táta byl v _____. (*the kitchen*)
5 Díval se na _____. (*television*)

6 Láďa si _____ svetr. (*puts on*)
7 Anna si _____ ruce. (*washes*)
8 Eva si _____ kabát. (*takes off*)
9 Věra si _____ boty. (*takes off*)
10 Igor si _____ boty. (*puts on*)

Reading 1

Ráno

In the morning

Getting up in the morning and going to work

V ložnici je tma. Právě zvoní budík. Je ráno. Pavel Petřík vstává a jde do koupelny. Bere mýdlo a myje se. Potom bere žiletku (nebo holicí strojek) a holí se. Vrací se do ložnice, svléká si pyžamo, obléká si slipy, košili, kalhoty a ponožky. Potom jde dolů do kuchyně. V kuchyni si připravuje čaj (nebo kávu), bere si chleba a šunku (nebo sýr) a jde do jídelny (nebo do obýváku). Jí krajíc chleba se šunkou (nebo se sýrem, někdy i rohlík s džemem). Uklízí v obýváku. Myje v kuchyni nádobí. Nakonec jde do předsíně, obouvá si boty, obléká si pulovr, sako, kabát nebo bundu a běží ven. Musí běžet, protože je pozdě, pospíchá do práce.

Vocabulary

běžet	to run	**oblékat si**	to put on (clothes)
boty	shoes	**obouvat si**	to put on (shoes)
budík	alarm clock	**ponožky** *pl.*	socks
bunda	casual jacket, anorak	**pospíchat**	to hurry
		předsíň -ně *f.*	hallway
dolů	down, downstairs	**pulovr**	pullover
holicí strojek	shaver	**pyžamo** *sg*	pyjamas
holit se	to shave oneself	**sako**	jacket
kabát	coat	**slipy** *pl.*	briefs, underpants
košile	shirt	**svlékat**	to take off (clothes)
krajíc	slice		
koupelna	bathroom	**šunka**	ham
mýdlo	soap	**zvonit**	to ring
mýt/myju	to wash	**žiletka**	razor blade (originally 'Gillette')
nádobí *sg*	dishes		
kalhoty *pl.*	trousers		

Reading 2

Večer

In the evening

Work and coming home ... Pavel seems to be a bit of a drinker

V práci se velmi nudí. Často telefonuje. Obědvá s kolegou v restauraci. Píše dlouhou zprávu o cestě do Ústí nad Labem.

Večer jde domů, je unavený, vypadá dost špatně. Otvírá dveře, jde dovnitř, zavírá, svléká si sako, kabát nebo bundu a nalévá si skleničku vína. Sedne si do křesla. (Někdy, zvlášť když se trochu zlobí, místo vína si vezme pivo a pije přímo z lahve. Dnes je jenom unavený, proto pije víno.) Za chvíli slyší tichou hudbu. Irena je nahoře v ložnici, čeká. Pavel neví, co má dělat. Jde nahoru. Je už skoro tma.

Vocabulary

co má dělat	what he should do	**sednout si/sednu si**	sit down (*complete act*)
dovnitř	inside (*motion into*)	**slyšet**	to hear
		telefonovat	to telephone
dost	rather	**tichý**	quiet
dveře *pl.*	door(s)	**vzít si/vezmu si**	to take
kolega, kolegyně	colleague		(*complete act*)
láhev – lahve *f.*	bottle	**zavírat**	to close, shut
místo + *gen.*	instead of	**zlobit se**	to be cross,
nalévat si	to pour (for oneself)		angry
		zpráva	report
otvírat	to open	**zprávy** *pl.*	the news
proto	so, therefore, for that reason		
přímo	straight, directly		

8 Telefon a týden

Telephone and the week

In this lesson you will learn how to:

- speak on the telephone
- name the days of the week
- express wishes with 'would like' and 'could'
- talk more about your daily routine
- understand verb pairs
- talk about the future

Dialogue 1 🔲

Helena píše dopis

Helena's writing a letter

Helena doesn't know what to put in her letter to Martin

BOHUMIL: Co jsi dnes dělala? Četla jsi něco?

HELENA: Ne. Chtěla jsem, ale neměla jsem čas.

BOHUMIL: Vždyť jsi říkala, že si chceš číst ten nový americký román, který ti dal Martin.

HELENA: Četla jsem ho včera a už jsem ho přečetla. Psala jsem Martinovi dopis. Chtěla jsem mu poděkovat za tu knihu.

BOHUMIL: A už jsi ten dopis napsala? Chtěl jsem s tebou jít do kina. Dávají výborný italský film.

HELENA: Nevím, co mám Martinovi psát. Přečtu ti jeho poslední dopis. Asi je do mě zamilovaný. Chtěla jsem mu napsat něco o politice, o situaci v Česku, ale potom jsem si řekla, že Martin o politiku vůbec nemá zájem.

Vocabulary

Česko	= Česká republika
dát *pf* of dávat	to give/put
italský	Italian
napsat/napíšu, napsal *pf*	to write/I'll write
něco	something
poděkovat za (+ *acc.*) *pf*	to thank for
poslední	last
přečíst/přečtu, přečetl *pf*	to read/I'll read
román	novel
říct/řeknu, řekl(si) *pf*	to say (to oneself), tell (oneself)
říkat *impf*	to say, tell
situace	situation
s tebou	with you
ti	to you
za tu knihu	for that book
výborný	excellent
zamilovaný do + *gen.*	in love with
zájem o + *acc.* (!)	interest in

Dialogue 2 ▣

Legrační příhoda

A funny incident

*Bohouš (familiar form for **Bohumil**) recalls a funny incident when they cooked for their friend Míša (= **Michal** 'Michael')*

BOHUMIL: Mohla bys mu napsat o Míšovi, jak jsme ho nedávno pozvali na večeři. Pamatuješ si? Vařili jsme společně, koupili jsme něco dobrého, chtěli jsme udělat skutečně chutnou večeři, ale nakonec jsme uvařili něco, co se vůbec nedalo jíst.

HELENA: Udělali jsme totiž jednu malou chybu.

BOHUMIL: Ano. Dali jsme do vody příliš mnoho soli. Míša měl sice velký hlad, ale snědl jenom malý kousek a hned musel jít na záchod.

HELENA: Jo, to bylo velmi legrační! Pak jsme šli do restaurace. Míša snědl strašně moc a vypil celou láhev vína. Byl opilý.

BOHUMIL: Nakonec všechno musel zaplatit sám, protože jsme neměli peníze!

HELENA: A Míša tak nerad platí! Bohouši, to je skvělý nápad. Díky. Dopis ale napíšu zítra, protože teď půjdu radši s tebou do kina.

Vocabulary

díky	thanks	**pamatovat si**	to remember
chutný	tasty	**platit**	to pay
chyba	mistake	**pozvat** *pf*	to invite
koupit *pf*	to buy	**půjdu**	I'll go
kousek	piece	**radši**	preferably, rather
legrační	funny	**sníst/snědl** *pf*	to eat up/ate up
měl velký hlad	was very hungry	**společně**	jointly
mnoho	much, many	**sůl – soli** *f.*	salt
mohla bys	you could	**udělat** *pf*	to do, make
nápad	idea	**uvařit** *pf*	to cook
něco dobrého	something good	**všechno**	everything
nedalo se	it wasn't possible	**vypít** *pf*	to drink
nedávno	recently	**zaplatit** *pf*	to pay
opilý	drunk	**záchod**	WC, toilet

To ask for the **účet** 'bill' just say **zaplatím(e)**, *lit.* 'I/we'll pay'.

Language points

Verb pairs

Czech verbs mostly come in pairs: one 'imperfective', the other 'perfective'. Both verbs mean basically the same, but differ in 'aspect' – basically whether they see their sense as completed or not.

An *imperfective* verb denotes ongoing or general activity. (The verbs in previous lessons were nearly all imperfective.)

A *perfective* verb denotes a complete act (or complete set of acts).

To make **psát** 'to write' perfective, you add the prefix **na-** (meaning 'on, onto'). Compare:

Chci psát dopis.	I want to write a letter. (*general activity*)
Chci napsat dopis.	I want to write a letter. (*complete act*)

There are two main types of pair: prefix and suffix pairs.

In *prefix* pairs the perfectives add a prefix to the simple imperfectives, as in **psát – napsat** 'to write'. The prefix used is not exactly predictable. For example, in Dialogues 1 and 2 you will find: **pře-číst** 'to read (through)', **u-vařit** 'to cook', **po-děkovat** 'to thank', **po-zvat** 'to invite', **za-platit** 'to pay', **u-dělat** 'to do', **vy-pít** 'to drink (up)', **s-níst** 'to eat (up)', *pf* of **jíst** 'to eat'.

In *suffix* pairs the two forms end differently, with different suffixes, as in **dávat – dát** 'to give, put', **kupovat – koupit** 'to buy'. In this type of pair the perfective form is generally shorter.

The past with verb pairs

Perfective and imperfective verbs form past tenses in the same way, but differ in their precise meaning.

Psal jsem dopis. I wrote/was writing a letter. (*process*)
Napsal jsem dopis. I wrote/have written a letter. (*complete act*)

English has a wide range of past forms with different distinctions. 'Was writing' can be treated as clearly imperfective, but 'wrote' can correspond to either aspect.

Včera psala dopis. Yesterday she was writing/wrote a letter.
Psala ho celý den. She was writing/wrote it all day.
Už ho napsala. Now she has written it.
Dnes napsala další. Today she has written/wrote another one.

Present versus future

Only imperfectives have a present referring to something going on here and now.

Píšu dopis. I am writing a letter. (*process*)
Kupuju knihu. I am buying a book.

Present forms of perfectives are regularly *future* in meaning:

Zítra napíšu dopis. Tomorrow I will write a letter. (*complete act*)
Zítra koupím knihu. Tomorrow I will buy a book.

However, a present perfective can correspond to an English present, if it refers to a complete action:

Někdy přečte celou knihu!
Sometimes s/he reads a whole book!

'Would' and 'would like'

To say a polite 's/he would like' or 'they would like' (instead of 'want') you can just add **by** 'would' to past forms of **chtít** 'to want':

Chtěl(a) by mluvit s panem Bednářem.
S/he would like to talk with Mr Bednář.

Chtěli(-y) by mluvit s Janem Čapkem.
They would like to talk with Jan Čapek.

For 'I, you would' and 'we, you would' you use **bych**, **bys** and **bychom**, **byste**:

Chtěl(a) bych jít domů.
I would like to go home.
Nechtěl(a) bys jít se mnou?
Would (*lit.* 'wouldn't') you like to come with me?

Chtěli(-y) bychom jít do kina.
We would like to go to the cinema.
Chtěli(-y) byste jít s námi?
Would you like to go with us?
Chtěl(a) byste jít s námi?
Would you (*formal sg*) like to go with us?

'Could'

For a polite 'could' (instead of 'can') you can similarly add **by** (or its other forms) to the past forms of **moct** 'to be able, can':

Mohl(a) bych mluvit s Helenou?
Could I speak with/to Helena?
Nemohl(a) bys mluvit s Láďou?
Couldn't you speak with/to Láďa?

Instead of **bychom** people commonly say **bysme**:

Mohli bychom/bysme jít na koncert.
We could go to a concert.

Exercise 1

Give the perfective infinitives of these verbs:

vařit, pít, platit, jíst, dělat, psát

Exercise 2

Give both infinitives of the verbs suggested:

to buy, to give, to invite, to read, to thank

Exercise 3

Complete as suggested and translate into English:

1 Igor _____ román. (*was reading*)
2 Zuzana _____ dopis. (*has read*)
3 Míša _____ strašně moc. (*has eaten*)
4 Eva _____ celou láhev vína. (*has drunk*)
5 Míša a Eva _____ celý den. (*were drinking*)
6 Bratr _____ opravdu chutnou večeři. (*has cooked*)
7 Sestra _____ jednu velkou chybu. (*has made*)
8 Otec mu _____ hezký dopis. (*will write*)
9 Zítra mu _____ za ten dárek. (*I will thank*)
10 _____ mluvit s Alenou? (*could I*)
11 _____ mluvit s učitelem. (*I would like to*)

Dialogue 3 🔊

V telefonu

On the phone

Petr Mikeš speaks to paní Nováková on the phone

NOVÁKOVÁ:	Haló?
PETR:	Paní Nováková?
NOVÁKOVÁ:	U telefonu. Kdo volá?
PETR:	Mikeš. Petr Mikeš. Mohl bych mluvit s panem Petříkem? Napsal jsem mu víc než před týdnem dopis. Doufám, že ho dostal.
NOVÁKOVÁ:	Bohužel, není doma.
PETR:	A později?
NOVÁKOVÁ:	Nebude doma celý den. Je na konferenci ve Vídni.
PETR:	Aha, rozumím. A kdy se vrátí, paní Nováková?
NOVÁKOVÁ:	Řekl, že se vrátí v pondělí večer, myslím, že dost pozdě v noci.
PETR:	Dobře.
NOVÁKOVÁ:	Mám mu něco vyřídit?
PETR:	Ehm… ne. To není moc důležité. Zavolám mu někdy během týdne.
NOVÁKOVÁ:	Ano. Řeknu mu určitě, že jste volal.
PETR:	Moc vám děkuju. Promiňte, že jsem vás obtěžoval.
NOVÁKOVÁ:	Nic se nestalo. Na shledanou.

Vocabulary

důležitý	important	obtěžovat	to bother, be a
dostat/dostanu *pf*	to get/I'll get		trouble
doufat	to hope	pondělí	Monday
ehm	uhm	v pondělí	on Monday
haló	hello (on phone)	říct/řeknu *pf*	to tell/I'll tell
ho	him, it	u telefonu	speaking (*lit.* 'at
kdy?	when?		the phone')
konference	conference	určitě	definitely
mu	to him	víc než	more than
nebude	he won't be	Vídeň *f.*	Vienna
později	later	volat > zavolat	to call, phone
nic se nestalo	don't mention it	vrátit se *pf*	to return
	(*lit.* 'nothing	vyřídit něco	to give a message
	happened')	zavolat *pf* of **volat**	to call, phone

Dialogue 4 ▮▮

Telefonuje znova

He telephones again

Petr rings up again a few days later

NOVÁKOVÁ: Nováková.

PETR: Tady Petr Mikeš. Vzpomínáte si, volal jsem vám…

NOVÁKOVÁ: Ano, vzpomínám si.

PETR: Vrátil se už pan Petřík? Chtěl bych se s ním sejít. Jde o dost důležitou věc.

NOVÁKOVÁ: Bohužel už zase někam odjel. Je tuším na semináři v Mnichově. Řekl mi, že vám napíše.

PETR: Nevíte, kdy se vrátí?

NOVÁKOVÁ: Nevím přesně. Myslím, že zítra nebo pozítří.

PETR: A myslíte, že přijede velmi pozdě?

NOVÁKOVÁ: Doufám, že ne, ale obávám se, že ano. Vrací se často velmi pozdě v noci. Má moc práce.

PETR: Dobře, zavolám mu pozítří. Nebude vám to vadit?

NOVÁKOVÁ: Ne, to je v pořádku. Řeknu panu Petříkovi, že jste mu opět telefonoval.

PETR: Děkuju vám pěkně. Na shledanou.

NOVÁKOVÁ: Na shledanou.

Vocabulary

jde o + *acc.* (!)	it concerns	pozítří	the day after
Mnichov -a	Munich		tomorrow
někam	(to) somewhere	přesně	exactly
s ním	with him	seminář	seminar
obávat se	to fear, be afraid	vzpomínat si	to remember
	(apologetic)	sejít se/sejdu se *pf*	to meet/I'll meet
opět	again	telefonovat	to telephone
pořádek	order	vadit	to matter, be a
v pořádku	fine (*lit.* 'in		bother
	order')	vám	to you

Learn:

To je v pořádku.   That's fine (*lit.* 'that's in order').
To nevadí.   It doesn't matter.
To je jedno.   It doesn't matter (*lit.* 'it is one').

Language points

The days of the week

Dnes je … 'today it is …'. It's time to learn the days of the week. Note that they are spelt without capitals.

Je pondělí, úterý.   It's Monday, Tuesday.
Je středa.   It's Wednesday.

Je čtvrtek, pátek.   It's Thursday, Friday.
Je sobota, neděle.   It's Saturday, Sunday.

To say 'on' a day, you use **v** 'in'. Here **v** is followed by the accusative (but don't worry about this, just learn the fixed phrases):

Přijedu v pondělí, v úterý.
I'll come (by vehicle) on Monday, Tuesday.
Přijedou ve středu.
They'll come on Wednesday.

Odjeli ve čtvrtek, v pátek.
They left on Thursday, Friday.
Odjeli v sobotu, v neděli.
They left on Saturday, Sunday.

'From' is **od**, 'till' is **do** (both with the genitive as usual):

Byli(-y) tam od pondělí do soboty.
They were there from Monday till Saturday.
Byli(-y) jsme tam od středy do neděle.
We were there from Wednesday till Sunday.

Learn also:

včera, dnes a zítra	yesterday, today and tomorrow
předevčírem	the day before yesterday
pozítří	the day after tomorrow
ve všední den, v pracovní den	on an ordinary/working day, on a weekday
víkend, o víkendu	weekend, at the weekend

Den 'day' is masculine, like **týden** 'week', while **noc** 'night' is feminine. Note the phrases **v noci** 'in the night' and **ve dne** 'in the day(time)'.

Přijedu dnes večer.
I'll come tonight, this evening.

Distinguish:

Přijedu za týden.	I'll come in a week('s time).	(**za** + *acc.*)
Přijedu na týden.	I'll come (to stay) for a week.	(**na** + *acc.*)

Prefix pairs

Find the prefix pairs in the dialogues. As we have said, the prefix varies from verb to verb, and just has to be learnt! The commonest are **po-**, **u-**, **z-** (sometimes **s-**), **za-**. The symbolic arrow > points to the perfective:

děkovat > poděkovat	to thank
dělat > udělat	to do, make
jíst > sníst	to eat
platit > zaplatit	to pay
volat > zavolat	to call

Suffix pairs

In suffix pairs the verb is most typically a compound, i.e. a prefix is attached in both aspects, because it is needed as part of the general meaning of the compound.

For example, if **pod(e)-** 'under-' is added to **psát** 'to write' you get **podepsat** (with shortened **á → a**), a perfective verb meaning literally 'to "under"-write', i.e. 'to sign'. This has its own imperfective, formed with the suffix -ovat: **pod(e)pisovat.**

In suffix pairs the imperfectives normally use one of these 'imperfectivising' suffixes: **-ovat, -(á)vat, -at** or **-et.**

Czech dictionaries usually list suffix pairs under the more basic (usually shorter) perfective forms. Now the perfective arrow < points backwards:

podepsat < pod(e)pisovat	to sign
potkat < potkávat	to meet, encounter
zavřít < zavírat	to shut
vrátit < vracet	to return

In good standard usage all verbs with the imperfectivising infinitive suffix **-et** should have the ending **-ejí** (rather than **-í**) in the 'they' form of the present tense, e.g. **vrátit < vracet** 'to return':

Vracejí knihu.
They return the book.
Vracejí se.
They return, they go/come back. (*Add* **se***!*)

Verb families

Note how related compound verbs form families with parallel forms. Look at the verbs for 'to open' and 'to close':

otevřít, otevřu < ot(e)vírat	to open
zavřít, zavřu < zavírat	to close

Similarly, note the useful perfective verbs for 'put on', 'take off' and 'change' clothes and shoes – we met some imperfectives in Lesson 7:

obléknout, obléknu, oblékl < oblékat (se)	to put on (clothes)
svléknout, svléknu, svlékl < svlékat (se)	to take off (clothes)
převléknout, převléknu, převlékl < převlékat (se)	to change (clothes)
obout, obuju, obul < obouvat (se)	to put on (shoes)
zout, zuju, zul < zouvat (se)	to take off (shoes)
přezout, přezuju, přezul < přezouvat (se)	to change (shoes)

Or 'get' and 'get up/stand up':

dostat, dostanu, dostal < dostávat	to get
vstát, vstanu, vstal < vstávat	to get up

Similarly again, distinguish 'remember' and 'forget', each with a root referring to memory:

vzpomenout si < **vzpomínat si** to remember (**vz-** 'up')
zapomenout < **zapomínat** to forget (**za-** 'behind, away')

'Going' verbs

Compounds of the verb **jít** 'to go' have imperfectives ending with the suffix **-cházet**, while compounds of **jet** 'to go, ride' have imperfectives with the suffix **-jíždět**. Prefixes **při-** and **od-** can be combined with both, to similar effect:

přijít, přijdu, přišel < **přicházet** to come/arrive
odejít, odejdu, odešel < **odcházet** to go away, leave

přijet, přijedu, přijel < **přijíždět** to arrive (by vehicle, riding)
odjet, odjedu, od(e)jel < **odjíždět** to go away, leave (by vehicle, riding)

But the basic verbs **jít** and **jet** have no perfectives!!

Jde domů. Šel domů.
He goes home. He went/was going home.
Jede domů. Jel domů.
He goes (rides) home. He went/was going home.

Prefixes are often identical in form (if not always in meaning) to prepositions. Compare **od** + *gen.* 'from, away from' with the prefix **od-** 'away'. We will look at this in a bit more detail later.

Verbs without pairs

Some verbs lack (or usually lack) pairs. They include imperfectives for fixed states, such as **ležet/ležím** 'to lie', **sedět/sedím** 'to sit'. (Common related perfectives denote a change of state, **lehnout si** 'to lie down', **sednout si** 'to sit down'.)

Other such imperfectives are **být** 'to be', **moct** 'to be able', **muset** 'to have to, must', and **chtít** 'to want'.

'Say' and 'tell'

Note the irregular perfective present (i.e. future) of the verb **říct** (older infinitive **říci**) 'to say, tell':

řeknu	řekneme
řekneš	řeknete
řekne	řeknou

The past forms are **řekl(a)**, **řekli(-y)** 'said, told'.

Já mu to řeknu.	I'll tell him (say it to him).
Řekl mi to včera.	He told me (said it to me) yesterday.

For imperfective you use **říkat**:

Co říkáš?	What are you saying?

Note the special use of the reflexive **se** in the phrase:

Jak se řekne česky … ?
How do you say … in Czech? (*lit.* 'how says itself in Czech …')
Jak se řekne česky 'school'?
What's the Czech for 'school'?
Jak se řekne anglicky 'škola'?
What's the English for 'škola'?

Note how verbs with infinitives in **-ct** have alternative infinitives in **-ci**, e.g. **říct** or **říci** 'to say', **moct** or **moci** 'to be able'. These are more typically found in formal writing.

The future again

The verb **být** 'to be' has its own special future.

budu	I shall/will be	**budeme**	we shall/will be
budeš	you will be	**budete**	you will be
bude	s/he, it will be	**budou**	they will be

It is *not* followed by **být**!

Budeš bohatý/-á!	You'll be rich!
Nebudou doma.	They won't be at home.

You can make a future of other verbs, but *only imperfectives*, by adding imperfective infinitives to **budu**, etc.:

Budu psát dopis.
I'll write/be writing a letter. (*process*)
Nebudeme otvírat okno.
We won't open/be opening the window. (*habit*)

Remember, the perfective future is simply (and only!) the perfective present form:

Napíšu dopis. I'll write a letter.
Neotevřu okno. I won't open the window.

Exercise 4 📼

You make a telephone call. Translate Mrs Bednářová's words for yourself and speak as suggested

– *Hello? Mrs Bednářová?*
– *U telefonu. Kdo volá?*
– *Petr/Věra. Could I speak to Mr Bednář?*
–*Bohužel, není doma. Je ve Vídni.*
– *Ah, I understand. When will he get back, Mrs Bednářová?*
– *Vrátí se v pondělí. Mám mu něco vyřídit?*
– *Uhm ... no. It's not very important. I'd like to meet up with him.*
  I'll call him the day after tomorrow, on Monday evening. It won't
  be a nuisance for you?
–*Ne, to je v pořádku. Řeknu mu, že jste volal.*
– *Thank you very much. Sorry to have troubled you.*
– *Nic se nestalo. Na shledanou.*
– *Goodbye.*

Exercise 5

Translate into Czech:

1 Alena opened the window.
2 Eva closed the book.
3 Pavel put on his trousers.
4 Eva is putting on her sweater.
5 Jiří has taken off his shirt.
6 Yesterday he got a nice letter.
7 He got up early and ate a roll with butter.
8 They arrived yesterday and left today.
9 They will not be at home all day.

Reading 1

Den začíná

The day begins

Irena Petříková's day begins with the sound of the alarm clock

Když zazvonil budík, Irena hned vstala a šla do koupelny. Svlékla si noční košili a rychle se osprchovala. Pak se vrátila do ložnice. Oblékla si kalhotky, pěknou hedvábnou halenku, punčocháče a krásnou úzkou sukni. Před zrcadlem si učesala vlasy a udělala make-up. Pak sešla dolů do kuchyně a postavila vodu na čaj. Na stole v obýváku našla bochník chleba, kousek másla a prázdnou konvici na čaj. (Pavel, její manžel, odešel do práce už před hodinou. Je inženýr. Irena je lékařka, pracuje v nemocnici a často má noční službu.)

Vocabulary

bochník	loaf	**sejít/sejdu, sešel** *pf*	to go down/I will go down, went down
halenka	blouse		
hedvábný	silk		
kalhotky	knickers		
konvice	pot	**stůl – stolu**	table
konvice na čaj	teapot	**sukně**	skirt
lékař, -ka *f.*	doctor	**svléknout, svlékl** *pf*	to take off, took off
make-up	make-up		
najít, našel *pf*	to find	**učesat/učešu (si)** *pf*	to comb/I will comb
nemocnice	hospital		
noční služba	night-duty	**úzký**	narrow
obléknout, oblékl *pf*	to put on	**vlasy** *pl.*	hair
osprchovat se *pf*	to have a shower	**volno**	free time, time off
punčocháče	tights	**vstát/vstanu** *pf*	to get up/I will get up
postavit vodu *pf*	to put on water		
prázdný	empty	**zazvonit** *pf*	to ring
rychle	quickly	**zrcadlo**	mirror

Reading 2

Den pokračuje

The day continues

Irena's day continues

Dnes měla Irena volno. Nasnídala se, uklidila byt, umyla nádobí, sedla si do křesla a začala číst zajímavý román, který dostala minulý týden od kamaráda, který teď žije v Kanadě. Odpoledne šla plavat a sešla se v kavárně s kolegou z Anglie. Hovořili spolu hodinu a půl anglicky. Mluvili o Evropě (o politice a kultuře). Potom ji kolega odvezl autem na sídliště a pozval ji na kávu, odešla asi za hodinu. Nakoupila v samoobsluze (koupila chleba, mléko, vepřové maso a kuře). Před domem uviděla Pavla. Právě otvíral dveře a jako vždy vypadal velmi unaveně. Ahoj, Ireno, řekl. Jak se máš? Měl jsem opravdu strašný den. Vešli spolu do domu, Pavel zavřel dveře, svlékl si sako, šel do obýváku, nalil si jako obvykle sklenku vína a sedl si do křesla. Irena šla nahoru do ložnice. Venku byla už skoro tma.

Vocabulary

Anglie	England	**sednout si, sedl si** *pf*	to sit down, sat down
Evropa	Europe		
hovořit	to talk, chat	**sídliště** *n.*	housing estate
jako obvykle	as usual	**sklenka**	glass
jako vždy	as always	**strašný**	terrible, awful
Kanada	Canada	**sejít se, sešel se** *pf*	to meet, met
kultura	culture	**uklidit** *pf*	to tidy up
minulý	last, past	**uvidět** *pf*	to see, catch sight of
nakoupit *pf*	to do one's shopping		
		vejít, vešel *pf*	to enter/go in, went in
nalít/naliju or	to pour out/I		
naleju, nalil *pf*	willpourout, pouredout	**začít/začnu, začal** *pf*	to begin/I will begin, began
nasnídat se *pf*	to have breakfast		
		zajímavý	interesting
odvézt *pf*	to drive, take (away)	**zavřít/zavřu, zavřel** *pf*	to close/I will close, closed
plavat/plavu	to swim/I swim	**žít/žiju**	to live/I live

9 Barvy a místa

Colours and places

In this lesson you will learn how to:

- talk about directions in more detail
- use words for colours
- use more forms of adjectives, 'who' and 'what'
- say 'somebody', 'nobody' etc.
- form regular adverbs
- talk about marriage

Dialogue 1 ▣

Pas a peněženka

Passport and wallet

*Anna has lost her passport and money; she approaches the waiter (**číšník**, or it could be the head waiter, **pan vrchní** – address as **pane vrchní**!)*

ČÍŠNÍK: Hledáte něco?

ANNA: Ztratila jsem cestovní pas a peněženku.

ČÍŠNÍK: Jaký pas a jakou peněženku?

ANNA: Britský pas a malou černou peněženku. Měla jsem je tady v téhle tašce.

ČÍŠNÍK: Kde jste seděla? V přední místnosti?

ANNA: Ne. Přední místnost byla plná. Šla jsem do zadní místnosti a sedla jsem si do kouta vlevo u okna.

ČÍŠNÍK: Byla jste tam sama?

ANNA: Ne. Mluvila jsem s tamtím pánem v zeleném svetru. Právě teď jsem mu řekla, co se mi stalo. Hledali jsme pod stolem, ale nic jsme nenašli.

ČÍŠNÍK: Byl tam ještě někdo?

ANNA: Když jsem odcházela, přišel tam nějaký kluk v bílém tričku, ale teď tady už není. V koutě vpravo seděla ještě jedna paní v kožené sukni.

ČÍŠNÍK: Ta taky před chvílí odešla. Bohužel, nedá se nic dělat. Budete to muset ohlásit na policii.

Vocabulary

britský	British	plný	full
cestovní pas	passport	policie	the police
černý	black	na policii	at the police
číšník, číšnice	waiter, waitress		(station)
kluk	boy, lad	přední	front
kožený	leather *adj.*	s tamtím pánem	with that man
kout	corner	taška	bag
místnost	room	v téhle tašce	in this bag
odcházet	to go away	tričko	t-shirt
ohlásit *pf*	to report	zadní	back
okno	window	zelený	green
peněženka	purse	ztratit *pf*	to lose

Nedá se nic dělat.
Nothing can be done (**dá se** 'it is possible').

Dialogue 2 🔊

Ztráty a nálezy

Lost and found

Anna asks about the nearest police station

ANNA: A kde je tady policejní stanice?

ČÍŠNÍK: Hned za rohem. Není to daleko. Když vyjdete z kavárny, půjdete rovně, pak doleva a přejdete přes hlavní ulici. Hned naproti starému kostelu, za obchodním domem, zahnete doprava. Policejní stanice je v moderní budově hned vedle staré pošty.

ANNA: Děkuju vám pěkně. Hned tam půjdu. Na shledanou.

ČÍŠNÍK: Počkejte, co to tady leží pod pultem? Slečno, vy máte ale štěstí! Cestovní pas – a černá peněženka!

ANNA: Musely mi vypadnout z tašky, když jsem platila! Moc vám děkuju!

ČÍŠNÍK: Rádo se stalo. Vy jste Angličanka?

ANNA: Ano, Angličanka.

ČÍŠNÍK: Umíte ale dobře česky!

ANNA: Mám matku Angličanku a otce Čecha.

ČÍŠNÍK: Nemohli bychom se někdy sejít?

Vocabulary

budova	building	**pult**	counter, bar
doleva	to the left	**rádo se stalo**	happy to oblige
doprava	to the right		(*lit.* 'glad it
hlavní	main		happened')
ležet	to lie	**rovně**	straight on,
moderní	modern		straight ahead
naproti + *dat.*	opposite	**slečna**	Miss
obchodní dům	department store	**stanice**	station
pak, potom	then	**vedle** + *gen.*	next to, beside
počkejte!	wait!	**vyjdete** *pf*	you('ll) go out
půjdete	you('ll) go	**vypadnout** *pf*	to fall out
policejní stanice	police-station	**zahnout/zahnu,**	to turn/I will turn,
pošta	post-office	**zahnul** *pf*	turned
přejdete *pf*	you('ll) cross		

Language points

Colours

'Colour' is **barva.** Colour adjectives are often needed for describing things.

Hledám nějakou košili. – Jakou chcete barvu?
I'm looking for a shirt. – What colour do you want?

Nemáte to v jiné barvě?
Don't you have it in another colour?

Jakou to má barvu?
What colour is it? (*lit.* 'What colour does it have?')

Here are some common colour adjectives:

černý, bílý	black, white
modrý, zelený	blue, green
červený, žlutý	red, yellow
hnědý, šedý (šedivý)	brown, grey (grey *of hair*)
růžový, oranžový	(rose-)pink, orange
fialový, béžový	(violet-)purple, beige

Jaké máte auto? – Staré auto.
What kind of car do you have? – An old car.

Jakou má barvu? – Je červené.
What colour is it? – It's red.

Jakou má košili? – Fialovou.
What kind of shirt does he have (i.e. 'is he wearing')? – A purple one.

Tráva je zelená.	The grass is green.
Obloha je modrá.	The sky is blue.
Květina je žlutá.	The flower is yellow.

Mají barevný televizor.	They have a colour TV set.
Koupil černobílý film.	He bought a black-and-white film.

'This' and 'that'

The basic adjective for 'that/this' is **ten, ta, to**. We have met the neuter form often on its own as a general word for 'that/this (thing), it':

Co je to?	What is that/this/it?
To je dům.	That/this/it is a house.

Je to kniha?	Is that/this/it a book?
Ano, to je kniha.	Yes, that/this/it is a book.

As an adjective **ten, ta, to** is used as a non-emphatic 'that/this':

Kdo je ten student?	Who is that/this student?
Kde je ta kniha?	Where is that/this book?
Kde je to město?	Where is that/this town?

For a more definite 'this (here)' you add an invariable **-hle**, producing **tenhle, tahle, tohle**. In formal written Czech **-to** is added instead.

Tenhle (tento) časopis je velmi dobrý.
This magazine is very good.

Tahle (tato) kniha je velmi dobrá.
This book is very good.

Co je tohle (toto)?
What is this?

For greater emphasis you can add another **ten, ta, to** after **-hle**, producing the forms **tenhleten, tahleta** and **tohleto**:

Tenhleten časopis se mi moc líbí.
I like this magazine very much.

Tahleta kniha je moc dobrá.
This book is very good.

Co je tohleto?
What's this then?

For an emphatic 'that (there)' you can add **tam-** or **tamhle-** on the front of **ten, ta, to**:

Tamta/tamhleta kniha není moc dobrá.
That (there) book is not very good.

The two special accusative singular forms are **toho** (masculine animate) and **tu** (feminine):

Vidíte toho (tohohle/tohoto, tamtoho) studenta?
Do you see this/that student?

Vidíte tu (tuhle/tuto, tamtu) knihu?
Do you see this/that book?

Adjectives in different cases

Masculine and neuter adjectives mostly share the same endings. The example shows shared forms for **(ten) malý dům** '(that) little house' and **(to) malé město** '(that) little town':

gen.	**do (toho) malého domu/města**	into …
dat.	**k (tomu) malému domu/městu**	towards …
loc.	**v (tom) malém domě/městě**	in …
ins.	**za (tím) malým domem/městem**	beyond …

For masculine animates, as always, the accusative is the same as the genitive:

Znáte toho mladého člověka?
Do you know that young person?

Feminine adjectives have less variety of endings. The example shows **(ta) malá zahrada** '(that) little garden':

gen.	**do (té) malé zahrady**	into ...
= *dat.*	**k (té) malé zahradě**	towards ...
= *loc.*	**v (té) malé zahradě**	in ...
ins.	**za (tou) malou zahradou**	beyond ...

The number **jeden, jedna, jedno** 'one' has the same endings as **ten, ta, to**:

Mám jen jednoho studenta.	I only have one student.
Mám jen jednu sestru.	I only have one sister.
Řekl to jen jednomu člověku.	He only said it to one person.

Soft adjectives and colloquial usage

Soft adjectives always replace long vowels in the endings by **í**. Thus, standard forms for **cizí dům** ('a strange = *someone else's* house/garden') are:

**do cizího domu, k cizímu domu, v cizím domě, za cizím domem
do cizí zahrady, k/v cizí zahradě, za cizí zahradou**

In ordinary, but non-standard spoken Czech (especially in Prague and Bohemia) hard adjectives regularly replace **é** by **ý**. This produces results similar to the soft adjectives:

**do malýho domu, k malýmu domu, v malým domě, za malým
domem
do (tý) malý zahrady, k/v (tý) malý zahradě,** *but* **za (tou) malou
zahradou**

Forms **cizím, malým** tend to be pronounced with a short vowel: **cizim, malym**.

Exercise 1

Correct these statements about Dialogues 1 and 2:

1 Anna ztratila knihu.

2 Sedla si do kouta vpravo u okna.
3 Když odcházela, přišel tam starý pán v černém tričku.
4 Policejní stanice je ve staré budově hned vedle kostela.
5 Anna má otce Angličana a matku Češku.

Exercise 2

Fill in the blanks with the right forms of adjectives and translate into English:

1 Helena má _____ tašku. (*black*)
2 Jiří má _____ tričko. (*white*)
3 Vlevo sedí paní v _____ sukni. (*red*)
4 Vpravo stojí pán v _____ svetru. (*brown*)
5 Anna čeká v _____ _____ autě. (*that blue*)
6 Josef bydlí v _____ _____ _____ domě. (*that beautiful yellow*)

Exercise 3

You are giving directions and need to say:

1 To the left on the main street.
2 Opposite the big department store.
3 In the old building next to the post-office.
4 Just round the corner in front of the old church.
5 In the back room in the corner on the left.
6 In that little street opposite the police station.
7 You cross the street, then you go straight on and to the right.
8 The station? It's not far, you go to the left, then across the bridge.

Dialogue 3 📼

Zájmy

Interests

Katka (Kateřina) is writing to a French student, but unfortunately they don't seem to have the same interests

IVAN: Jak se máš, Katko? Vypadáš smutně! Píšeš dopis? Komu?
KATKA: Píšu jednomu Francouzovi, víš, tomu studentovi, který bydlel vloni u Martina.

IVAN: Myslíš Pierra?
KATKA: Jo. Já totiž vůbec nevím, co mu mám psát. O kom a o čem. Nikoho tady vlastně nezná. A ani nemá nějaký větší zájem o Českou republiku. Miluje sport, fotbal, rugby... prostě všechno, co já nenávidím. Strašně rád poslouchá klasickou hudbu, hraje na klavír, má rád i současné malířství, kdežto já o moderním umění a klasické hudbě nevím skoro nic!

Vocabulary

co, o čem	what, about what	nikdo, nikoho	nobody
Francouz	Frenchman	prostě	simply
kdežto	whereas	smutně	sad(ly)
kdo, o kom	who, about whom	současný	contemporary
komu	to whom	u + gen.	at (person's house)
malířství	painting	větší	greater
mám	*here* = I should	vloni, loni	last year
milovat	to love	vlastně	actually, in fact
nenávidět	to hate	všechno	everything
nějaký	some, any	všechno, co ...	everything that ...

Dialogue 4

Styky

Contacts

Ivan just hates writing letters. Maybe he's a bit jealous too ...

IVAN: Osobně nenávidím psaní takových dopisů. Proto nikomu nikdy nic nepíšu, dokonce i když mám někoho opravdu rád, nebo máme aspoň něco společného. Například, někam jedeš: musíš té kamarádce něco napsat, protože na to čeká. Hledáš pěknou pohlednici s nějakou pěknou krajinkou, vybíráš strašně dlouho, nemají téměř nic, celý autobus čeká, nakonec si přece jenom nějakou rychle vybereš, koupíš si známku a najednou zjistíš, že jsi ztratil její adresu!
KATKA: Ty jsi úplně nemožný! Ale když mu nic nenapíšu, přestane se se mnou stýkat!
IVAN: A to ten Francouz je tak mimořádně hezký a inteligentní? Aha, už vím, jeho otec je bohatý bankéř, zatímco já jsem jenom chudý Čech!

Vocabulary

aspoň	at least	**dopisů**	such letters
bankéř	banker	**pohlednice**	picture postcard
bohatý	rich	**přestat/**	to stop (doing)/
dokonce (i)	even	**přestanu** *pf*	I will stop
chudý	poor	**proto**	for that reason,
krajinka	landscape scene		that's why
mimořádně	extraordinarily	**se mnou**	with me
najednou	all at once	**stýkat se**	to be in touch
nějaký	some kind of	**úplně**	entirely,
například	for example		completely
nemožný	impossible	**vybírat**	to choose
někdo, někoho	somebody	**vybrat/vyberu** *pf*	to choose/I will
nikdo, nikomu	nobody, to		choose
	nobody	**zatímco**	while, whereas
opravdu	really	**zjistit**	to find out, ascer-
osobně	personally		tain
psaní takových	the writing of	**známka**	stamp

Language points

'What', 'who' and 'that'/'this'

We have met **kdo–koho** 'who–whom?' and **co** 'what?' already. Here are their other forms, alongside similar 'that':

gen.	**toho, koho, čeho**	of …
dat.	**tomu, komu, čemu**	to/for …
loc.	**o tom, o kom, o čem**	about …
ins.	**(s) tím, kým, čím**	by/with …

Accusative **koho** 'whom' is the same as the genitive:

Koho hledáš?   Who are you looking for?

Note how English commonly puts prepositions like 'about' and 'for' at the end of questions. This is not allowed in Czech:

O čem mluvíte?   What are you talking about? = 'About what … ?'

O kom mluvíte?   Who are you talking about? = 'About whom … ?'

Komu vaříš oběd?   Who are you cooking lunch for? = 'For whom… ?'

'Somebody' and 'nobody'

The prefix **ně-** means 'some-'. Don't confuse it with **ne-** 'not'! Another prefix **ni-** means 'no-'. Both **ně-** and **ni-** form essential words derived from **co** 'what?' and **kdo** 'who?'

někdo–někoho	somebody
něco	something
nikdo–nikoho	nobody
nic	nothing

Their other forms are just like those of **co** and **kdo**. Note how Czech uses double negatives, unlike standard English. Verbs in sentences with words beginning **ni-** have to be made negative:

Nikoho nemá rád.
He likes nobody/he doesn't like anybody (*lit.* 'he doesn't like nobody').'

Nemluví o ničem.
He talks about nothing/he doesn't talk about anything (*lit.* 'he doesn't talk about nothing').

'Somewhere', 'nowhere', 'elsewhere', etc.

A whole series of 'some-', 'no-', 'else/other' (and some 'all/every') words are derived from other standard question words, using **ně-**, **ni-**, **jin-** and **všu-/vž-**. **Kde?** 'where?' (**kde je Honza?** 'where is Honza?'):

někde	somewhere
nikde	nowhere
(někde) jinde	somewhere else, elsewhere
všude	everywhere

Kam? 'where to?'; compare antiquated 'whither?' (**kam jde?** 'where is he going?'):

někam	to somewhere
nikam	to nowhere
(někam) jinam	to somewhere else, elsewhere

Kudy? 'which way?' (**kudy jsme šli?** 'which way did we go?'):

někudy	some way
nikudy	no way
jinudy	another way

Kdy? 'when?' (**kdy budeš mít čas?** 'when will you have time?'):

někdy	sometime(s)
nikdy	never
(někdy) jindy	some other time, another time
vždy, **vždycky**	always

Jak? 'how?' (**jak se máte?** 'how are you?'):

nějak	somehow
nijak	in no way, 'no how'
jinak	otherwise
všelijak	in all kinds of ways

Jaký? 'what kind of?' (**jaké máš auto?** 'what kind of car do you have?'):

nějaký	some, some kind of
nijaký	no kind of
jiný	other, another (kind of)
všelijaký	all kinds of

'No', 'not ... any'

The usual way of saying 'no' or 'not ... any' with a noun is to use the adjective **žádný**. This also always has a negative verb with it:

Nemá žádné jídlo.
S/he has no food. S/he doesn't have any food.

Nemá žádný byt.
S/he has no flat.

Adverbs

Czech adverbs can usually be derived from adjectives by changing the final vowel to **-ě/-e**. The same consonant changes occur as in the dative/locative of nouns with this ending (Lesson 5).

pěkný – pěkně	nice, pretty – nicely, prettily
krásný – krásně	beautiful – beautifully
dobrý – dobře	good – well
špatný – špatně	bad – badly
strašný – strašně	awful – awfully
hrozný – hrozně	terrible – terribly
lehký – lehce	light, easy – lightly, easily
těžký – těžce	heavy, difficult – heavily, with difficulty
tichý – tiše	quiet – quietly
hlučný – hlučně	noisy – noisily

Some however end in **-o**, for example:

dlouhý – dlouho	long – for a long time (*but* **krátký – krátce** short – briefly)
daleký – daleko	distant – far away
blízký – blízko	near – near by
vysoký – vysoko	high – high up
nízký – nízko	low – low down

Forms in **-o** often occur with **je** 'it is':

Je to daleko.	It's far (away). It's a long way.
Je to blízko.	It's near (by).
Praha je daleko (blízko).	Prague is far away (near).

Occasionally you get unexpected forms. **Rychlý – rychle** 'quick – quickly' is as expected, but note **pomalý – pomalu** 'slow – slowly'.

Adjectives in **-ský** or **-cký** regularly form adverbs in **-sky, -cky**. We've already met this for language adverbs:

Nemluví česky.	S/he doesn't speak Czech.
Mluví cynicky.	S/he speaks cynically.

Getting married

There are various ways of saying 'to get married' in Czech. The verb **ženit se** > **oženit se** (**s** + *ins.*) is only used of a man getting married:

Pavel se žení.
Pavel's getting married.

Pavel se oženil (s Marcelou).
Pavel got married (to Marcela).

Vdát se < **vdávat se** (**za** + *acc.*), also **provdat se** *pf*, is only used of a woman:

Marcela se vdává.
Marcela's getting married.

Marcela se (pro)vdala (za Pavla).
Marcela got married (to Pavel).

Phrases with **brát** > **vzít** 'to take' are applicable to either sex:

Pavel a Marcela se vzali.
Pavel and Marcela got married (*lit.* 'married each other').

Jiří si vzal (za ženu) Angličanku.
Pavel married an Englishwoman.

Eva si vzala (za muže) Itala.
Eva married an Italian.

For 'unmarried' use **svobodný, svobodná** 'free'; 'married' is **ženatý** (of a man), **vdaná** (of a woman). Note also **svatba** 'wedding', **manželství** 'matrimony, marriage' and (if things go wrong ...) **rozvést se** < **rozvádět se** 'to get divorced', **rozvod** 'a divorce':

Pavel a Marcela se rozvedli.
Pavel and Marcela got divorced.

Exercise 4

Translate the following:

Who was Božena talking about? She was talking about Karel. Who was she talking to (*use 'with'*)? She was talking to the teacher. He knows nothing about Karel. Nobody knows anything about that teacher. He lives somewhere in Jižní Město, but he never talks about anything. Božena talks very fast, and sometimes she talks for a very long time. 'Are you going anywhere, Božena?' – 'No, today I'm not going anywhere.'

Exercise 5

Read through briefly, study Dialogues 5 and 6 below, then translate into Czech:

1 I'm sorry, I didn't recognize you at first.
2 We haven't seen each other for ages!
3 You haven't even changed much.
4 I've put on weight a bit.
5 That's not true! You look fine.
6 I know your article about present-day Germany.
7 Just now I'm very interested in the political situation in central Europe, especially in the Czech Republic.

Dialogue 5 ▄▄

Politická situace

The political situation

Ms Macdonald is trying to interview her old associate Josef Novotný. There seems to be a certain amount of mutual flattery going on

MACDONALDOVÁ: Dobrý den. Chtěla bych mluvit s panem Novotným. Nechala jsem mu ráno vzkaz. Tady je moje vizitka.
NOVOTNÝ: Já jsem Novotný, Josef Novotný.
MACDONALDOVÁ: Promiňte, já jsem vás v první chvíli nepoznala. To jsme se dlouho neviděli! Ani jste se vlastně moc nezměnil.
NOVOTNÝ: Trochu jsem ztloustnul, paní Macdonaldová. Přestal jsem sportovat. A vy jste naopak zhubla!
MACDONALDOVÁ: To není pravda! Nejste vůbec tlustý! Vypadáte dobře. A já zase nejsem tak hubená!
NOVOTNÝ: Jste autorka knihy o dnešním Německu, že ano? Budete se divit, ale já vás čtu. Znám váš článek o politické situaci v České republice.
MACDONALDOVÁ: Vy jste důležitý politik a já jsem obyčejná britská novinářka. Teď mě velmi zajímá dnešní politická

NOVOTNÝ:
situace ve střední Evropě. Zvlášť v České republice a na Slovensku. Lituji, paní Macdonaldová, ale nedávám interview nikomu. Ani pěkné kolegyni z krásného Skotska.

Vocabulary

autor, -ka	author	**to je pravda**	that's true
článek	article	**to není pravda**	that's not true
divit se	to be amazed	**střední**	central
dnešní	today's,	**Skotsko**	Scotland
	present-day	**sportovat**	to play sport
hubený	thin	**tlustý**	fat
interview	interview	**vás**	you *acc.*
kolega, kolegyně	colleague	**vizitka**	business card
litovat	to be sorry	**vlastně**	actually
nechat	to leave, let	**zajímat**	to interest
novinář, -ka	journalist	**zhubnout,**	to get thin,
obyčejný	ordinary	**zhubnul/zhubl** *pf*	lose weight
politický	political	**změnit (se)** *pf*	to change
politik	politician	**ztloustnout,**	to get fat,
poznat *pf*	to recognize	**ztloust(nu)l** *pf*	put on
pravda	truth		weight

Dialogue 6 📼

Zítra v sedm

Tomorrow at seven

Later on the situation seems to have evolved somewhat (the wine bar mentioned is apparently fictitious)

MACDONALDOVÁ:
Co nového doma? Jak se má Marie? Už jste se vzali? Máte děti?

NOVOTNÝ:
Už jsme se taky rozvedli. Máme syna a dceru.

MACDONALDOVÁ:
To je smutná zpráva. To jsem nevěděla. Víte co? Začíná mi být trochu chladno. Budu už muset jít. Co říkáte, mohli bychom se sejít zítra v nějaké tiché restauraci, vy to tady znáte líp než já, a…

NOVOTNÝ:
No dobře, můžeme si spolu někam zajít na večeři, ale, prosím vás, žádné interview! Na náměstí Míru,

	nedaleko metra, je taková tichá vinárna U zlatého kříže. Můžeme se tam sejít, řekněme v sedm.
MACDONALDOVÁ:	Fajn. Tak zítra v sedm. Na shledanou, Josefe. Už se na to těším.

Vocabulary

co (je) nového?	what's new?
děti	children
fajn	fine
je mi chladno	I'm cold
kříž	cross
líp než já	better than I
mír	peace
nedaleko + *gen.*	not far from
rozvést se, rozvedl se *pf*	to get divorced
řekněme	let's say
v sedm	at seven (o'clock)
těšit se na + *acc.*	to look forward to
vinárna	wine bar
zajít *pf*	to go (call in somewhere)
zlatý	golden
vzít/vezmu, vzal *pf*	to take/I will take
vzít se *pf*	to get married (*lit.* 'take each other')
žádný	no, not any

10 Návštěva

The visit

In this lesson you will learn how to:

- give some instructions
- offer hospitality
- deal with some household affairs
- say 'sit', 'lie' and 'sit down', 'lie down'
- use more plurals of nouns and adjectives

Dialogue 1 ▄▄

Nečekaná návštěva

An unexpected visit(or)

Věra drops in on Bill Sykes one evening ... She hardly knows him, but maybe she has her reasons

VĚRA: Dobrý večer. Promiňte, nevyrušuju?
BILL: Vůbec ne.
VĚRA: Já jsem Věra Křížová.
BILL: Těší mě. Bill. Bill Sykes.
VĚRA: Ale já vás už znám. Můžu jít dál?
BILL: Samozřejmě. Prosím. Ale mám tady trochu nepořádek. Počkejte chvíli. Trochu to uklidím.
VĚRA: Dobře, já tady chvíli počkám. Však vím, jak to chodí. Nemáte moc času na uklízení.
BILL: Pojďte dál a sedněte si.
VĚRA: Děkuju. Máte to tady pěkné. Máte krásný velký pokoj.
BILL: Posaďte se, já zatím něco připravím.
VĚRA: Ale co? Vy tady máte i kuchyň?

BILL: Ne, je to jenom kuchyňský kout. Dáte si nějaké ovoce nebo čokoládu? Něco k pití?

VĚRA: Co máte?

BILL: Koňak a víno.

VĚRA: Koňak... Jé, Napoleon. To si nemůže dovolit každý! Kde pracujete? Jste tuším novinář, že ano?

BILL: Na zdraví. (Ťuknou si.) Píšu pro televizi.

Vocabulary

čokoláda	chocolate	**ťuknout/ťuknu** *pf*	to clink glasses
jé!	wow! gee!	**tušit**	to guess, sense
koňak	cognac, brandy	**uklidit < uklízet**	to tidy up
kuchyňský kout	kitchenette	**uklízení**	tidying-up
nepořádek	disorder, mess	**upravit** *pf*	to adjust, fix
ovoce *n.*	fruit	**vyrušovat**	to disturb
počkat *pf* of **čekat**	to wait	**zdraví**	health
počkejte!	wait!	**na zdraví!**	cheers!
pojďte dál!	come (on) in!	**že ano?**	yes? (*invites*
posaďte se! *pf*	take a seat!		*agreement*), is
připravit *pf*	to prepare		it not so? aren't
sednout si *pf*	to sit down		you?
sedněte si! *pf*	sit down!		

Dialogue 2 ▣

Pohostinství

Hospitality

The evening advances and they get to know each other a bit better

VĚRA: Vy nejste Čech.

BILL: Máte pravdu, nejsem.

VĚRA: Mluvíte ale velmi dobře česky.

BILL: Myslíte?

VĚRA: Kde jste se tak dobře naučil?

BILL: Chodil jsem čtyři roky na kurs češtiny. A mám rád českou literaturu. Vy jste studentka? Vezměte si pomeranč!

VĚRA: Díky. Jo, studuju ekonomii, první ročník. Podívejte se, Bille, proč si stále vykáme? Nemohli bysme si tykat, co říkáte?

BILL: Fajn. Tak já jsem Bill.

VĚRA: Věra. (Ťuknou si.)

Some time later ...

VĚRA: Jak se ti líbím v tomhle svetru? Nebuď takový nervózní! Neboj se! A dej mi pusu! Už bych ale asi měla jít domů. Za chvíli bude půlnoc.

BILL: Nechoď! Dej si se mnou ještě skleničku! A vezmi si jablko nebo kousek čokolády!

VĚRA: Nezlob se! A nemysli si, já nejsem taková ..., však víš co ...

BILL: To si rozhodně nemyslím.

VĚRA: Počkej! Zapiš si aspoň telefonní číslo! A zavolej mi! Slib, že mi zítra zavoláš! Řekněme, v šest večer, dobře?

Vocabulary

bát se/bojím se	to be afraid	**ročník**	year (of studies)
neboj se!	don't be afraid!	**rok**	year
číslo	number	**rozhodně**	decidedly, defi-
telefonní číslo	phone number		nitely
jablko	apple	**sklenička**	a little glass
kurs	course (*also*	**slíbit** *pf*	to promise
	exchange rate)	**slib!**	promise!
se mnou	with me	**stále**	still, constantly
naučit se *pf*	to learn		(keep ...)
nebuď!	don't be!	**v šest**	at six
nechoď!	don't go!	**takový**	such a, so
nemysli si!	don't	**tykat si**	to say 'ty'
	think/imagine!	**vezmi/**	take!
nervózní	nervous, uptight	**vezměte si!** *pf*	
počkej! *pf*	wait!	**vykat si**	to say 'vy'
půlnoc	midnight	**za chvíli**	in a short while,
podívat se *pf*	to look		soon
podívejte se!	look!	**zapsat** *pf*	to note down
pomeranč	an orange	**zapiš!**	note down!
pravda	truth	**zavolej mi!** *pf*	call me!
mít pravdu	to be right	**zlobit se**	to be angry
pusa *coll.*	kiss, mouth	**nezlob se!**	don't be cross!

Language points

The imperative

The imperative issues orders or instructions: 'Read!' 'Work!' The verb may be either imperfective or perfective, depending on whether the activity or a complete act is meant.

The basic imperative is like the present without any ending – more precisely, without the 'they' ending **-í/-ou**.

mluvit: mluví	**Mluv!**	Speak!

Verbs of the regular **á**-type have imperatives ending in **-ej!**

zavolat: zavolají	**Zavolej!**	Call!
dát: dají	**Dej!**	Give!

Verbs of the **-ovat** type have **-uj!**

pracovat: pracují	**Pracuj!**	Work!

Long vowels shorten in the last syllable (note **ou → u**). Final **d, t, n** are always **ď, ť, ň.**

koupit: koupí	**Kup!**	Buy!
vrátit: vrátí	**Vrať!**	Return! Give back!
zaplatit: zaplatí	**Zaplať!**	Pay!

Follow the 'they' form of the present, if there is any divergence from the infinitive:

psát: píšou	**Piš!**	Write!
pít: pijí	**Pij!**	Drink!

Note also: **buď!** 'be!' **měj!** 'have!' **jez!** 'eat!' (and its perfective **sněz!**), **stůj** 'stand! cost!'.

Měj se (dobře)!	Have a nice time! (*lit.* 'have yourself well!')
Nejez to!	Don't eat that!
Sněz to!	Eat it (up)!
Nebuď smutný/-á!	Don't be glum! Cheer up!
Nebuď takový/-á!	Don't be like that!
Nestůj tam!	Don't stand there!
Stůj co stůj!	Whatever it costs! (*lit.* 'cost what cost!')

For the plural (and formal) imperative you just add **-te!** To say 'let's' add **-me!**:

Mluvte! Mluvme!	Speak! Let's speak!
Zavolejte! Zavolejme!	Call! Let's call!
Zaplaťte! Zaplaťme!	Pay! Let's pay!

Longer imperative

Czech also has a longer imperative ending in **-i!** It is used where the imperative would otherwise end in two consonants.

Parallel plural forms are **-ěte/-ete!** and **-ěme/-eme!**

myslet: **myslí**	**Mysli! Myslete!**	Think!
spát: **spí**	**Spi! Spěte!**	Sleep!
číst: **čtou**	**Čti! Čtěte!**	Read!
otevřít: **otevřou**	**Otevři! Otevřete!**	Open!
zavřít: **zavřou**	**Zavři! Zavřete!**	Close!
vzít: **vezmou**	**Vezmi! Vezměte!**	Take!
(*coll.* **vemou**)	(*coll.* **Vem! Vemte!**)	
říct: **řeknou**	**Řekni! Řekněte!**	Say!

However, a few consonant sequences are allowed, especially **-sť**:

pustit: **pustí**	**Pusť mě!**	Let me go!

Negative instructions

Negative instructions tend to be imperfective (unlike positive instructions to carry out a single act), since imperfectives refer to the general activity:

	Nekupuj to!	Don't buy it!
but	**Kup to!**	Buy it!
	Nečekej na mě!	Don't wait for me!
but	**Počkej na mě!**	Wait for me!

'Come!' and 'go!'

Note how **jdi! jděte!** mean 'go!' while **pojď! pojďte!** mean 'come!'

Jdi pryč! Jděte pryč!	Go away!
Pojď sem!	Come here!

Pojďme! is 'Let's go!':

Pojďme do kina!	Let's go to the cinema!

'Don't go!' uses the verb **chodit** instead:

Nechoď! Nechoďte tam!	Don't go! Don't go there!

'Sit', 'lie': 'sit down', 'lie down'

Sedět/sedím 'to sit' and ležet/ležím 'to lie' refer to fixed positions:

| Sedím na židli. | I am sitting on a chair. |
| Ležím na posteli. | I am lying on the bed. |

Two typically perfective e-type verbs ending in -nout express movement into these positions: sednout si/sednu si *pf* 'to sit down' and lehnout si/lehnu si *pf* 'to lie down'.

sednu si	sedneme si
sedneš si	sednete si
sedne si	sednou si

lehnu si	lehneme si
lehneš si	lehnete si
lehne si	lehnou si

In formal standard Czech, as a rule, past tense -nul is reduced to just -l after any preceding consonant.

| Sedl si. Sedla si. Sedli si. | He, she, they sat down. |
| Lehl si. Lehla si. Lehli si. | He, she, they lay down. |

Colloquially the masculine singular -l can be dropped after a consonant (sed si, leh si). But in spoken Czech it is also common to use -nul forms, particularly (but not only) for the masculine singular:

| Sednul si. Lehnul si. | He sat down. He lay down. |

Exercise 1

Give these instructions to a person you address as vy:

1 Wait a moment!
2 Come in and sit down!
3 Take a book!
4 Don't be afraid!
5 Don't be so nervous!
6 Don't go!
7 Don't be angry! [*also* = I'm really sorry (to annoy you).]
8 Note down the address!
9 Call me tomorrow!
10 Promise you'll call me!

Exercise 2

Translate the following using the **ty** form of address:

1 Sorry, (I hope) I'm not disturbing (you)? Can I come in?
2 Wait a moment!
3 Drink it up!
4 You ought to go home now.
5 Look, Marie, why do you call me 'vy'?
6 Have another glass with me!
7 You were sitting on the bed.
8 We sat down on the bed.
9 Sorry!

Exercise 3

Make both **ty** and **vy** imperatives from these verbs and translate:

> číst, pít, milovat, dát, nedávat, napsat, říct, sníst, přestat, vybrat, lehnout si

Dialogue 3 ▯

Češi a Slováci

Czech and Slovaks

Igor is confused about whether Pavel and Michal are Czechs or not

IGOR: Kde jsou Pavel a Michal?

ZORA: Šli ven.

IGOR: Řekněte mi, jsou tihle dva vlastně Češi nebo Slováci? Vypadají skoro jako bratři a oba spolu mluví občas slovensky.

ZORA: Nejsou bratři. Jejich otcové jsou přátelé a staří kolegové. Pavel je Čech, ale narodil se v Bratislavě. Mluví taky dobře maďarsky, protože jeho matka je Maďarka. Michal má sice slovenské rodiče, ale narodil se v Praze. Bydleli taky dost dlouho v Polsku a později jeho rodiče pracovali čtyři roky na velvyslanectví v Londýně. Tehdy byli diplomati a teď jsou z nich bohatí podnikatelé.

IGOR: Proto tedy Michal mluví tak dobře anglicky.

ZORA: Samozřejmě. Jeho učitelé a profesoři angličtiny si často myslí, že je Angličan. Jeho sestry taky mluví dobře anglicky.

Vocabulary

bratr, bratři	brother(s)	**profesor, -ři**	professor(s), teacher(s)
Čech, Češi	Czech(s)		
diplomat, -i/-é	diplomat(s)	**rodiče**	parents
kolega, -ové	colleague(s)	**rok**	year
Londýn	London	**řekněte (mi)!**	tell (me)!
Maďar (-ka)	a Hungarian	**Slovák, Slováci**	Slovak(s)
narodit se *pf*	to be born	**tedy**	then, in that case
z nich	from/out of them	**tehdy**	then, at that time
oba	both	**tihle dva**	these two
občas	from time to time	**učitel, -é**	teacher(s)
otec, otcové	father(s)	**velvyslanectví**	embassy
podnikatel, -é	entrepreneur(s)	**vlastně**	actually
přítel, přátelé	friend(s)		

> **jsou z nich**   they've become (*lit.* 'are out of/from them')

Dialogue 4

Příbory a oblečení

Cutlery and clothing

Igor helps Zora lay the table. The talk turns to clothes

IGOR: Přinesu ještě nože a vidličky. Jsou tam lžíce?

ZORA: Jo. Ty už jsou na stole. Buďte tak hodný, přineste taky nějaké talíře a ty velké sklenice.

IGOR: Michal a Pavel se tak pěkně oblékají, že jo. Kupují si drahé oblečení: krásné kalhoty, kravaty a saka. Asi chtějí vypadat jako praví angličtí bankéři!

ZORA: A vy?

IGOR: Radši nosím džíny a stará trička nebo svetry.

ZORA: A boty?

IGOR: V zimě nějaké solidní boty a v létě sandály – nebo adidasky.

ZORA: A co klobouky?

IGOR: Ty nenosím vůbec nikdy! Ani čepice, i když je sníh a tuhý mráz.

ZORA: Jste vy normální? Nemrznou vám uši?

IGOR: Možná jsem trochu blázen, ale mám kožené rukavice a teplou šálu a to mi stačí.

ZORA: Aspoň vám nemrznou ruce!

Vocabulary

a co?	and what about?	**příbor**	set of cutlery
adidasky	trainers	**přinést/přinesu** *pf*	to bring
angličtí bankéři	English bankers	**ruka, ruce**	hand(s)
blázen	madman	**rukavice, -e**	glove(s)
čepice, -e	cap(s)	**sako, -a**	jacket(s)
džíny	jeans	**sandál, -y**	sandal(s)
klobouk, -y	hat(s)	**sníh – sněhu**	snow
kravata, -y	tie(s)	**solidní**	solid, stout
buďte tak	be so kind!	**stačit**	to be enough
hodný/-á!		**svetr, -y**	sweater(s)
lžíce, -e	spoon(s)	**šála**	scarf
možná	maybe	**talíř, -e**	plate(s)
mráz – mrazu	frost	**teplý**	warm
mrznout	to freeze	**tričko, -a**	T-shirt(s)
normální	normal	**ty**	those
nosit	to carry, wear	**tuhý**	hard, stiff
nůž, nože	knife/knives	**uši**	ears
oblečení	clothing, clothes	**vám**	to you
pravý	true, genuine; right	**vidlička, -y**	fork(s)

Language points

Diminutives

Nouns ending in **-(č)ek, -(č)ka,** or **-(č)ko** are regularly used for something small(er). They are called 'diminutives'. Their gender matches the nouns from which they are derived, for example:

lžíce 'spoon' → **lžička** 'teaspoon'
talíř 'plate' → **talířek** 'small plate, saucer'
ubrus 'tablecloth' → **ubrousek** 'napkin, serviette'

Note also **příbor** 'place setting' (**lžíce** + **vidlička** + **nůž**).

Masculine animate plurals in -i

Masculine animate nouns have a basic plural in **-i**, for both hard and soft types. This ending changes the pronunciation of **d, t, n** to **ď, ť, ň**:

To je kamarád – to jsou kamarádi [-ďi].
That's a friend – those ('that') are friends.

To je student – to jsou studenti [-ťi].
That's a student – those are students.

Before this plural **-i** you also have to make changes to **k**, **h**, **ch** and **r**:

k → c	**kluk – kluci**	boys
h → z	**vrah – vrazi**	murderers
ch → š	**Čech – Češi**	Czechs
r → ř	**bratr – bratři**	brothers

Plurals in -ové

Some masculine animates have the plural ending **-ové**, e.g. most nouns ending in **-a**, and imported words ending in **g**, **b/p**, **v/f**, **m**:

předseda – předsedové	chairmen
kolega – kolegové	colleagues
biolog – biologové	biologists
Arab – Arabové	Arabs
ekonom – ekonomové	economists

This ending is also markedly 'human', hence **vůl – vola** 'ox' has the ordinary plural **voli** 'oxen' (i.e. for the animal) but **vůl – volové** means 'idiot(s)' (a favourite term of insult).

Other common examples are **otec – otcové** 'fathers', **syn – synové** 'sons', **král – králové** 'kings'. Also one-syllable nationality nouns such as **Skot – Skotové** 'Scots', **Ir – Irové** 'Irish'.

As a variant **-ové** can add solemnity: **páni** or **pánové** 'gentlemen' as in **dámy a pánové** 'ladies and gentlemen'.

Plurals in -é

A few masculine animate types have plural **-é**, but, except for nouns ending in **-tel**, this can be replaced in relaxed speech by **-i**:

-tel	**učitel – učitelé**	teachers
	přítel – přátelé (!)	friends
-an	**Američan – Američané (-i)**	Americans
-ista	**turista – turisté (-i)**	tourists

Others are **host – hosté (-i)** 'guests', **soused – sousedé (-i)** 'neighbours' and **lidé (-i)** 'people'. **Lidé** is the plural of **člověk** 'person'.

Other hard-type plurals

Remember, standard hard-type masculine inanimate and feminine nouns simply have the plural ending **-y**. Neuters in **-o** have plural **-a**:

kufr – kufry	suitcases
žena – ženy	woman, women
but **město – města**	towns

Other soft-type plurals

Remember, soft-type nouns mostly have plural **-e**, except for the feminine **-ost** type:

talíř – talíře	plates
tramvaj – tramvaje *f.*	trams
ulice – ulice	streets
pole – pole *n.*	fields (*sg = pl.*)

but

radost – radosti	joys
noc – noci	nights
věc – věci	things

The plural of the neuter type in **-í** is unchanged: **náměstí – náměstí** 'squares' (*sg = pl.*).

Masculine animate accusative plural

Most nouns have only one form for both subject (nominative) and object (accusative) in the plural.

Only masculine animates have a distinct accusative, but this is the same as the *inanimate* plural, in other words hard-type **-y** (no consonant changes!), soft-type **-e**:

	nom.	*acc.*
hard	**studenti**	**studenty**
	kluci	**kluky**
	Češi	**Čechy**
	kolegové	**kolegy**
	Američané	**Američany**
soft	**muži**	**muže**
	Němci	**Němce**
	novináři	**novináře**
	otcové	**otce**
	učitelé	**učitele**

To jsou kolegové.
These are colleagues.

Čekám na kolegy.
I'm waiting for my colleagues.

To jsou studenti – Češi a Němci.
These are students – Czechs and Germans.

Učím studenty – Čechy a Němce.
I teach students – Czechs and Germans.

Plural adjectives

Soft adjectives have the same ending **-í** as they have in the singular, but hard adjectives and **ti/ty** 'those' agree with nouns as follows:

masculine animate	**ti malí kluci** *nom.*, **ty malé kluky** *acc.*	
	those small boys	
others	**ty malé domy, holky** *nom./acc.*	
	those small houses, girls	
BUT *neuter*	**ta malá auta** *nom./acc.*	
	those small cars	

The same consonant changes occur before masculine animate **-í** as with nouns before **-i**, and also **-cký** to **-čtí** and **-ský** to **-št í**. Thus:

To jsou ti velcí američtí/čeští kluci.
These are those big American/Czech boys.

Hledáme ty velké americké/české kluky.
We're looking for those big American/Czech boys.

Colloquial plural of adjectives

In colloquial usage speakers often employ genderless adjective forms in the nominative/accusative plural, as follows:

ty velký americký/český/inteligentní kluci (accusative **kluky**), **holky, auta**

This is non-standard in writing.

Plural surnames

Noun-type surnames have a plural ending **-ovi** (accusative **-ovy**), e.g. **Novákovi** 'the Nováks', **Benešovi** 'the Benešes'. (Adjectival types just use the plural adjective ending.)

Zítra přijdou Čermákovi, Linhartovi a Šediví.
Tomorrow the Čermáks, the Linharts and the Šedivýs are coming.

Exercise 4

Give the basic (nominative) plurals of the following and translate:

1 Čech, Slovák, Maďar, Angličan, Američan, učitel, bratr, otec, syn
2 Češka, Slovenka, Maďarka, Angličanka, Američanka, učitelka, matka, sestra, dcera
3 stůl, nůž, vidlička, lžíce, talíř
4 pěkná kravata, velká sklenice, krásné město, bílé sako, černý klobouk

Exercise 5

Translate these sentences into Czech, watching out for plural forms of nouns and adjectives:

1 Do you have any (= *some*) English newspapers?
2 He chose some pretty postcards.
3 These old houses have beautiful gardens.
4 Do you like modern buildings?
5 I like old castles, churches, museums and concerts.
6 Adriana likes cafés, winebars and expensive restaurants.
7 I need three stamps for (*'onto'*) letters to England.
8 His friends read American novels.
9 They like Italian films and German cars.

Exercise 6

Fill in the blanks with the words suggested and translate:

1 Honza má _____ auta. (*two*)
2 Tihle _____ studenti nejsou _____. (*three American, stupid*)
3 Mám čtyři _____ a jednoho _____. (*brothers, son*)
4 Karel má _____ _____ češtiny. (*two [male] teachers*)
5 Josef má _____ _____ angličtiny. (*two [female] teachers*)
6 To jsou velmi _____, _____ džíny. (*old, ugly*)
7 Karel pracoval tři _____ v Bratislavě. (*years*)
8 Tihle _____ bratři byli _____ přátelé. (*two, good*)
9 Tyhle _____ sestry jsou velmi _____ přítelkyně. (*two, good*)

Reading 1
Noc v tichém domě
Night in a silent house

It is night – all is quiet in the bedroom of Olga and Pavel Štěpánek's suburban villa 'small villa'

Je noc a v pokoji je skoro tma, ale venku za oknem svítí měsíc a hvězdy. Domy a ulice vypadají smutně. Lidé spí, Štěpánkovi spí, neboť jsou tři hodiny.
V pokoji jsou dvě postele, dva noční stolky a stůl. Na podlaze jsou dva koberce. Na bílé stěně visí čtyři obrazy. Pod stolem leží dvě černé kočky a bílý pes. Kočky spí, ale pes hlídá dům. Pod oknem jsou dvě křesla a u stolu tři bílé židle. Ze stropu visí dvě lampy a sedí tam velký černý pavouk.

Vocabulary

hlídat	to guard, watch	**okno**	window
hodina	hour, o'clock	**pavouk**	spider
hvězda	star	**pes**	dog
kočka	cat	**stěna**	wall
lampa	lamp	**strop**	ceiling
lidé	people	**svítit**	to shine
neboť	for	**viset**	to hang
noční stolek	night/bedside table	**z** + *gen.*	(down) from
obraz	picture	**židle**	chair

Reading 2
Náhlé probuzení
Sudden awakening

The alarm clock rings … Pavel has a train to catch

Najednou zazvoní budík. Olga se probudí hned, ale Pavel spí dál. Pavle, probuď se! – řekne Olga. – Vstávej! – Pavel se obrátí a otevře modré oči. – Jdi do koupelny, umyj se a ohol se, a rychle se oblékni! – Olgo, nekřič tak, nebuď na mě zlá! – řekne Pavel. – Nezlob se, Pavle, ale víš, že musíš chytit vlak, tak pospíchej! Pavel vstává a jde do koupelny. – Zavolej mi a nezapomeň ve vlaku tašku! – Za chvíli si Olga zase lehne a brzy usne. Je spokojená. Zítra má noční službu, ale dnes má volný den. Pavel už odešel, nejspíš chytil vlak.

Ráno zazvoní telefon. – Haló, kdo volá? – Tady David. Přijel jsem včera večer z Vídně. Volám z hotelu. Jak se máš? Přijď ke mně dnes večer. Chtěl bych tě vidět.

Vocabulary

chytit	to catch	**oči**	eyes
křičet	to shout	**oholit se** *pf*	to shave
ke mně	to me/my place	**otevřít/otevřu** *pf*	to open
		probudit se *pf*	to wake up
lehnout/lehnu si *pf*	to lie down	**spokojený**	contented
mě, mi	me, to me	**umýt se** *pf*	to wash
najednou	all at once, suddenly	**usnout/usnu** *pf*	to fall asleep
		vstávat	to get up
nejspíš	most likely	**zapomenout** *pf*	to forget
obrátit se *pf*	to turn	**zlý na** + *acc.*	nasty to

11 Obchod a potraviny

The shop and groceries

Dialogue 1 🔲

Uzeniny a sýr

Smoked meats and cheese

Vašek goes shopping

VAŠEK: Dobrý den. Prosím patnáct deka trvanlivého salámu.
PRODAVAČKA: V celku nebo nakrájet?
VAŠEK: Nakrájet. A deset deka šunky.
PRODAVAČKA: Všechno?
VAŠEK: Dejte mi ještě deset deka tvarohu a patnáct deka tohohle sýra.
PRODAVAČKA: Eidam? V celku?
VAŠEK: Ano.
PRODAVAČKA: Zaplatíte to u pokladny.
VAŠEK: Prosím vás, nemám nákupní tašku, můžete mi dát igelitovou tašku?
PRODAVAČKA: Dvě koruny.
VAŠEK: Děkuju mockrát.
PRODAVAČKA: Prosím.

Vocabulary

celek	whole (piece)	nakrájet	to slice
deka	decagram (10 grams)	nákupní taška	shopping bag
		pokladna	till, cash desk
eidam	Edam	trvanlivý salám	'durable salami', a hard salami
igelitová taška	plastic bag		
ještě	in addition, still		
koruna	crown	tvaroh	curd/cottage cheese
mockrát	many times		
děkuju mockrát	thank you very much		

Dialogue 2

Ovoce

Fruit

Vašek continues his shopping

VAŠEK: Prosím vás, kilo jablek. A pět pomerančů.
PRODAVAČKA: Velké nebo malé?
VAŠEK: Tamhlety velké.
PRODAVAČKA: Máte nějaké další přání?
VAŠEK: Pět banánů – ne, tři banány a šest broskví. Půl kila švestek a čtvrt kila meruněk. A dejte mi ještě dvě kila brambor.
PRODAVAČKA: Nechcete taky jahody? Podívejte se, jaké jsou krásné!
VAŠEK: Děkuju, ne, to je všechno. Kolik to bude?
PRODAVAČKA: Sto dvacet sedm korun. Nemáte drobné? Děkuju, na shledanou.

Vocabulary

banán	banana
_____ banánů	_____ of bananas
brambory	potatoes
_____ brambor	_____ of potatoes
broskev, -skve *f.*	peach
_____ broskví	_____ of peaches
čtvrt	quarter
další	further, other
drobné *pl.*	change

jablko	apple		
_____ **jablek**	_____ of apples		
ještě něco?	anything else?		
jahody	strawberries		
kilo	kilogram		
kolik	how much		
koruna	crown		
_____ **korun**	_____ of crowns		
meruňka	apricot		
_____ **meruněk**	_____ of apricots		
podívejte se!	look!		
pomeranč	orange		
_____ **pomerančů**	_____ of oranges		
přání	a wish		
sto dvacet sedm	127		
švestka	plum		
_____ **švestek**	_____ of plums		

Language points

Asking for quantities of things

When shopping, for food and other things, you often need to ask for specific quantities. Quantity words are typically followed by 'of' – in Czech by the genitive.

For weight you use the measures **kilo** (**kilogram**, 2.2 lbs) and **deka** (**dekagram**, 10 g).

For 'two' to 'four' kilos you say **dvě, tři, čtyři kila**, but for 'five' up you just use the basic form **kilo**, e.g. **pět kilo, deset kilo**. **Deka** is invariable, e.g. **čtyři, pět, deset deka**.

Půl kila 'half (of) a kilo' is just over one pound. **Čtvrt kila** 'a quarter of a kilo' is just over half a pound. **Deset deka** is just under a quarter of a pound.

Koupil kilo/dvě kila cukru.
He bought a kilo/two kilos of sugar.

Koupil pět kilo mouky.
He bought five kilos of flour.

Koupil deset/dvacet deka sýra.
He bought ten/twenty decagrams of cheese.

For liquids you use **litr** (litre) and **deci** = **decilitr** (a tenth of a litre). **Deci** is another invariable form.

Koupil litr/dva litry mléka.
He bought a litre/two litres of milk.

Objednala si dvě deci vína.
She ordered two decilitres (fifth of a litre) of wine (a common measure for one person).

Genitive plural -ů

The genitive plural of hard and soft masculine nouns regularly ends in **-ů**. This form often appears after quantity words:

Koupil si kilo/dvě kila banánů.
He bought a kilo/two kilos of bananas.

Basic number forms **pět** 'five' and up are also followed by the genitive plural:

Dejte mi pět pomerančů.
Give me five ('of') oranges.

Dejte mi deset litrů.
Give me ten ('of') litres.

So are indefinite quantity words:

Má mnoho (hodně) studentů.
S/he has many (a lot of) students.

Má málo studentů.
S/he has few students.

Genitive plural 'zero'

Feminine and neuter hard-type nouns have a so-called 'zero' ending (i.e. no ending at all) for the genitive plural:

f. -a:	ženy – pět žen	women – five ('of') women	
	koruny – osm korun	crowns – eight crowns	
	jahody – šest jahod	strawberries – six strawberries	
n. -o:	auta – šest aut	cars – six cars	
	města – sedm měst	towns – seven towns	
	slova – pár slov	words – a couple of words	
	léta – pět let	summers/years – five years	

Note the vowel shortening in **léta – let** 'summers, years'. This also occurs in a number of other nouns.

Only a very few masculine nouns have the 'zero' ending, e.g. **přátelé** – **přátel** 'friends', **peníze** – **peněz** 'money'.

Inserted -e-

Where a noun with the 'zero' ending would end in two consonants you normally insert **-e-** between them. This is particularly regular with nouns ending in a consonant plus **-ka** or **-ko**.

f. **-a:**	**švestky – pět švestek**	plums – five plums
	meruňky – sedm meruněk	apricots – seven apricots
	sestry – pět sester	sisters – five sisters
	marky – osm marek	marks – eight marks
	libry – deset liber	pound – ten pounds
n. **-o:**	**jablka – kilo jablek**	apples – a kilo of apples
	okna – šest oken	windows – six windows

The main exception to this is the combination **-st**: **město – pět měst** 'five towns', but also e.g. **banka – deset bank** 'ten banks'.

Numbers 1–20

Here again for revision are basic numerals 1–20.

For 11–19 you basically just add **-náct** to numbers 1–9 but watch out for 14, 15 and 19!

1	**jeden/jedna/jedno**	11	**jedenáct**
2	**dva/dvě**	12	**dvanáct**
3	**tři**	13	**třináct**
4	**čtyři**	14	**čtrnáct** (!)
5	**pět**	15	**patnáct** (!)
6	**šest**	16	**šestnáct**
7	**sedm**	17	**sedmnáct**
8	**osm**	18	**osmnáct**
9	**devět**	19	**devatenáct** (!)
10	**deset**	20	**dvacet**

As we have already noted, forms **pět** 'five' upwards are followed by the genitive plural. So you say:

Mám čtyři koruny.   I have four crowns.

But:

Mám pět korun.   I have five crowns.

Phrases with 'five' upwards are treated as neuter singular for verb agreement:

Přišlo asi deset kamarádů.
About ten friends came.

Přijde asi osm lidí.
About eight people will come.

Higher numerals

Now let's revise 21–100 and learn the higher numbers.

30 **třicet**, 40 **čtyřicet**, 50 **padesát**, 60 **šedesát**, 70 **sedmdesát**,

80 **osmdesát**, 90 **devadesát**, 100 **sto**

Numbers 21–29, 31–39, etc. are simply formed by combination (for 'one' and 'two' always use **jedna** and **dva**):

21 **dvacet jedna**, 22 **dvacet dva** … 29 **dvacet devět**

People sometimes also use reversed forms **jed(e)nadvacet** 'one and twenty', **dvaadvacet** 'two and twenty', etc.
The hundreds are:

200 **dvě stě** (!), 300, **tři sta**, 400 **čtyři sta** – *but then* 500 **pět set**, 600 **šest set**, 700 **sedm set**, 800 **osm set**, 900 **devět set**

and the thousands:

1,000 **tisíc**, 2,000/3,000/4,000 **dva/tři/čtyři tisíce** – *but* 5,000/6,000 **pět/šest tisíc**, etc.

'A million' is simply **milion**, then **dva miliony** … **pět milionů** … **Miliarda** is 'a thousand million', followed by **dvě miliardy** … **pět miliard**, etc.

Intermediate numbers are easy enough, once you've mastered the basics!

753 **sedm set padesát tři**
999 **devět set devadesát devět**

Age and years

Instead of **roků** 'of years' people regularly say and write **let** (*lit.* 'of summers'). If asked **kolik let?** 'how many years?' you say:

Čtyři roky.
Four years.

But:

Dvacet let.
Twenty years.

Kolik je ti/vám let?
How old are you? (*lit.* 'how many is to you of years?')

Je mi osmnáct (let).
I am eighteen (years old).

Je mi dvacet jedna (let).
I am twenty-one.

To state 'in' a calendar year you say either **roku** or **v roce** followed by the number as in English:

Narodila se roku 1986 (devatenáct set osmdesát šest).
She was born in 1986.

Autor této učebnice se narodil roku (v roce) 1950 (devatenáct set padesát).
The author of this book was born in 1950.

Exercise 1

Revise the basic quantity words. You are out shopping and need to ask for these:

1 Four kilos of potatoes.
2 A quarter of a kilo of butter.
3 Three litres of milk.
4 One kilo of oranges.
5 Twenty decagrams of cheese.
6 Fifteen decagrams of curd cheese.
7 Half a kilo of apricots.
8 One kilo of strawberries.
9 Ten decagrams of ham.
10 Two kilos of apples.

Exercise 2

Stipulate the following items involving numbers:

1 Six bananas, eight oranges and seven peaches.
2 Twelve bottles of beer and five bottles of white wine.
3 Five Czechs and sixteen Englishmen.
4 Ten weeks and eleven months.
5 Fourteen words.
6 Four windows.
7 Fifty litres of petrol (**benzín**).

Exercise 3

Give these prices in Czech crowns (Kč = **koruna česká**):

1 3, 4, 2 Kč
2 5, 14, 16, 24, 40, 60, 35, 81, 99, 19 Kč
3 500, 300, 257, 982, 3000, 2146, 4444, 9999 Kč

Dialogue 3 📼

Další nákup

More shopping

Vašek is doing some more shopping for food

PRODAVAČKA: Přejete si?
VAŠEK: Prosil bych deset vajíček, jedno máslo, jedno mléko a ementál.
PRODAVAČKA: Stačí takovýhle kus?
VAŠEK: Nó, může být.
PRODAVAČKA: Nakrájet?
VAŠEK: Ne, v celku.
PRODAVAČKA: Ještě něco? Dostali jsme pěkná rajčata.
VAŠEK: Dobře, tak půl kila rajčat. A ještě jeden bílý chleba a rohlíky.
PRODAVAČKA: Kolik rohlíků?
VAŠEK: Osm. A pět housek.
PRODAVAČKA: Všechno?
VAŠEK: Moment. Co ještě potřebuju? Aha. Pět lahví piva – Staropramen. A deset deka kávy – mokka.
PRODAVAČKA: Umlít?
VAŠEK: Ano, a ještě, prosím vás, tuhle bonboniéru. Můžete mi ji zabalit? Kolik platím?
PRODAVAČKA: Dvě stě šedesát korun a padesát haléřů. Ano. Nemáte těch padesát haléřů?
VAŠEK: Počkejte, podívám se. Jo, tady máte.
PRODAVAČKA: Tři sta. A to máte čtyřicet korun zpátky. Děkuju. Na shledanou.

Vocabulary

bonboniéra	a box of chocolates
dvě stě šedesát	260
ementál	Emmental
houska	(rounded) roll
_____ **housek**	_____ of rolls
láhev – lahve *f.*	bottle
pět lahví	5 bottles
haléř	heller (50 = half of a crown)
kus	piece

mlít/melu, mlel > u-	to grind
mokka	mocca
moment	(just) a moment
může být	'it can be', that's alright
padesát	50
prosil bych	I'd like to have ... please
rajče *n.*, **rajčata** *pl.*	tomato(es)
stačit	to be enough
takovýhle	this kind of
tři sta	300
umlít	see **mlít**
vajíčko	egg
_____ **vajíček**	_____ of eggs
zabalit < balit	to wrap up, pack
zpátky	back

Nó, no meaning 'yes' is a rather more low-key response than **ano** or **jo**. It is often used colloquially (especially with a long vowel) as an unemphatic form of agreement to a question or statement. (We have already met its other basic meaning of 'well, um ...'.)

Language points

Soft genitive plural

Soft-type feminine and neuter nouns have a standard genitive plural ending **-í**:

restaurace – pět restaurací	five restaurants
píseň – deset písní	ten songs
radost – mnoho radostí	many joys
místnost – pět místností	five rooms
kost – několik kostí	several bones
noc – sedm nocí	seven nights
věc – mnoho věcí	many things
náměstí – šest náměstí	six squares
století – pět století	five centuries
pole – sedm polí	seven fields

Similarly, **děti – pět dětí** 'five children' and **lidé – mnoho lidí** 'many people'. Both plural nouns belong to the **-ost** type, though **lidé, lidi** *acc.*, is masculine.

However, soft-type masculines normally have genitive plural **-ů**:

| muž – šest mužů | six men |
| pomeranč – deset pomerančů | ten oranges |

Nouns in -ice, -yně and -iště

Feminine nouns in **-ice** or **-yně**, and neuter nouns in **-iště** have 'zero' genitive plurals, like hard types:

ulice – mnoho ulic	many streets
učebnice – málo učebnic	few textbooks
kolegyně – mnoho kolegyň	many female colleagues
letiště *n.* – několik letišť	several airports

But:

| lekce – deset lekcí | 'ten lessons' (*ending not* **-ice**) |

Quantity again

The genitive singular and plural are much in demand after indefinite quantity words like **mnoho** 'many', **hodně** 'a lot, lots of' and **málo** 'little, few':

Mám mnoho/hodně času.	I have much/a lot of time.
Mám příliš mnoho času.	I have too much time.
Mám málo času.	I have little time.
Honza má mnoho/hodně přátel.	Honza has a lot of friends.
Honza má málo přátel.	Honza has few friends.

As with numbers 'five' up, these phrases count as neuter singular for verb agreement. Another basic quantity term like this is the question-word **kolik?** 'how many?':

Kolik tam bylo lidí?	How many ('of') people were there?
Bylo tam málo lidí.	There were few people there.
Bude tam asi šest lidí.	About six people will be there.

Other such words are **několik** 'some, several', **víc(e)** 'more', **méně/míň** 'less, fewer', **moc** 'lots, too many', **tolik** 'so many', **pár** 'a couple':

Znám jenom několik/pár Čechů.
I know only some/a couple of Czechs.

Mirek zná víc lidí než já.
Mirek knows more people than me.

Tolik lidí!
So many people!

Shops and shop-signs

Obchod, or **prodejna**, is 'a shop', **výloha** 'shop window' (**ve výloze** 'in the window'). 'To shop, do the shopping' is **nakoupit** < **nakupovat**. 'The shopping' or 'the purchase' is **nákup(y)**. **Trh** is 'market' (**na trhu** 'at the market').

Here are some more shopping terms, grouped by shop-signs and types of food etc. How many of these do you know already?

SUPERMARKET 'supermarket'
SAMOOBSLUHA 'self-service (grocery) store'

---

košík	basket
pult	counter
pokladna	cash-desk, till, box-office
platíte u pokladny	you pay at the till

POTRAVINY 'groceries, food' (**obchod s potravinami** 'food shop, grocer's')

---

mouka	flour	**káva**	coffee
rýže	rice	**čaj**	tea
cukr	sugar	**mletá káva**	ground coffee
olej	oil	**džus**	juice
máslo	butter	**voda**	water
mléko/mlíko *coll.*	milk	**sůl – soli** *f.*	salt
sýr	cheese	**pepř**	pepper

OVOCE–ZELENINA 'fruit and vegetables' (**zelinářství** 'green-grocer's')

---

jablka	apples	**zelí**	cabbage
pomeranče	oranges	**květák**	cauliflower
citrony	lemons	**mrkev** *f.*	carrots
rajčata	tomatoes	**hlávkový salát**	lettuce
okurky	cucumbers	**zelená/červená**	green/red
brambory	potatoes	**paprika**	pepper

CHLÉB–PEČIVO 'bread and bakery goods' (pekařství 'baker's shop')

pekárna	bakery	bochník	loaf
pekař, -ka	baker	veka	white stick loaf
chléb/chleba	bread		(*used for*
coll.			*typical Czech*
rohlík	pointed roll		obložené chle-
houska	roll		bíčky 'open
žitný chléb	rye bread		sandwiches')

RYBA 'fish' (rybárna 'fish shop, fish restaurant')

filé *n.*	fillet	sardinky	sardines
pstruh	trout	zavináč	rollmop, pickled
kapr	carp		herring
makrela	mackerel		

MASO–UZENINY 'meat and smoked meats' (řeznictví 'butcher's shop')

řezník	butcher	uzené (maso)	smoked meat
vepřové (maso)	pork	salám	salami
hovězí (maso)	beef	párky	frankfurters
telecí (maso)	veal	klobása	sausage
skopové/jehněčí (maso)	mutton/lamb	šunka	ham

DRŮBEŽ *f.* 'poultry'

kuře *n.*	chicken	husa	goose
kachna	duck	krůta	turkey

LAHŮDKY 'delicatessen'

And moving on from food:

DROGERIE 'chemist's'

toaletní potřeby	toiletries	hřeben	comb
mýdlo	soap	toaletní papír	toilet roll
šampon	shampoo	papírové kapesníky	paper hankies,
zubní pasta	toothpaste		tissues
kartáček na zuby	toothbrush	prášek na praní	washing powder

LÉKÁRNA 'pharmacy'

lékař *m.*, **-ka** *f.*	doctor
lékárník *m.*, **-nice** *f.*	pharmacist
lék	medicine

ODĚVY 'clothes'

| **dámské, pánské, dětské oděvy** | ladies', men's, children's wear |
| **oblek** | a suit |

OBUV 'footwear, shoes'[1]

OBCHODNÍ DŮM 'department store'
KNIHKUPECTVÍ 'bookshop'

kniha	book	**učebnice**	textbook
román	novel	**slovník**	dictionary
poezie	poetry		

NOVINY–TABÁK 'newspapers and tobacco' (**trafika** 'tobacconist's')

kiosk	kiosk	**zapalovač**	lighter
cigareta, -y	cigarette(s)	**časopis**	magazine
zápalky/sirky *coll.*	matches		
pohlednice	picture postcard		

POŠTA 'post-office'

| **známka** | stamp | **balík** | parcel |
| **doporučený dopis** | registered letter | **obálka** | envelope |

KVĚTINY 'flowers' (**květinářství** 'florist's')

růže	rose	**tulipán**	tulip
fialka	violet	**narcis**	daffodil
karafiát	carnation		

1 For clothing and shoes in detail see Lesson 7.

Exercise 4

You are shopping again and ask for these items:

1 Six eggs.
2 Five litres of milk.
3 Twenty decagrams of coffee.
4 Two kilos of tomatoes.
5 Six round-shaped rolls.
6 Five pointed-shaped rolls.

Exercise 5

Zůstat/zůstanu *pf* means 'to stay'. Fill in the blanks as suggested and translate:

1 Zůstali tam deset _____. (*nights*)
2 Zůstaneme tam osm _____. (*days*)
3 Má osm _____. (*fields*)
4 V Brně je mnoho _____. (*cafés*)
5 Náš dům má dvě _____. (*bathrooms*)
6 Mají šest _____. (*children*)
7 Znám tady jenom pár _____. (*of people*)
8 Mám tady dost málo _____. (*friends*)
9 Mám hodně _____. (*of time*)
10 Mám málo _____. (*money*)

Exercise 6

Read through quickly now, but only translate when you've studied Dialogues 4 and 5 below:

1 We have a lot of pupils, several Americans of Czech origin and a couple of Englishmen, altogether eighteen people.
2 Mr Čapek has a group of beginners, ten Italians, eight Hungarians and seven French.
3 Mostly they are women: four Italian, six Hungarian and six French – many beginners but few advanced.
4 What time is it? – It's exactly seven o'clock, they should have begun by now.
5 What have you got in that briefcase? – About four books, ten exercise books and a kilo of potatoes.

Dialogue 4 ▥

Jazyková škola

Language school

Paní Holubová and pan Čapek discuss the students on their Czech course

HOLUBOVÁ: Kolik studentů máte letos na češtinu, Vladimíre?

ČAPEK: Tenhle rok mám strašně moc žáků, jako obvykle několik Američanů českého původu a pár Angličanů. Dohromady devatenáct lidí. A vy?

HOLUBOVÁ: Já mám skupinu začátečníků, jedenáct Italů, devět Maďarů a osm Francouzů.

ČAPEK: Tolik! To je výborné! Ale taky hodně práce! Kolik je z toho žen?

HOLUBOVÁ: No, kluků je málo, většinou jsou to ženy. Pět Italek, sedm Maďarek a pět Francouzek.

ČAPEK: Přirozeně mnoho začátečníků, ale málo pokročilých.

Vocabulary

dohromady	altogether
Francouz, -ka	Frenchman/woman
Ital, -ka	an Italian
letos	this year
málo + *gen.*	few
mnoho + *gen.*	many
několik + *gen.*	several
pár + *gen.*	a couple
pokročilý	advanced
původ	origin
přirozeně	naturally
skupina	group
strašně moc + *gen.*	an awful lot
tolik + *gen.*	so many
většinou	mostly
výborný	excellent
začátečník, -nice	beginner
žák, žačka	pupil

Dialogue 5 💿

Přednáška

The lecture

Karel and Jana are at a lecture which is about to begin

JANA: Kdy začíná přednáška? Kolik je hodin?
KAREL: Je přesně pět hodin a deset minut. Už měli dávno začít!
JANA: O čem je tahle přednáška?
KAREL: O české ekonomice a dnešní politické situaci ve Střední Evropě.
JANA: Kdo přednáší?
KAREL: Dva mladí profesoři, jeden z Olomouce a druhý z Brna. Bude to
asi dost velká nuda. Ekonomie není moje oblíbené téma!
JANA: Co to máte v té aktovce? Vypadá strašně těžká!
KAREL: Asi šest knížek a hodně sešitů. Ticho, už jdou, za chvíli začnou.
Určitě budou mluvit minimálně tři hodiny.

Vocabulary

aktovka	briefcase
dávno	ages ago, a long time ago
ekonomie	economics
ekonomika	the economy
hodina	hour
knížka = kniha	book
kolik je hodin?	what time is it?
měli	*here* = should have
minimálně	minimally, at least
minuta	minute
přednášet	to lecture
přednáška	a lecture
sešit	exercise book
téma – tématu *n.*	theme
ticho!	quiet!

12 Hotel – Kolik je hodin?

The hotel – What time is it?

In this lesson you will learn how to:

- tell the time
- use ordinal numbers up to 12th
- use case forms for 'me', 'you' and 'us'
- use case forms for 'oneself'

Dialogue 1

Hodina tenisu

A tennis lesson

Věra wants a tennis lesson (lit.'hour'). She fixes a time with Pavel

PAVEL: Ahoj, Věro! Kolik je hodin?

VĚRA: Jsou přesně dvě. Kam tak pospícháš? Hledám tě celý den. Chci se tě na něco zeptat.

PAVEL: Jdu do Univerzitní knihovny. Nechceš jít se mnou?

VĚRA: Dobře. Půjdu tedy kus cesty s tebou. Chci tě poprosit o jednu věc. Slyšela jsem totiž o tobě, že hraješ tenis. Nemohl bys mě to naučit?

PAVEL: A ty už umíš trošku hrát?

VĚRA: Troušku ano. Neřekla bych o sobě, že jsem velký talent, ale myslím, že jsem na sebe dost přísná. Budu se velmi snažit.

PAVEL: Promiň, že se tě na to ptám, ale o tobě vím jen to, že jsi studentka prvního ročníku a že ráda plaveš.

VĚRA: O mně víš málo, protože jsme se seznámili teprve před týdnem.

PAVEL: No dobře. Co kdybychom se sešli zítra odpoledne? Přijď ke mně, řekněme, ve tři.

VĚRA: Ve tři nemůžu, protože mám schůzku se sestrou. Nemohla bych
přijít tak v pět?
PAVEL: Fajn. Tak teda v pět. Těším se. Čau!

Vocabulary

čau	bye!	**sebe, sobě**	oneself
co kdyby	what if	**seznámit se** *pf*	to get to know
co kdybychom	what if we	**snažit se**	to try
kolik je hodin?	what time is it?	**studentka**	female student
mě	me	**tak**	so; about (approx-
ke/o mně	to/about me		imately)
se mnou	with me	**talent**	talent
naučit *pf*	to teach	**tě**	you
neřekl(a) bych	I wouldn't say	**ti**	to you
plavat/	to swim	**o tobě**	about you
plavu > za- (si)		**s tebou**	with you
půjdem(e)	we'll go	**teprve**	only (= not until)
poprosit o	ask for	**těším se**	I look forward
+ acc. *pf*		**to, že …**	(the fact) that …
pospíchat	to hurry	**trošku**	a little, a bit
před týdnem	a week ago	**univerzitní**	university *adj.*
přísný	strict, severe	**ve tři, v pět**	at 3, at 5
přijít, přijď! *pf*	come!	**věc -i** *f.*	thing
promiň(te), že	sorry for …	**zeptat se** *pf*	to ask (someone
první	first	**(někoho**	about some-
ptát se *+ gen.*	to ask someone	**na něco)**	thing)
… na to	about that		

Language points

What time is it?

To ask 'what time is it?' you say:

Kolik je hodin?
lit. 'How many is it of hours?'

For one to four o'clock you say:

Je/byla/bude jedna hodina.
It is/was/will be one o'clock.

Jsou/byly/budou dvě, tři, čtyři hodiny.
It is/was/will be two, three, four o'clock.

But from five up you say: **je/bylo/bude** *x* **hodin**.

Je pět, šest, sedm, osm (hodin).
It is five, six, seven, eight (o'clock).

Bylo devět, deset, jedenáct, dvanáct (hodin).
It was nine, ten, eleven, twelve.

Je půlnoc.	It's midnight.
Je poledne.	It's midday.

Remember also:

ráno	in the (early) morning
dopoledne	in the morning
odpoledne	in the afternoon
večer	in the evening
dnes večer	this evening, tonight
v noci	in the night
ve dne	in the day(time)

And make sure you know these basic adverbs of time:

dnes	today
včera	yesterday
zítra	tomorrow
předevčírem	the day before yesterday
pozítří	the day after tomorrow

At what time?

To ask 'at what time?' you say:

Kdy přišel?	When did he come?
or **V kolik (hodin) přišel?**	At what time did he come?

For 'at one o'clock' you say:

V jednu (hodinu).

For 'at two, three, four' you say **ve dvě, ve tři, ve čtyři (hodiny)**. And for 'at five, six' etc. you say **v pět, v šest, v sedm, v osm, v devět, v deset, v jedenáct, ve dvanáct (hodin)**.
Note also:

V poledne.	At midday.
but **O půlnoci.**	At midnight.

'Me' and 'you'

Já 'I' and **ty** 'you' have various other forms. You have already come across some of these earlier in the book.

Note the contrast between *weak* (shorter) forms used alone and *strong* (longer) forms used after prepositions. The bracketed form **mne** in the table is less colloquial than the form **mě** (which is pronounced the same as **mně**).

acc./gen.	**mě, tě**	me, you
	pro mě (mne), pro tebe	for me, you
	ode mě (mne), od tebe	from me, you
dat./loc.	**mi/mně, ti**	to me, you
	ke mně, k tobě	to(wards) me, you
	o mně, o tobě	about me, you
ins.	**se mnou, s tebou**	with me, you

Weak forms come roughly second position in a sentence (but after **jsem/jsi, jsme/jste** and **se/si**):

Kdo mě hledá? Who is looking for me?
Kdo ti to řekl? Who told ('to') you that?

Ptal(a) jsem se tě, jestli jsi mě viděl v kině.
I asked you whether you saw me in the cinema.

The forms given above after prepositions can also be used on their own (without a preposition) for emphasis:

Hledal tebe? Was he looking for you?
Tobě to neřekne. He won't tell *you*.

Note the **-e** added to these prepositions before **mě/mne** and **mnou** 'me':

beze mě (beze mne), ode mě (ode mne)
without, from me
se mnou, přede mnou, nade mnou, pode mnou
with, in front of, above, below me

'Each other'

Se 'oneself' can also mean 'each other':

Mají se rádi. They like each other.
Nemají se rádi. They don't like each other.

Se (dative **si**) has further strong case forms just like **ty** 'you':

acc./gen.	**pro sebe**	for oneself
	od sebe	from oneself
dat./loc.	**(k) sobě**	to(wards) oneself
	o sobě	about oneself
ins.	**s sebou**	with oneself

Máš před sebou těžkou úlohu.
You have a hard task in front of yourself.

Vařím pro sebe.
I cook for myself.

More e-type verbs

A few common verbs with infinitives in -**at** have **e**-type present endings, e.g. **plavat** > **zaplavat** (**si**) 'to swim':

plavu	**plaveme**
plaveš	**plavete**
plave	**plavou**

These just have to be picked up individually. Another such verb is **koupat se/koupu se** > **vykoupat se** 'to bathe'. (See the Grammar Summary for other examples.)

Exercise 1

What time is it? **Kolik je hodin?** Reply as suggested:

1 It's four o'clock.
2 It's three o'clock.
3 It's eleven o'clock.
4 It's nine o'clock.
5 It's midnight.

Exercise 2

Kdy? 'When?' **V kolik?** 'At what time?' Translate the questions and reply as suggested:

1 Kdy přišel? – (*He came at one o'clock.*)
2 V kolik odešel? – (*He left at two o'clock.*)

3 Kdy přišli? – (*They arrived at eight o'clock.*)
4 Kdy odešli? – (*They left at midnight.*)
5 Kdy přijel táta? – (*He arrived at three o'clock.*)
6 Kdy přijela sestra? – (*She arrived at four.*)

Exercise 3

Complete with correct forms of **mě/tě** and translate:

1 Hledají _____/_____.
2 Tahle kniha je pro _____/_____.
3 Mluvili často o _____/o _____.
4 Oni stojí za _____/_____.
5 Jde ke _____/k _____.
6 Kdo _____/_____ to řekl?
7 Chtěla _____/_____ poprosit o jednu věc.
8 Nechtěl jít se _____/s _____.

Dialogue 2 ▣

V hotelu

At the hotel

*Pan Kolář enters. The receptionist, **recepční**, asks him if he has a reservation*

KOLÁŘ: Dobrý den.
RECEPČNÍ: Pěkně vás vítám! Máte objednané pokoje?
KOLÁŘ: Ne. Přijeli jsme právě teď z Pardubic. Máte volné pokoje?
RECEPČNÍ: Kolik vás je?
KOLÁŘ: Je nás pět. Potřebujeme tři pokoje, s koupelnou nebo se sprchou. Moje matka by chtěla mít vlastní pokoj.
RECEPČNÍ: Bohužel jednolůžkové pokoje nemáme. U nás jsou jenom dvoulůžkové a pokoje pro tři osoby.
KOLÁŘ: Tak dobře, vezmeme dva pokoje. Dcera může spát s babičkou a chlapec s námi.
RECEPČNÍ: Jak dlouho tu zůstanete?
KOLÁŘ: Dva dny. Kolik to bude stát? Mají děti slevu?
RECEPČNÍ: Ano. Moment, hned vám to řeknu. Menší pokoj se sprchou … tisíc sto padesát korun na den, včetně slevy. Větší pokoj

s koupelnou stojí tisíc pět set šedesát. Snídaně je zahrnutá v ceně.

KOLÁŘ: Dobře, vezmeme to.

Vocabulary

babička	grandmother	**pro** + *acc.*	for
cena	price	**recepční**	receptionist (*adj.*
dny	days, *pl.* of **den**		*noun*)
na den	per day	**sleva**	reduction
dvoulůžkový	double room	**sprcha**	shower
pokoj		**stát/stojí**	to cost
chlapec	(young) boy	**tisíc sto padesát**	1,150
jak dlouho?	how long?	**tisíc pět set**	1,560
jednolůžkový	single room	**šedesát**	
pokoj		**větší pokoj**	bigger room
kolik je vás?	how many are	**vám, vás**	to you, (of) you
	there of you?	**včetně** + *gen.*	including
menší pokoj	smaller room	**vítat, vítám!**	to welcome,
nás, s námi	(of) us, with us		welcome!
u nás	at us = in our	**vlastní**	own
	hotel	**volný pokoj**	vacant room
objednaný	reserved, ordered,	**vzít/vezmu** *pf*	to take
	booked	**zahrnutý**	included
osoba	person	**zůstat/zůstanu**	to stay
Pardubice *pl.*	town of Pardubice	**< zůstávat**	
z Pardubic	from Pardubice		

Language points

'We/us' and 'you'

My 'we' and **vy** 'you' have a single set of other forms:

acc./gen.	**nás, vás**	us, you
	pro nás, pro vás	for us, you
	od nás, od vás	from us, you
dat.	**nám, vám**	to us, you
	k nám, k vám	to(wards) us, you
loc.	**o nás, o vás**	about us, you
ins.	**s námi, s vámi**	with us, you

Basic word order for **nás, vás** is the same as for **mě, tě**:

Kdo vám pomáhá?
Who is helping you?

Ptali jsme se vás, jestli jste nás viděli včera ve městě.
We asked you whether you saw us in town yesterday.

Je nás pět.
There are five of us.

but **Jsme tři.**
We are three.

Ordinal numbers

In a moment we're going to need the ordinal numbers up to 'twelfth'. The resemblance between these adjectives and plain (cardinal) numbers is mostly obvious.

první	first
druhý	second
třetí	third
čtvrtý	fourth
pátý	fifth
šestý	sixth
sedmý	seventh
osmý	eighth
devátý	ninth
desátý	tenth
jedenáctý	eleventh
dvanáctý	twelfth

Note that **první** 'first' and **třetí** 'third' are soft adjectives.

More about telling the time

Learning to say the quarter and half hours is a bit tricky. For 'quarter past' you say **čtvrt na ...** and refer forward to the next hour:

Je (bylo) čtvrt na dvě.
It is (was) quarter past one (*lit.* 'quarter onto two').

Je (bude) čtvrt na šest.
It is (will be) quarter past five (*lit.* 'quarter onto six').

Je (bylo) čtvrt na jednu.
It is (was) quarter past twelve (*lit.* 'quarter onto one').

For 'half past twelve' you say **půl jedné** 'half of one', also referring forward to the next hour:

Je (bylo, bude) půl jedné.
It is (was, will be) half past twelve (*lit.* 'half of one').

Otherwise, for 'half past …' you say **půl druhé, třetí, čtvrté, dvanácté,** etc., using the feminine genitive of the ordinal numeral you've just learnt (to agree with the absent word **hodiny**):

Bylo půl druhé.
It was half past one (*lit.* 'half of the second (hour))'.

Je (bude) půl třetí.
It is (will be) half past two (*lit.* 'half of the third').

For 'a quarter to' you say **tři čtvrtě na** ('three-quarters to'):

Je (bylo) tři čtvrtě na jednu.
It is (was) a quarter to (*lit.* 'three-quarters to') one.

Je (bude) tři čtvrtě na pět.
It is (will be) a quarter to (*lit.* 'three-quarters to') five.

You can also add five-/ten-minute intervals to the above, using **za** + *acc.*:

Je za pět minut osm.
It is five to eight (*lit.* 'in five minutes eight').

Je za deset minut půl osmé.
It is twenty past seven (*lit.* 'in ten minutes half of the eighth').

V + *acc.* is used for 'at':

Přišli ve čtvrt na dvanáct.
They arrived at a quarter past eleven.

Přišli v půl deváté.
They arrived at half past eight.

Odešli ve tři čtvrtě na pět.
They left at a quarter to five.

For **v půl** (e.g. **deváté**) 'half past (eight)' you can also say **o půl (deváté)**. Omit **v** 'at' before **za pět/deset minut**:

Za pět minut sedm zastavil před hotelem.
(At) five minutes to seven he stopped in front of the hotel.

Lateness of transport is expressed using the phrase **mít zpoždění**, literally 'to have a delay':

Vlak má zpoždění.
The train is late.

Máme dvacet minut zpoždění.
We are twenty minutes late.

Of a person being/arriving late you say **jít/přijít pozdě**:

Jdu pozdě.	I am late.
Přišel jsem pozdě.	I arrived late.

The 24-hour clock

You may find it easier to say the time with just numbers! This is standard with the 24-hour clock anyway. 'Second' is **sekunda** or **vteřina**.

Je sedm hodin a patnáct minut.
It is 7.15 (seven o'clock and fifteen minutes).

Je třináct deset.
It is 13.10.

Je pět hodin a deset sekund/vteřin.
It is five o'clock and ten seconds.

Vlak odjíždí (v) osm pět.
The train leaves (at) 8.05.

Chytil rychlík (v) sedmnáct třináct.
He caught the 17.13 express.

Exercise 4

Complete with correct forms of **nás** or **vás** and translate:

1 Neviděli _____. (*us*)
2 Nepomáhali _____? (*you*)
3 Kolik je _____? (*of you*)
4 Ten chlapec může hrát s _____. (*us*)
5 Moment, hned _____ to řeknu. (*you*)
6 Tento dopis je pro _____. (*us*)

Exercise 5

Kolik je hodin? Kdy? 'What time is it? When?' Reply as suggested:

1 It's quarter past five.
2 It's quarter to five.
3 It's half past five.
4 They left at half past nine.
5 They came at half past two.
6 The train leaves at a quarter past eleven.
7 At half past one we stopped in front of the hotel.

Exercise 6

You enter a hotel and try to book rooms, saying:

1 Do you have any rooms free?
2 There are six of us.
3 We are two.
4 We need three double rooms, with a shower.
5 I need one single room, with a bathroom.
6 Is breakfast included in the price?
7 Good, we'll take it.

Dialogue 3 ▣

Ubytování a stravování

Accommodation and food

*They've found **ubytování** 'accommodation, lodging', but what about **stravování** 'eating, meals, board'. Where can they park the car?*

KOLÁŘ: Kde můžeme zaparkovat auto?
RECEPČNÍ: Hned za hotelem je malé parkoviště. Tady se zapište do
           knihy. Přineste si zavazadla, dejte mi pasy a já vám dám
           klíče. Vpravo je výtah, hned půjdu s vámi a ukážu vám
           pokoje. Jsou opravdu hezké, ve třetím patře, s krásným
           výhledem na řeku, zámek a les. Pokoje mají taky telefon,
           televizi a ledničku. Snídaně se podává od půl sedmé do půl
           desáté.
KOLÁŘ: Můžeme tady taky večeřet?

RECEPČNÍ: Bohužel nemáme vlastní restauraci. Ale o kus dál na náměstí je velmi pěkná vinárna, hned naproti obchodnímu domu, v uličce za kostelem. Je to odsud jen pár kroků. Ukážu vám cestu, až půjdete ven.

KOLÁŘ: Nevíte, kolik je hodin? Zastavily se mi hodinky.

RECEPČNÍ: Za pět minut tři čtvrtě na osm.

KOLÁŘ: Tak pozdě! Děkuju vám. Rodina má už nejspíš hlad. Ale je teplo, sluníčko ještě svítí. Půjdeme tam asi pěšky. Teď si jdu pro rodinu a zaparkuju auto.

RECEPČNÍ: Řeknu vrátnému. Jestli chcete, pomůže vám se zavazadly.

Vocabulary

až	when (with future time)
hodinky	watch
jít si pro + *acc.*	go for, go and fetch
klíč	key
krok	step, pace
lednička	fridge
les -a	forest
malý	little
nejspíš	most likely
o kus dál	a bit further
odsud	from here
parkoviště *n.*	car-park, parking lot
patro	floor
ve třetím patře	on the 3rd floor (American 4th)
pěšky	on foot
podat < **podávat se**	to be served
pomoct/pomůžu < **pomáhat**	to help
sluníčko = **slunce** *n.*	sun
teplo	warm(th)
ukázat/ukážu < **ukazovat**	to show
ulička	little street
vrátný	porter (*adj. noun*)
výhled na + *acc.*	view of
výtah	lift, elevator
zámek	chateau, castle
zaparkovat *pf* of **parkovat**	to park
zastavit < **zastavovat se**	to stop
zavazadlo	piece of luggage
zavazadla *pl.*	luggage, baggage(s)
se zavazadly	with the luggage

13 Přátelství a volný čas

Friendship and leisure time

In this lesson you learn how to:

- talk a bit more about leisure and student life
- use more verbs for going (arriving, departing etc.)
- understand some basic word-building prefixes
- use the case forms for 'him', 'her', 'it' and 'them'

Dialogue 1 ▣

Na fakultě

At the faculty

*Jitka, Miroslav (Mirek) and Milan are at the **Filozofická fakulta** 'Arts* (lit. *'Philosophical') Faculty' in Prague. Milan's friend Soňa is at* **FAMU**, *short for **Filmová a televizní fakulta Akademie múzických** **umění** 'Film and Television Faculty of the Academy of Performing Arts'*

JITKA: Kam šel Milan?

MIREK: Chudák! Právě šel do knihovny. Chodí tam pořád, čte si tam
noviny a časopisy. Chodí tam totiž Soňa, víš. Rád sedí spolu s ní
v čítárně. Potom chodí do vinárny nebo do bufetu na oběd,
někdy taky k němu nebo k ní na kafe a tak. Občas chodí spolu
do divadla nebo na diskotéku.

JITKA: Kdo je vlastně ta Soňa?

MIREK: Soňa je jeho spolužačka ze střední školy. Studuje film a televizi
na FAMU. Jsou to staří kamarádi, znají se tak deset let.

JITKA: To je ta fantastická blondýnka, že jo? Lidé na fakultě si o ní
často vyprávějí.

MIREK: Milan na ni vždycky čeká před školou, nebo Soňa na něho čeká

u stanice metra. Dnes byla velmi spokojená, dostala od něho
strašně dlouhý dopis.

JITKA: Takže Milan je do ní zamilovaný?

MIREK: To víš že jo! Copak to není na něm vidět? Ale mně se zdá, že
ona si s ním jenom hraje jako kočka s myší.

Vocabulary

blondýnka	a blonde	něho, němu,	him
copak	*lit.* 'what then'	něm, ním	
copak ne- ?	isn't it surely?	ni, ní	her
čítárna	reading room	spolužák/-žačka	fellow-student
diskotéka, disko	disco	střední	middle, central
divadlo	theatre	střední škola	secondary school
fakulta	faculty	takže	so ...
na fakultě	at the faculty	tak	so *here* = about,
fantastický	fantastic		approximate
film	film	vyprávět	to talk about
chodit	to go (habitually)	zdát se/zdá se	to seem
chudák	poor guy	znát se	to know each
je to vidět	it is visible, you		other
	can see it	že jo?	is it not so? isn't
jeho	his		she?
kafe *n.*	coffee (*coll.*)	to víš že jo!	you know he
myš -i *f.*	mouse		does!

Language points

'Her' and 'him'

The table in this section gives the basic forms for 'her' and 'him'. The
forms used after prepositions all have initial **ň-**.

acc.	**ji – ho**	her – him
	pro ni – pro něj/něho	for her – him
gen.	**jí – ho**	of her – him
	od ní – od něj/něho	from her – him
dat.	**jí – mu**	to her – him
	k ní – k němu	to(wards) her – him
loc.	**o ní – o něm**	about her – him
ins.	**jí – jím**	by her – him
	s ní – s ním	with her – him

Note that accusative 'her' has a short vowel (**ji, ni**), while the rest have a long vowel (**jí, ní**).

To say 'it' you call feminine nouns 'her' and masculine nouns 'him'. For neuters you basically use the forms for 'him'. However, after prepositions followed by the accusative, the form **něho** always means 'him', not 'it', while **něj** can mean either.

In formal writing **je, ně** may be used for neuter accusative 'it'.

Čekám na něj.	I am waiting for him (*or* it).
Čekám na něho.	I am waiting for him (*only!*).
Čekám na ni.	I am waiting for her (*or* it).
Říkám mu něco.	I say something to him.
Říkám jí něco.	I say something to her.
Mluvím o něm.	I am speaking about him (*or* it).
Mluvím o ní.	I am speaking about her (*or* it).

Word order

The word order for 'her'/'him'/'it' is the same as for 'me' – second position, but after reflexive **se/si**:

Věra ji hledala.
Věra was looking for her.

Jan se ho pořád ptal, kam chce jít.
Jan kept asking him where he wanted to go.

'Him'/'her'/'it' come after 'me'/'you'/'us':

Dejte mi ho! Já vám ho nedám!
Give me him/it! I won't give you him/it!

Dej mi ji! Já ti ji nedám!
Give me her/it! I won't give you her/it!

Emphatic 'him'

There are also two emphatic forms: **jeho** = **ho**, and **jemu** = **mu**. They often come at the beginning of a sentence:

Jeho nevidím.
I don't see *him* (*lit.* 'him I don't see').

Jemu nepomáhám.
I'm not helping *him*.

Jeho is of course also the same as the possessive 'his': **jeho kniha** 'his book'.

Subject pronoun 'it'

If you need a general, unspecific subject word for 'it', just use neuter **to** 'this/that, it'.

    Co je to? To je kniha.   What is it? It's a book.

If 'it' as a subject word refers back to a particular noun, there is usually no equivalent word in Czech at all:

    Znáš tuhle knihu?   Do you know this book?
    Ano. Je dobrá.   Yes. It's good.

Sometimes for emphasis you can say 'that one', with the appropriate gender of **ten, ta, to**:

    Ta je dobrá.   That one is good.

It is unusual to use the subject pronouns **on** 'he', **ona** 'she' for inanimate nouns.

Subject word ono/vono

Ono exists as a neuter subject word for 'it', but only rarely refers to animate neuter nouns, such as **dítě** 'child'. Instead, it may be heard as an emphatic 'it' subject, with an expressively exclamatory or explanatory effect. The spoken form is generally **vono**:

    Prší! Vono prší!   It's raining! Well, it's raining!
    Vono pršelo, víš.   Well, it was raining, you know.

(V)on and **(v)ona** can also be used like **(v)ono** in an emphatic way, added to subject words of matching gender:

    Von Karel je prostě génius!   That Karel is simply a genius!
    Vono to není pravda!   That's just not true!

Non-subject 'it'

As we have said, particular inanimate nouns are referred to by the corresponding gender of pronoun:

    To je krásná zahrada.   That's a lovely garden.
    Vidíš ji? Podívej se na ni.   Do you see her/it? Look at her/it.

To je krásný dům.	That's a lovely house.
Vidíš ho? Podívej se na něj.	Do you see him/it? Look at it.

To je krásné auto.	That's a lovely car.
Vidíš ho? Podívej se na něj.	Do you see it? Look at it.

The accusative form **něho (jeho)** is never inanimate: for accusative 'it' just use **něj**, as above.

'Going' verbs

You have met two very basic verbs for 'to go':

jít/jdu	to go on foot, or by unspecified means
jet/jedu	to ride, go by vehicle

Each has a parallel 'iterative' verb denoting repeated activity:

chodit/chodím	to go (repeatedly)
jezdit/jezdím	to ride (repeatedly)

The usual imperative for 'go!' is **jdi! jděte!** but 'don't go!' is normally **nechoď! nechoďte!** since you refer to possible repetition.

Basically, **jít** and **jet** refer to single acts:

Dnes jdu pěšky.	Today I'm going on foot.
Včera jela vlakem.	Yesterday she went by train.
Vlak jede pomalu.	The train is going slowly.

Chodit and **jezdit** denote repeated, habitual activity (or the activity in general).

Chodí do školy.	S/he goes to school.
Chodíme často do divadla.	We often go to the theatre.
Jezdíme metrem.	We (habitually) go by metro.
Evička se teprve učí chodit.	Evička is just learning to walk.

The futures of **jít** and **jet** are special. You add **pů-** to **jdu**, and **po-** to **jedu**:

Zítra půjdu do školy.	Tomorrow I'll go to school.
Půjdeš se mnou?	Will you go with me?

Zítra pojedu do Brna.	Tomorrow I'll go to Brno.
Pojedeš se mnou?	Will you go with me?

But the futures of **chodit** and **jezdit** just use **budu**:

Budu chodit do školy.	I'll be going to school.
Budu jezdit autobusem.	I'll be going by bus.

Exercise 1

Replace the names by correct forms for 'her', and translate:

1 Vidím Soňu.
2 Pomáhám Věře.
3 Jdu tam s Helenou.
4 Mluvili jsme o Anně.
5 Hledám paní Kolářovou.

Exercise 2

Replace the names by correct forms for 'him' and translate:

1 Nemám Michala ráda.
2 Telefonuju Davidovi.
3 Šla s Pavlem na koncert.
4 Nerad mluvil o Karlovi.
5 Potkali jsme pana Beneše před divadlem. (**potkat** *pf* 'to meet')

Exercise 3

Translate using forms of **jít/chodit** or **jet/jezdit**, as appropriate:

1 She usually goes by train.
2 Yesterday she went by bus.
3 He often goes to the cinema.
4 Today he's going to the theatre.
5 On Monday he went to a concert.
6 Will you go with me to the disco?
7 Tomorrow we'll go to town on foot.

Dialogue 2 ▣

Film o lásce

A film about love

Jitka is still very focused on Soňa and Milan's doings

JITKA: Mirku, kde jsou Milan a Soňa? Nevidíte je někde? Vím, že tady před chvílí byli. Chtěla jsem s nimi mluvit o včerejším filmu.
MIREK: O nich vím jen tolik, že teď šli na oběd. Přesně ve dvanáct sešli

ze schodů a vyšli z budovy. Potom přešli náměstí a odešli na tramvaj. Já jsem je totiž viděl, protože jsem zrovna přicházel. Až zase přijdou, řeknu jim, žes je hledala. Jaký byl film?

JITKA: Italský, skvělý. Milan a Soňa na něm byli taky. Prý ale říkali, že se jim vůbec nelíbil. Chtěla bych od nich slyšet, co proti němu mají, protože mě to velmi překvapuje. Podle mě je to prostě fantastická věc!

MIREK: Asi tam bylo málo lásky, ne?

JITKA: Právě naopak. Bylo tam té lásky až moc!

MIREK: Proto se jim to asi nelíbilo.

JITKA: Asi máš pravdu.

MIREK: Nemám proti nim v podstatě nic, ale jsou to opravdu divní lidé, tihle dva!

JITKA: No nic. Půjdu na oběd. Zatím ahoj.

MIREK: Čau.

Vocabulary

ale	however
až	when + *future time*
až moc	even too much
chvíle, před chvílí	a moment ago
divný	strange, odd
jaký byl?	what was … like?
je, jim	them, to them
láska	love
na něm	on it, at it
nich, nim, nimi	them
ne?	wasn't there?
no nic	'well nothing', well never mind
odejít *pf*	to go away
odešli	went away
podle mě	according to me, in my view
podstata	basis
v podstatě	basically
překvapit	to surprise
< překvapovat	
přejít *pf*	to cross
přešli	they crossed
přes + *acc.*	across
přicházet	to arrive
přijít *pf*	to arrive
prostě	simply
proti + *dat.*	against
sejít *pf*	to go down
sešli	they went down
schody	stairs
ze schodů	from the stairs
včerejší	yesterday's
vůbec ne-	not at all
vyjít *pf*	to go out
vyšli	they went out
zrovna	just

Language points

Saying 'them'

As we know, basic 'they' is **oni**. Forms for 'them' are also used for things. Those used after prepositions again have an initial **ň-**.

acc.	**je**	them
	pro ně	for them
gen.	**jich**	of them
	od nich	from them
dat.	**jim**	to them
	k nim	to(wards) them
loc.	**o nich**	about them
ins.	**jimi**	by them
	s nimi	with them

Remember, the form **jejich** is the possessive 'their': **jejich dům** 'their house'.

Going in, going out

English verbs often have words like 'in'/'out' after them: 'He went in/out.' Czech verbs use prefixes attached to the front of verbs in a similar way.

Various prefixed perfectives are based on **jít** 'to go'. Their imperfective pairs are based on the form **-cházet**. Here are two, using prefixes **ve-/ v-** 'in' and its opposite **vy-** 'out'. Note the typical prepositions used after these and other similar prefixed compounds.

vejít/vejdu, vešel < vcházet	to go/come in, enter

Vešel dovnitř.	He went in(side).
Vešla do obchodu.	She went into the shop.
Právě vcházeli do domu.	They were just going into the house.

vyjít/vyjdu, vyšel < vycházet	to go/come out, exit

Vyšla ven.	She went out.
Vyšel z obchodu.	He came out of the shop.
Právě vycházeli z domu.	They were just coming out of the house.

Arriving and departing

Two more verbs use contrasting prefixes **při-** 'up near' and **od-** 'away':

> **přijít/přijdu, přišel < přicházet**   to come, arrive

Karel ještě nepřišel.	Karel hasn't come/arrived yet.
Přijďte zítra!	Come tomorrow!

> **odejít/odejdu, odešel < odcházet**   to go away, leave, depart

Karel už odešel.	Karel has now left, departed.
Anna odejde zítra.	Anna will go away, leave tomorrow.

Meeting and parting

Compare similarly the opposites **s-** 'together' and **roz-** 'apart'. Both add the reflexive pronoun **se** in these compounds:

> **sejít se/sejdu se, sešel se < scházet se**   to come together, meet

Sešel se s kamarádem.	He met up with a friend.
Sešli se před divadlem.	They met in front of the theatre.

> **rozejít se/rozejdu se, rozešel se < rozcházet se** to part, separate

Rozešli se u stanice metra.	They separated, parted at the metro station.

Up and down

Vy- can also mean 'up', while **s-** on its own can mean 'down':

Vyšel do prvního patra.	He went up to the first floor.
Vyšli nahoru.	They went up.
Sešli dolů.	They went down.
Sešla ze schodů.	She went down the stairs.

In the sense of 'down from' the preposition **z/ze** sometimes has the older form **s/se** (+ *gen.*), the same form as the prefix.

Other prefixes

Here are other basic prefixes used for perfective compounds of **jít**. Corresponding imperfectives use **-cházet**, as above:

---

do- 'finish/reach' **dojít** to reach, go for/fetch

Došel do školy. He reached (finished the journey to) school.
Došel pro chleba. He went to get/fetch some bread.

---

na- 'upon' **najít** to come upon, find

Našel jsem pěknou knihu. I found a nice book.

---

o-/ob- 'round' **obejít** to go round

Obešel dům. He went/walked round the house.

---

pod- 'under, up to' **podejít** to go under

Podešla most. She went under the bridge.

---

pře- 'across' **přejít** to go across, cross

Přešli most/přes most. They crossed the bridge.

---

pro- 'through' **projít** to go through, **projít se** to have a walk

Prošla tunelem. She walked through the tunnel.
Šla se projít. She went to have a walk.

---

u- 'off, away' **ujít** to get away, escape (+ *dat.*)

Ušel smrti. He escaped death.
Uchází plyn. Gas is escaping. There is a gas leak.

za- 'behind, off'	zajít to go behind, go in (for a purpose)

Zašel za strom.	He went behind a tree. (**za** + *acc.* = motion 'behind')
Zašel za roh.	He went round ('behind') the corner.
Slunce zašlo.	The sun has set ('gone down/'behind').
Zašli si na pivo.	They went in, called in for a beer.

Going by transport again

Jet/jedu 'to go (by transport), ride, drive' has its own series of prefixed compounds parallel to those of **jít**. This time the 'going' has to be 'riding' or 'going by vehicle'. The imperfectives are based on the form **-jíždět**.

přijet < přijíždět	to come, arrive
odjet < odjíždět	to leave

Jana ještě nepřijela.	Jana hasn't come/arrived yet.
Autobus už odjel.	The bus has left.

Note also **ujet** 'to go off/escape' in the phrase:

Ujel mi/nám autobus/vlak.
I (we) missed the bus/train (*lit.* 'the bus/train escaped/went off to me/us').

Exercise 4

Replace these pairs of names with correct forms for 'them' and translate:

1 Vidíte Milana a Soňu?
2 Mluvili jsme o Pavlovi a Petrovi.
3 Zatelefonovala matce a sestře.
4 Šli k Věře a Zuzaně na večeři.
5 Dostali jsme od Jany a Josefa pěkný dopis.

Exercise 5

Translate into Czech using compounds of **jít**:

1 They went into the house.
2 Marie has left now/already.
3 They parted in front of the theatre.

4 Honza went into the library.
5 Lída went round the theatre and crossed the bridge.
6 We found a lovely wine bar.
7 The boy hasn't arrived yet.

Reading

Oběd ve vinárně

Lunch at the wine bar

Our friends Milan and Soňa are off for lunch

Milan a Soňa se sešli v půl jedné v hale univerzitní knihovny. Ve tři čtvrtě na jednu sešli ze schodů a vyšli z budovy. Šli asi tři minuty, přešli na druhou stranu ulice a obešli nový obchodní dům. Už bylo za pět minut jedna. Zašli do vinárny na oběd a našli tam taky Věru Kolářovou. Věra je sice přátelsky pozdravila, ale bylo jasné, že s ní něco není v pořádku. Za deset minut přišel její kamarád, hádala se s ním asi pět minut, ale nakonec odešli spolu. Milan se Soňou se naobědvali, dali si kávu a asi půl hodiny si povídali. V půl třetí vyšli z vinárny, procházeli se tak dvacet minut po náměstí. Rozešli se u metra za pět minut tři.

Vocabulary

druhý	second, the other
hádat se	to quarrel
hala	hall
jasný	clear
nakonec	finally, in the end
naobědvat se *pf*	have dinner
obejít *pf*	to go round
po + *loc.*	about, up and down
povídat si	to chat
pozdravit *pf*	to greet
procházet se	to walk
přátelsky	amicably
rozejít se *pf*	to part
strana	side (*also* political party)

14 Obchodní dům a turistika

The department store and tourism

In this lesson you will learn how to:

- talk about buying clothes
- express comparisons and preferences
- name the points of the compass
- use other plural case forms
- use more 'going' and 'taking' verbs

Dialogue 1 ▪▪

Nový svetr

A new sweater

Petr is looking for a new sweater

PETR: Dobrý den. Můžete mi ukázat tenhle žlutý svetr – a ten modrý?

PRODAVAČKA: Tady je máte. Prosím, vyberte si. Oba jsou vlněné. Modrý je tenčí, ale dražší, z trošku měkčí a kvalitnější vlny. Žlutý je hrubší, je mnohem levnější, ale teplejší, a taky velmi kvalitní.

PETR: Líbí se mi oba, ale ten žlutý mi asi bude padnout líp. Kolik stojí?

PRODAVAČKA: Přesně pět set korun.

PETR: Obvykle mám velikost čtyřicet čtyři. Tenhle je mi malý, potřebuju větší číslo. Nemáte světlejší nebo tmavší barvu?

PRODAVAČKA: Ano, máme. Tady máte větší čísla. Podívejte se na tyhle hnědé nebo tyhle bílé. Jestli chcete, můžete si je vyzkoušet. Tady vpravo je kabinka.

PETR   Tenhle hnědý je mi akorát. Moc se mi líbí.
PRODAVAČKA: Ano, sluší vám.
PETR: Dobře, vezmu si ho.
PRODAVAČKA: Pět set korun. Děkuju. Hned vám ho zabalím.

Vocabulary

akorát	exact(ly)	**slušet**	to suit
je mi akorát	it's an exact fit	**světlý, -ejší**	light, -er
drahý, dražší	dear, -er		(-coloured)
barva	colour	**tenký, tenčí**	thin, -ner
číslo	number, size	**teplý, -ejší**	warm, -er
hnědý	brown	**tmavý, -ší**	dark, -er
hrubý, -ší	thick, -er	**velikost**	size
kabinka	cubicle, cabin	**velký, větší**	big, -ger
kvalitní, -ější	good/better-	**vlna**	wool (also =
	quality		wave)
levný, -ější	cheap, -er	**vlněný**	woollen
líp = lépe	better	**vybrat/vyberu**	to choose
měkký, měkčí	soft, -er	< **vybírat**	
oba *m.*, **obě** *f./n.*	both	**vyberte si!**	choose!
mnohem	much (...-er)	**vyzkoušet si** *pf*	to try on
padnout	to fit (*lit.* 'to fall')	**žlutý**	yellow
přesně	exactly		

Dialogue 2 ▣

Halenky a košile

Blouses and shirts

Zuzana is looking for a shirt or blouse

PRODAVAČ: Přejete si?
ZUZANA: Jen se dívám. Moment – můžete mi ukázat tamhlety halenky? Tu bílou, zelenou a červenou? Děkuju.
PRODAVAČ: Prosím. Jsou pěkné, že?
ZUZANA: Jsou drahé?
PRODAVAČ: Tahle bílá je samozřejmě dražší než ta červená, protože je hedvábná. Ta červená je levnější, ale je z čisté bavlny. Zelená halenka má krátké rukávy, je nejlevnější, polyesterová, ale moc kvalitní a taky asi nejoblíbenější.
ZUZANA: Ta bílá se mi ale vůbec nelíbí.
PRODAVAČ: Spíš se hodí pro starší paní, že jo?

ZUZANA:	Ta červená se mi líbí nejvíc. Má širší rukávy a taky užší límec. Knoflíky má taky hezčí než ta zelená. Zdá se mi celkově elegantnější, má nejhezčí střih, je z příjemné látky, ale bude mi asi velká. Nemáte menší číslo?
PRODAVAČ:	Bohužel, tahle je poslední, co máme. Tyhle halenky jsou moc oblíbené, víte. Příští týden máme dostat další, ale nevím jaké barvy.
ZUZANA:	Škoda. No nic. Mohl byste mi ukázat, kde máte pánské košile? Můj mladší bratr bude mít narozeniny.
PRODAVAČ:	Podívejte se na tyhle proužkované a kostkované košile.
ZUZANA:	Tyhle jsou mnohem lepší než ty dámské! A máte bohatší výběr! Koupím si asi jednu pro sebe!

Vocabulary

bavlna	cotton	nejvíc	most (of all)
bohatý, -ší	rich, -er	než	than
celkově	generally, all in all	oblíbený	popular, favourite
		nejoblíbenější	most popular, favourite
dámský	ladies'		
elegantní, -nější	(more) elegant	paní	woman, lady
hezký, nejhezčí	pretty, prettiest	pánský	men's
hodit se	to be suitable	polyesterový	polyester
jen se dívám	I'm just looking	prodavač, -ka *f.*	sales assistant
knoflík	button	proužkovaný	striped
kostkovaný	checked	příjemný	pleasant
krátký	short	příští	next
látka	material, fabric	rukáv	sleeve
límec -mce	collar	široký, širší	wide, -r
malý, menší	small, -er	starý, -ší	old, -er
máme	*here* = we're supposed to	střih	cut
		tamhlety	those over there
mladý, -ší	young/er	úzký, užší	narrow, -er
nej-	most, -est	výběr	selection

Language points

Comparative adjectives

In English we can make comparisons by adding '-er' to adjectives (or by putting 'more' before them). In Czech you usually form comparatives by replacing -ý with -ější/-ejší. Certain (especially some very common) adjectives have a shorter ending -ší. Both types are soft adjectives:

zajímavý – zajímavější	interesting – more interesting
nový – novější	new – newer

but:

starý – starší	old – older
mladý – mladší	young – younger

'Than' in comparisons is **než**:

Jeho auto je novější než moje.	His car is newer than mine.
Pavel je starší než já.	Pavel is older than me.
Pavel je mladší než Petr.	Pavel is younger than Peter.

To say 'much' with comparatives add **mnohem/o moc**. Both mean literally 'by much':

Zuzana je mnohem/o moc mladší než Věra.
Zuzana is much younger than Věra.

Irregular comparatives

Four essential comparatives are irregular:

malý – menší	small – smaller
velký/veliký – větší	big – bigger, greater, larger
dobrý – lepší	good – better
špatný/zlý – horší	bad/nasty – worse

Sound changes

Certain consonant changes regularly take place in the formation of comparatives. These are not quite identical to those changes you met before!!

r → ř	**chytrý – chytřejší**	cleverer
	mokrý – mokřejší	wetter
h → ž	**ubohý – ubožejší**	more wretched
ch → š	**suchý – sušší**	drier
k → č	**divoký – divočejší**	wilder
	hezký – hezčí	nicer
ck → čť	**cynický – cyničtější**	more cynical
sk → šť	**lidský – lidštější**	more humane

Essential adjectives and comparatives

The following are simply grouped by meaning. Learn all of these to increase your stock of basic vocabulary. Some are slightly irregular, and some end in -čí, instead of -ší.

vysoký – vyšší	higher
hluboký – hlubší	deeper
nízký – nižší	lower
široký – širší	wider
úzký – užší	narrower
těžký – těžší	heavier, more difficult
lehký – lehčí	lighter, easier
krátký – kratší	shorter
dlouhý – delší	longer
blízký – bližší	nearer
daleký/vzdálený – vzdálenější	further away, more distant

Note: **další** = 'further' in the sense of 'next in line'. In a shop for example: **Další, prosím!** 'Next (customer), please!'

tenký – tenčí	thinner (*slice, layer*)
hubený – hubenější	thinner (*person, body*)
tlustý – tlustší	fatter, thicker
měkký – měkčí	softer
tvrdý – tvrdší	harder
chudý – chudší	poorer
bohatý – bohatší	richer
drahý – dražší	dearer, more expensive
levný – levnější	cheaper
laciný – lacinější	cheaper
tmavý – tmavší	darker (**tma** 'darkness')
světlý – světlejší	lighter (**světlo** 'light')
tichý – tišší	quieter (**ticho** 'silence')
hlučný – hlučnější	noiser (**hluk** 'noise')
slabý – slabší	weaker
silný – silnější	stronger
jednoduchý – jednodušší	simpler
prostý – prostší	simpler, plainer
složitý – složitější	more complicated
čistý – čistší	cleaner
špinavý – špinavější	dirtier

Superlatives in nej-

To say 'newest', 'oldest', 'youngest', 'most intelligent', etc. you simply add **nej-** to the comparatives. The resulting forms are called superlatives:

nejnovější	newest
nejstarší	oldest
nejmladší	youngest
nejinteligentnější	most intelligent
nejlepší	best
nejhorší	worst

Pavel je starší než já.
Pavel is older than me.

Ale Petr je nejstarší z nás.
But Petr is the oldest of us (*note*: **z** + *gen.* = 'of, out of').

Ivan je můj nejlepší kamarád.
Ivan's my best friend.

Case forms of comparatives

Comparatives are soft adjectives. Remember, these always have a long vowel **í** where hard adjectives have **ý, á** or **é**.

Hledám staršího muže, starší ženu.
I'm looking for an older man, woman.

Bydlím ve starším domě, ve starší budově.
I live in an older house, building.

'More/most quickly'

To say 'more quickly', 'most quickly', etc. you use the comparative adverb ending **-ěji/-eji**, adding **nej-** for the superlative:

Pavel běhá rychleji než já.
Pavel runs more quickly (quicker, faster) than me.

Ale Petr běhá nejrychleji.
But Petr runs most quickly (quickest, fastest).

Adverbs in **-ce** have the ending **-čeji**:

Marie zpívá sladce, pěkně.
Marie sings sweetly, nicely.

Ale Jan zpívá sladčeji, pěkněji.
But Jan sings more sweetly, more nicely.

In spoken usage the comparative or superlative adverb may have the ending **-ejc**:

Přijdu později/pozdějc.
I'll come later.

Mluví pomaleji/pomalejc.
S/he speaks more slowly.

Common adverbs and their comparatives

Learn these common irregular examples:

> **dobře – lépe/líp** 'well – better'
> **špatně, zle – hůř(e)** 'badly – worse'

Umí to líp/hůř než on.
S/he knows it better/worse than him.

Věra zpívá dobře, líp než já.
Věra sings well, better than me.

Karel zpívá špatně, hůř než já.
Karel sings badly, worse than me.

> **málo – méně/míň** 'little – less',
> **mnoho/hodně – víc(e)** 'much/a lot – more'

Učí se víc/míň.
He's studying more/less.

> **blízko – blíž(e)** 'near – nearer'
> **daleko – dál(e)** 'far away – further'

Bydlí blíž/dál.
He lives nearer/further away.

---

dlouho – déle, **dýl** *coll.* 'for a long time – longer'

Nechci tady zůstat déle/dýl.
I don't want to stay here longer.

---

vysoko – výš(e) 'high up – higher'
nízko – níž(e) 'low down – lower'

Letadlo letí výš/níž.
The plane is flying higher/lower.

---

hluboko – hloub(ěji) 'deep – deeper'

Šli hlouběji do lesa.
They went deeper into the forest.

---

draho/draze – dráž(e) 'dearly – more dearly'

Je tam draho/dráž.
It's expensive/more expensive there.

---

brzo – dřív(e) 'soon – sooner'
pozdě – později 'late – later'

Přijel dřív než ona.
He arrived sooner than her.

Karel přijel později.
Karel arrived later.

---

spíš(e) – nejspíš(e) 'more likely – most likely'

Nejspíš nepřijde.
Most likely s/he won't come.

Quantities 'more' and 'less'

Víc 'more' and **nejvíc** 'most' indicate degrees up from **mnoho** or **hodně** 'much, a lot'.

Pracuje hodně, má hodně/mnoho peněz.
S/he works a lot, has lots of money.

Pracuje víc, má nejvíc peněz.
S/he works more, has the most money.

Similarly, **méně/míň** 'less' and **nejméně/nejmíň** 'least' relate to **málo** 'little':

Pracuje málo, má málo peněz.
S/he works little, has little money.

Pracuje méně/míň, má nejméně/nejmíň peněz.
S/he works less, has least money.

Expressing preference

To say you 'prefer doing' or 'like doing better/best', you use the 'doing' verb plus **(nej)raději** or **(nej)radši**. **Radši** (short **-i**!) and **radějc** are colloquial forms.

Dívám se rád(a) na televizi.
I like watching TV.

Já radši čtu a nejradši spím.
I prefer reading and I like sleeping best.

With a thing, expressed as a noun, use **mít (nej)radši** or **(nej)raději**. Sometimes 'have' is omitted:

Mám radši/nejradši bavlnu.
I prefer cotton. I like cotton better/best.

Já (mám) radši víno než pivo.
I like wine better than beer.

For immediate preference, however, use **líbit se (nej)víc** 'to please more/most':

Ta červená košile se mi líbí víc/nejvíc.
I like that red shirt better/best.

Exercise 1

You are talking about clothes and you say in Czech:

1 This blouse is cheaper.
2 These buttons are better.

3 This sweater is dearer than that blue one.
4 I like the white blouse best, it has the prettiest cut.
5 These shirts are warmer, of better-quality material.
6 This shirt is (too) small for me, I need a bigger number/size.
7 This shirt has shorter sleeves.

Exercise 2

Replace the regular adjectives by superlatives and translate into English:

1 Eva je mladá.
2 Otec je starý.
3 Zuzana je moje dobrá kamarádka.
4 Igor je silný, ale Petr je rychlý.
5 Můj kufr je těžký a tvoje aktovka je lehká.
6 Tato ulice je krátká a úzká.
7 Tvoje auto je nové.
8 Toto město je staré a krásné.

Exercise 3

Complete, using comparatives, and translate into English:

1 Ivan je _____ než já. (*younger*)
2 Marie je _____ než Věra. (*older*)
3 Pan Roháček je _____ než pan Chudáček. (*richer*)
4 Evička je _____ než já. (*smaller*)
5 Pavel je _____ než já. (*bigger*)

Dialogue 3 🔲

Výlet do Krkonoš

Trip to the Krkonoše Mountains

Petr wants some advice about going to the **Krkonoše** *('Giant Mountains')*

PETR: Paní Bílková, mohla byste mi laskavě poradit? Chtěl bych jet do Krkonoš. Kam bych měl vlastně jet? Kde jsou nejlepší možnosti ubytování?

BÍLKOVÁ: No, sama jsem tam nebyla už dlouho, ale vím, že nejpopulárnější rekreační střediska jsou Špindlerův Mlýn – to je největší středisko, severně od Vrchlabí, tam je hodně hotelů – potom na západě Harrachov, to je velké lyžařské středisko, a na východě Pec pod Sněžkou, v létě snad vůbec nejoblíbenější místo pro turisty. Jedete tam sám nebo s nějakými kamarády?

PETR: Jedu s dvěma kolegy z kanceláře, kteří v Krkonoších taky ještě nebyli. Jak se do Krkonoš nejlíp dostaneme?

BÍLKOVÁ: Dá se tam jet vlakem i autobusem, ale asi nejlíp autobusem. Vlakem například do Harrachova, ale z Prahy máte přímé spojení autobusem do Špindlerova Mlýna nebo Pece pod Sněžkou.

Vocabulary

dá se	it is possible	**rekreační**	recreation *adj*
dostat se	to get (to a place)	**sám, sama**	(my-/your-)self
dvěma *ins.* of **dva**	two	**severně od**	north from
Harrachov -a	= *name of town*	**Sněžka**	'Snowy', *1602*
i	and also		*metres, highest*
Krkonoše *f. pl.*	Krkonoše		*peak*
	Mountains,	**středisko**	centre
	Riesengebirge,	**Špindlerův Mlýn**	= *name of town*
	Giant Mountains	**mlýn -a**	mill
do Krkonoš	to the Krkonoše	**ubytování**	accommodation
laskavě	kindly	**Vrchlabí**	= *name of town*
lyžařský	skiing *adj.*	**vůbec**	altogether, in
měl by	ought to		general
nejpopulárnější	most popular	**východ,**	in the east
Pec pod Sněžkou	= *name of town*	**na východě**	
pec *f.*	stove, furnace	**západ,**	in the west
poradit < **radit**	to advise	**na západě**	

Dialogue 4 💾

Doprava a ubytování

Transport and accommodation

Mrs Bílková continues her holiday advice

PETR: Jak se dostanu přímo na hory?

BÍLKOVÁ: To zas jezdí různé autobusy po celém okolí, ale lidé hlavně chodí pěšky, aby měli co nejkrásnější zážitek. Potom existují různé lanovky a vleky pro lyžaře a turisty, například blízko Pece pod Sněžkou je lanovka na Růžovou horu a Sněžku.

PETR: Které kopce jsou nejvyšší?

BÍLKOVÁ: Nejvyšší vrchol je Sněžka. Přímo v okolí najdete ubytování v různých hotelech a turistických boudách. Ubytování se dá samozřejmě objednat předem v cestovních kancelářích v Praze, a tak dále. Přeju vám hezkou dovolenou! Bohužel, já už jsem na takové horské túry stará!

PETR: Děkuju za praktickou radu! Chystám se tam už příští měsíc a přinesu vám potom ukázat fotky. Jen doufám, že si nezlomím ruku nebo nohu!

Vocabulary

blízko + *gen.*	near	**odtud**	from there
bouda	chalet	**okolí**	district, area,
cestovní	travel office		surroundings
kancelář *f.*		**praktický**	practical
co nej-	as … as possible	**příští**	next, coming
dovolená	holiday	**rada**	advice
existovat	to exist	**Růžová hora**	= 'Pink Mountain'
fotka *coll.*	photo	**různý**	various
hora	mountain	**túra**	hike
hotel	hotel	**turista, -stka**	tourist
chystat se	to prepare to	**turistický**	tourist *adj.*
lanovka	cable-car	**ukázat/ukážu** *pf*	to show
lyžař, -ka	skier	**vlek**	ski-lift
napřed	in advance	**vrchol**	summit
noha	leg	**vysoký, nejvyšší**	high, -est
objednat	to order, book	**zážitek -tku**	experience
< **objednávat**		**zlomit si** *pf*	to break

Learn also: **lyže** *f. pl.* 'skis', **lyžování** 'skiing', **lyžovat** > **za- (si)** 'to ski'.

Language points

Directions

The four points of the compass are:

    sever, jih, východ a západ
    north, south, east and west

Intermediate points are:

severovýchod a jihovýchod NE and SE
severozápad a jihozápad   NW and SW

For 'in (the north)', etc. you use **na** + *loc.* ('on') in Czech. For example, using **žít/žiju** 'to live':

Žiju na severu, na jihu.
I live in the north, in the south.

Žijí na východě, na západě.
They live in the east, in the west.

Similarly, going 'to (the north)', etc. you say **na** + *acc.* ('onto'). 'From' is **z/ze** + *gen.* 'out of':

Cestují na Západ.
They travel to the West.

Letadlo letí ze severu na jih.
The plane flies from the north to the south.

Corresponding soft adjectives add **-ní**:

Severní/Jižní Amerika	North/South America
východní/západní Evropa	eastern/western Europe
jihovýchodní vítr	southeasterly wind
severozápadní vítr	northwesterly wind

Východ/západ slunce mean 'sunrise/sunset'. **Východ** is also 'exit', alongside **vchod** 'entrance': **nouzový východ** means 'emergency exit'.

Plural cases of nouns and adjectives

The remaining plural forms of hard-type nouns and adjectives are shown here, with **ty krásné hory/domy** 'those lovely mountains/houses' and **města** 'towns'. Neuters resemble masculines (except for the genitive):

gen.	**do těch krásných hor, domů, měst**
dat.	**k těm krásným horám, domům, městům**
loc.	**v těch krásných horách, domech, městech**
ins.	**s těmi krásnými horami, domy, městy**

Adjectives do not vary for gender here! Soft adjectives have **í** instead of **ý**, as usual: **první** 'first' – **prvních, prvním, prvních, prvními**.

In non-standard Czech **-ej** may replace **-ý** in the adjectival endings (**krásnejch, krásnejm**). The instrumental plural has a common non-standard ending in **-ma**: **s těma krásnejma (cizíma) horama, domama, městama.**

Velar nouns

Masculine and neuter nouns do not use the locative ending **-ech** after velars (but it *is* used after **r**, e.g. **kufry – v kufrech**).

In standard usage masculine nouns have locative plural ending **-ích**, preceded by the familiar changes **k → c** and **h/g → z, ch → š**:

kluk – kluci *pl.*, **o klucích**	about the boys
zámek – zámky *pl.*, **na zámcích**	at the chateaux
Čech – Češi *pl.*, **o Češích**	about the Czechs

Neuters use the normal feminine locative plural ending **-ách**. Masculine nouns often do this also, especially in colloquial speech:

vajíčko – vajíčka *pl.*, **ve vajíčkách**	in eggs
kousek – kousky *pl.*, **v kouskách/v kouscích**	in pieces

Soft-type nouns

The other main plural forms of soft-type nouns are shown here, using feminine **lekce** 'lessons' and masculine **muži** 'men'. Note the shared locative plural **-ích**:

gen.	**od lekcí – mužů**
dat.	**k lekcím – mužům**
loc.	**o lekcích – mužích**
ins.	**s lekcemi – muži**

Neuter types **náměstí** 'square(s)' and **pole** 'field(s)' follow **lekce**, except for instrumentals **náměstími** and **poli**.

Feminine type **radost** has plural *genitive* ending **-í**, *dative* **-em**, *locative* **-ech** and *instrumental* **-mi**. So do **děti** 'children' and **lidé** 'people'.

Again, there is a shared non-standard instrumental in **-ma**: **lekcema, mužema,** and **náměstíma, dětma,** etc.

More verbs of 'going' and 'taking'

Like **jít + chodit** 'to go', and **jet + jezdit** 'to ride', several other verbs have *iterative* variants for repeated, habitual or general activity.

Two are verbs for speedy movement, 'run' and 'fly':

běžet + běhat	to run
letět + létat/lítat *coll.*	to fly

Three are verbs for 'carry, take'. We've had the basic verbs already.

nést + nosit	to carry
vézt + vozit	to convey (by vehicle)
vést + vodit	to lead

The basic verbs form a future with **po-**:

Poletím.	I'll fly.
Ponesu.	I'll carry.

Compare the following examples:

Obvykle jezdí tramvají.	S/he usually goes by tram.
Dnes jde pěšky.	Today s/he's going on foot.
Nerad(a) běhá.	S/he doesn't like running.
Dnes běží do školy.	Today s/he's running to school.
Často létá/lítá do Paříže.	S/he often flies to Paris.
Dnes letí do Ameriky.	Today s/he's flying to America.
Vždy nosí aktovku.	S/he always carries a briefcase.
Dnes nese tašku.	Today s/he's carrying a suitcase.
Vozí je často do lesa.	S/he often takes them to the forest.
Dnes je veze na koupaliště.	Today s/he's taking them to the bathing-place.
Obvykle je vodí po městě.	S/he usually takes them about town.
Dnes je vede do muzea.	Today s/he's taking them to the museum.

Wearing things

Nosit also means 'habitually to wear'. For single occasions use **mít** 'to have' or **mít na sobě** 'to have on (oneself)':

Obvykle nosí brýle.
S/he usually wears spectacles.

Dnes nemá brýle.
Today s/he's not wearing spectacles.

Co má na sobě?
What is s/he wearing?

Dnes má na sobě ten hrozný kabát.
Today s/he's wearing that awful coat.

Another expression for 'wear', in the sense of 'put on', is **vzít si (na sebe)**, *lit.* 'to take (onto oneself)':

Co si mám vzít na sebe?	What should I put on/wear?
Mám si vzít kravatu?	Should I ('have I to') wear a tie?

Verbs with prefixes při- **and** od-

Compounds of the verbs just discussed, with **při-**, **od-** (and other prefixes), simply form standard pairs, for example:

přijet < přijíždět	to arrive (by vehicle)
odjet < odjíždět	to leave (by vehicle)
přiběhnout < přibíhat	to arrive by running
odletět < odlétat	to depart by flying

Při- added to **nést, vézt, vést** produces verbs all meaning 'bring':

přinést < přinášet	to bring by carrying
přivézt < přivážet	to bring by vehicle
přivést < přivádět	to bring by leading

With **od-** added instead, they mean 'take (away)':

Přinesl jí kytici.	He brought her a bouquet.
Odvezl ji domů.	He took her home.
Přivedl ji do kanceláře.	He brought/led her into the office.

Exercise 4

Many Czech towns and villages have plural names. Often they end in **-ice** (feminine), also in **-any** (masculine). Complete as suggested and translate into English:

1 Bydlí v _____. (**Pardubice**)
2 Její bratr studuje v _____ _____ (**České Budějovice**)
3 Její matka bydlí v _____. (**Rokycany**)
4 Jeho otec bydlí v _____. (**Poděbrady** *m.*)
5 Jeho dcera bydlí v _____ _____. (**Mariánské Lázně** *f.*)
6 Jiří Šedivý bydlí v _____. (**Teplice**)

Exercise 5

Place-name types in **-ice** and **-any** both have 'zero' genitives (so does **Poděbrady**). Complete and translate into English:

1 Jeli jsme do _____ _____. (**České Budějovice**)
2 Její otec je z _____ (**Domažlice**)
3 Jedeme do _____. (**Poděbrady**)
4 Jedou do _____ _____. (**Mariánské Lázně** *f.*)
5 Jeho sestra je z _____. (**Vodňany**)

Exercise 6

Complete as suggested and translate into English:

1 Mluvili jsme o těch _____ _____. (*American students*)
2 Jde s _____ do divadla. (*friends*)
3 Vaří _____ oběd. (*the sisters*)
4 Píše _____ krátký dopis. (*the brothers*)
5 Ubytování objednává v _____ _____. (*travel agencies*)
6 Kupuje knihy o _____ _____, _____ a _____. (*old towns, castles, chateaux*)

Exercise 7

Translate into Czech with the correct simple verbs of motion:

1 Today I'm flying to Bratislava.
2 I don't like flying.
3 He always wears lovely shirts.
4 Today you are carrying a suitcase.
5 Usually you carry a briefcase or a bag.
6 He often runs in the park.
7 Today he's running to work.

Reading

Nejstarší dějiny Prahy

The earliest history of Prague

Something about Prague's earliest history

Chcete vědět něco o začátcích a dějinách Prahy a jejích historických památkách? Podle dnešních archeologů a historiků Slované a Češi přišli na pražské území v šestém století našeho letopočtu (n. l.). Předtím tam žili Keltové a jiné etnické skupiny. Někdy mezi lety 880 a 890 tam postavil kníže Bořivoj první kostel a potom Pražský hrad. V první polovině desátého století vznikla na pravém břehu Vltavy pevnost Vyšehrad. Vyšehrad je také spojený se starou legendou o tom, jak pohanská kněžna Libuše a její manžel Přemysl Oráč založili první českou dynastii. Arabsko-židovský kupec Ibrahím ibn Jakúb, který navštívil Čechy a Prahu v roce 965 nebo 966, psal o rušném pražském životě a český kronikář Kosmas na přelomu jedenáctého a dvanáctého století také píše o bohatých osadách německých a židovských kupců.

Vocabulary

arabský	Arab(ic)	**navštívit**	to visit
arabsko-	Arab-	< **navštěvovat**	
archeolog,	archeologist	**oráč**	ploughman
archeoložka		**osada**	settlement
břeh	bank, shore	**o tom, jak …**	about how …
dějiny *f. pl.*	history	**památka**	memorial, sight
dynastie	dynasty	**pevnost**	fortress
etnický	ethnic	**pohanský**	pagan
historický	historical	**polovina**	half
historik, historička	historian	**postavit** *pf* of **stavět**	to build
Kelt	Celt	**předtím**	before that
kněžna	princess	**přelom**	turn (of century)
kníže -žete	prince, duke	**rušný**	busy
kronikář	chronicler	**Slovan, Slovanka**	Slav
kupec -pce	merchant	**spojený**	linked
legenda	legend	**století**	century
letopočet -čtu	'year-count', era	**území**	territory
		vzniknout	to arise
našeho letopočtu, n. l.	'of our era', AD	< **vznikat**	
před naším letopočtem, př. n. l.	'before our era', BC	**začátek -tku**	beginning
		založit < **zakládat**	to found
		židovský	Jewish

15 Podmínky a životní úroveň

Conditions and living standards

In this lesson you will learn how to:

- say 'would', 'if' and 'in order to'
- express hopes and fears
- talk about allowing and forbidding
- understand common street names
- use more forms of possessives
- state dates and higher ordinal numbers

Dialogue 1 ▣

Práce a majetek

Work and property

What would Milan do if he suddenly became a millionaire?

HELENA: Co bys dělal, kdybys zítra vyhrál hromadu peněz? Kdyby ses stal najednou milionářem? Přestal bys pracovat?

MILAN: To víš že jo. Hned bych odešel z práce. Prodal bych svůj malý byt na Žižkově a koupil bych si krásnou starou vilu s velikou zahradou. A několik luxusních aut. A cestoval bych po světě. A ty?

HELENA: Ty peníze by se mi samozřejmě hodily, ale rozhodně bych nepřestala chodit do práce, protože mě ta práce v knihovně velmi baví. Asi bych se strašně nudila, kdybych neměla zaměstnání nebo nějakou stálou práci. Ale peníze nehrají v mém životě až tak velkou roli. Ne. Na tvém místě bych neodešla z práce. I kdyby mi někdo dal milion dolarů.

Vocabulary

až tak velký	quite so big	místo	place
bavit	to amuse	na tvém místě	in your place
by	would	milion	million
bych	I would	milionář	millionaire
bychom	we would	najednou	suddenly
bys, byste	you would	peníze, – peněz *gen.*	money
dolar	dollar	po + *loc.*	(all) over
hodit se	be useful,	prodat < prodávat	to sell
	come in	role	role
	handy	stálý	constant,
hromada	a pile, heap		steady
kdyby	if	svět	world
kdybych	if I	svůj	one's own
kdybychom	if we	vila	villa
kdybys, kdybyste	if you	vyhrát < vyhrávat	to win
i kdyby	even if	zaměstnání	employment
luxusní	luxury		

Dialogue 2 🔊

Nezaměstnanost

Unemployment

The discussion moves on to unemployment

MILAN: Znáš mého staršího bratra? Nemá žádné zaměstnání, ale je docela spokojený a šťastný!

HELENA: Podívej se ale na moje rodiče. Celý život pracovali v továrně nebo v kanceláři a teď, přestože nejsou vůbec staří, jsou nezaměstnaní, sedí doma a nevědí, co mají dělat. Celý den si jenom čtou noviny, dívají se na televizi, stěžují si na svoji situaci a vzpomínají na staré časy.

MILAN: Tvoji rodiče nejsou vůbec typický příklad.

HELENA: Nevím, jestli máš docela pravdu. Dnes je u nás hodně nezaměstnaných. Podle mého názoru by všichni měli mít právo na práci.

MILAN: I na oddech! Není to ale trochu staromódní názor?

Vocabulary

docela	entirely	**příklad**	example
mají dělat	*here* = they're supposed to do	**staromódní**	old-fashioned
měli by	*here* = ought to	**stěžovat si na** + *acc.*	to complain about
názor	view	**šťastný**	happy
podle mého názoru	in my view	**továrna**	factory
		typický	typical
nezaměstnaný	unemployed	**vzpomínat na** + *acc.*	reminisce about
oddech	rest, leisure		
právo na	a right to		

Language points

Reported speech

When reporting speech in Czech you don't change the original tense of the verb like you do in English. Often 'would' comes out as 'will'. If Karel said:

> **Přijdu zítra.**
> I will come tomorrow.

this is reported as:

> **Karel řekl, že přijde zítra.**
> Karel said that he 'will' (= would) come tomorrow.

Similarly, if Karel said:

> **Mám hlad.**
> I'm hungry.

it is reported as:

> **Karel řekl, že má hlad.**
> Karel said he 'is' (= was) hungry.

Note how 'that' is often omitted before reported speech in English, whereas **že** is always present in Czech.

Reported perceptions

The same procedure applies to reported thoughts or perceptions. If Marie sees Karel and thinks:

Stojí před Evou.
He is standing in front of Eva.

Zpívá.
He is singing.

this is reported in the past as:

Viděla ho, jak stojí před Evou.
'She saw him as he "stands" (= stood) in front of Eva.' = She saw
   him standing in front of Eva.

Slyšela ho, jak zpívá.
'She heard him as he "sings" (= sang).' = She heard him singing.

After verbs of perception an infinitive can be used instead. English can
also use an infinitive, but only without 'to':

Viděla ho stát před Evou.
She saw him stand in front of Eva.

Slyšela ho zpívat.
She heard him sing.

'If' and 'would'

We've already met conditional **by**, meaning 'would', in connection with
chtěl by 'would like' and **mohl by** 'would be able, could', but it can be
used with any verb. Remember, the personal forms are:

bych	I would	**bychom (bysme** *coll.*)	we would
bys	you would	**byste**	you would
by	he/she/it would	**by**	they would

Added to the past **l**-forms of verbs this produces conditionals such as:

psal bych	I would write (*process, repetition – imperfective*)
napsal bych	I would write (*complete act – perfective*)

One common expression for 'if' is **kdyby**. It simply consists of **kdy-**
followed by conditional verbs, but the forms of **by** are joined to **kdy-** to
make a single word:

kdybych	if I	**kdybychom (kdybysme** *coll.*)	if we
kdybys	if you	**kdybyste**	if you
kdyby	if he/she/it	**kdyby**	if they

Kdyby is used for 'if' when the main statement has a conditional 'would', referring to something which is seen as not necessarily ever going to be true. **By** and its variants come second position in the clause:

Kdybych měl čas, šel bych do kina.
If I had time, I would go to the cinema.

Kdyby měla peníze, koupila by dům.
If she had money, she'd buy a house.

Co byste dělali, kdybyste neměli peníze?
What would you do, if you didn't have money?

Conditionals on their own typically occur in questions and answers.

Co byste dělali?	What would you do?
Kam byste šli?	Where would you go?
Šli bychom domů.	We would go home.

Note the special **ty** forms for 'you' with **se, si**:

Učil(a) bys. → **Učil(a) by ses.**
You'd teach. → You'd teach yourself, study.

Koupil(a) bys. → **Koupil(a) by sis.**
You'd buy. → You'd buy for yourself.

Expressing wishes

The conditional can also express a wish, or a polite enquiry:

Něco bych snědl!
I'd like to eat something!

Šel/šla bys se mnou?
Would you go with me?

Přeložil(a) byste mi tohle slovo?
Would you translate this word for me?

Wishes are also often expressed by **rád by** 'would like, would be glad to', **chtěl by** 'would wish, would like', and **mohl by** 'could':

Rád bych něco snědl!
I'd like to eat something!

Chtěl(a) bys jít se mnou?
Would you like to go with me?

Mohl(a) byste mi přeložit tohle slovo?
Could you translate this word for me?

Similarly, with **být** 'to be':

Byl(a) bych rád(a).
I would be glad.

'Am to', 'ought to'

'Am to', 'am supposed to' can be expressed by the present tense of **mít** 'to have':

Co mám dělat?	What am I (supposed) to do?
– Máš jít domů.	– You are (supposed) to go home.

Don't confuse this sense of **mít** with **muset** 'to have to, must':

Musíš jít domů.
You have to go home. You must go home.

The conditional **měl bych**, etc. means 'ought to, should':

Co bych měl(a) dělat?
What ought I to do? What should I do?

– Měl(a) bys jít domů.
– You ought to/should go home.

– Neměl(a) bys tady zůstat.
– You ought not to/shouldn't stay here.

Contrast the above with:

Musel(a) bys jít domů.
You would have to go home.

'When'

Když is the usual word for 'when', introducing a clause which defines the time of an event. **Kdy** is used, however, if the clause defines a preceding time noun:

Když přišla, začali pracovat.
When she came, they started to work.

Přišel čas, kdy museli začít.
The time had come when they had to begin.

Questions however always use **kdy?**

Kdy přišla?   When did she come?

'If' and 'when'

Když also often carries a sense of 'if':

Když jsme měli čas, šli jsme do kina.
When (if) we had time, we went to the cinema.

In fact, in talking about the future, **když** *only* means 'if' when followed by a future verb. To say 'when' in the future you have to use another word **až** (likewise with a future verb):

Když budeme mít čas, půjdeme do kina.
If we have ('will have') time, we'll go to the cinema.

Až budeme mít čas, půjdeme do kina.
When we have ('will have') time, we'll go to the cinema.

Až can also mean 'until':

Počkáme, až budeme mít čas.
We'll wait until we have ('will have') time.

Where there is no 'would', 'if' can also be stated explicitly by **jestli** or **jestliže**:

Jestli(že) bude pršet, zůstaneme doma.
If it rains ('will rain'), we'll stay at home.

'If' and 'whether'

'If' in the sense of 'whether' (regarding a question) is normally expressed by **jestli**:

Ptal se, jestli přijdu.
He asked me if I would come.
(The question was: **Přijdete?** 'Will you come?')

Nevím, jestli přijde.
I don't know if he will come.
(**Přijde?** 'Will he come?')

In more formal written usage, **jestli** is replaced by **zda**, or an appended **-li**:

Nevěděla, zda přijdou. Nevěděla, přijdou-li.
She did not know whether they would come.

'My' , 'our' and 'your'

Můj 'my' and **náš** 'our' show some variation in case forms from normal adjectives. The following examples show basic gender and number agreement in the nominative. The bracketed variants are more formal in general:

sg	**můj, náš bratr/dům**	my, our brother/house
	moje (mé), naše auto	my, our car
	moje (má), naše sestra	my, our sister
pl.	**moji (mí), naši bratři**	my, our brothers
	moje (mé), naše domy, sestry	my, our houses, sisters
	moje (má), naše auta	my, our cars

Here are the rest of the masculine/neuter singular case forms. Accusative is the same as nominative, of course, except for the masculine animate form:

acc.	**zná mého, našeho bratra**	s/he knows my, our brother
	(*m.i./n. = nom.*)	
gen.	**od mého, našeho bratra**	from …
dat.	**(k) mému, našemu bratrovi**	to …
loc.	**o mém, našem bratrovi**	about …
ins.	**s mým, naším bratrem**	with …

The other feminine singular forms are as follows:

acc.	**zná moji (mou), naši sestru**	s/he knows my, our sister
gen.	**od mojí (mé), naší sestry**	from …
dat.	**(k) mojí (mé), naší sestře**	to …
loc.	**o mojí (mé), naší sestře**	about …
ins.	**s mojí (mou), naší sestrou**	with …

And here are the remaining plural forms. As usual, only masculine animates have an accusative plural ending different from their nominative:

acc.	**zná moje (mé), naše bratry**	s/he knows my, our brothers
	(*others = nom.*)	
gen.	**od mých, našich bratrů, sester**	from …
dat.	**k mým, našim bratrům, sestrám**	to …
loc.	**o mých, našich bratrech, sestrách**	about …
ins.	**s mými, našimi bratry, sestrami**	with …

Tvůj and **váš** 'your' have parallel forms to **můj, náš**.

Nezná tvého, vašeho bratra.
S/he doesn't know my, your brother.

Hledám tvoji, vaši sestru.
I'm looking for your sister.

Zná tvoje, vaše rodiče?
Does s/he know your parents?

Forms **mojí/tvojí** (feminine genitive, dative, locative and instrumental) are slightly colloquial.

Possessive svůj

The possessive **svůj** 'one's own' (related to **se** 'oneself') only refers to possession by the subject. Its forms are parallel to **můj/tvůj**. It means 'my' if the subject is 'I', but 'your' if it's 'you', and so on.

Ztratil(a) jsem svůj sešit.
I've lost my [own] exercise book.

Ztratil(a) jsi svoji tužku?
Have you lost your [own] pencil?

Věra ztratila svoji knihu.
Věra has lost her [own] book.

Karel ztratil svoje pero.
Karel has lost his [own] pen.

Děti ztratily svého kamaráda.
The children have lost their [own] friend.

Ztratili jsme svoje poznámky.
We've lost our [own] notes.

Compare examples where the possessor is *not* the subject of the sentence:

Ztratil moji knihu.
He lost my book.

Irena ztratila její knihu.
Irena lost her (= *another person's*) book.

Petr ztratil jeho pero.
Petr lost his (= *another person's*) pen.

Exercise 1

Complete as suggested and translate:

1 Kdy-_____ _____ čas, _____ _____ po světě. (*I had ... I'd travel*)
2 Kdy-_____ _____ peníze, co _____ _____? (*you didn't have ... would you do?*)
3 _____ mi toto slovo? (*would you translate?*)
4 _____ _____ přijít radši zítra? (*couldn't she*)
5 Nevím, _____ _____ _____. (*if Věra will come*).

Exercise 2

Translate into Czech, using correct forms of possessives (for 'your' use both **tvůj** and **váš**):

1 The cat is in my room.
2 The key is in your pocket (**kapsa**).
3 My coat is in your car.
4 Your magazines are lying on my chair.
5 Do you know our American and English colleagues?
6 She was talking about your friends.
7 She was talking about her (= *her own*) friends.
8 He is talking about her friends.
9 I left my book on your table.

Dialogue 3 📼

Dědečkův dům

Grandfather's house

Selling Grandad's house, amidst some rather inscrutable family goings-on

PETR: Chceš, abych ti přečetl Věřin dopis? Dostal jsem ho včera. Píše o rodičích Zuzanina kamaráda Pavla, že se chystají prodat dědečkův dům.

EDITA: Proč ho chtějí prodat? Takový krásný starý dům! Vzpomínáš si na něj, ne? Byli jsme tam několikrát.

PETR: Prodávají ho, aby se Pavlovi bratři mohli přestěhovat do Prahy a koupit si tam byty.

EDITA: Co Pavlovy sestry? Určitě taky potřebují peníze a byt.
PETR: To víš, že jo, ale sestry jsou ještě mladé. Nejspíš jim něco zůstane z prodeje. A strýcův dům v Klánovicích je taky dost velký.

Vocabulary

aby (abych, abys …)	in order to/that, to	**Pavlův, Pavlovi/-ovy**	Pavel's
co?	what about?	**prodej**	sale
dědečkův	grandfather's	**přestěhovat se** *pf*	to move house
chystat	to make ready	**strýcův**	uncle's
chystat se	= to be about to	**určitě**	definitely, certainly
-in, -ina, -ino	= 's (with female name)	**-ův, -ova, -ovo**	= 's (with male name)
-krát	times	**Věřin**	Věra's
dvakrát	two times, twice	**vzpomínat si**	to remember
několikrát	several times	**na** + *acc.*	
nejspíš	most likely	**Zuzanin**	Zuzana's
zůstat < zůstávat	to remain, be left		

Dialogue 4 🔊

Čí je to?

Whose is it?

Whose things are whose? Honza's attitudes are a bit primitive …

HONZA: Čí je to aktovka? Ty máš návštěvu?
HELENA: To je Ivanova aktovka.
HONZA: A čí jsou ty boty v předsíni?
HELENA: To jsou bratrovy nové boty. Pěkné, co?
HONZA: Jo, ale Petrovy černé boty jsou ještě hezčí. A čí je to auto před barákem?
HELENA: To je tátovo nové auto. Koupil si ho dnes. Jak se ti líbí?
HONZA: Moc se mi líbí! Je ještě krásnější než to nové německé auto, co má teta! Proč mi táta pořád odmítá koupit nové kolo? Irenino kolo je lepší než moje a ona je holka!
HELENA: Ale Irena je starší než ty – a lepší sportovkyně.

Vocabulary

barák	building (*coll.*)	**odmítnout**	to refuse
co	*coll.* = **který**	< **odmítat**	
čí?	whose?	**pořád**	still, constantly
i kdyby	even if	**předsíň** *f.*	hall
ještě ___ ší	still ___ er	**sestřin, sestřino**	sister's
kolo	bicycle	**tátův, tátovo**	dad's

Dialogue 5 ▮▮

Datum a rok

Date and year

What's the date? When were you born?

HONZA: Kolikátého je dnes?
HELENA: Je dvacátého sedmého června. V červenci jedeme do Paříže!
HONZA: Jo, druhého července! Za necelý týden! Strašně se na to těším!
Vrátíme se až v srpnu!
HELENA: Kdy máš narozeniny?
HONZA: Šestnáctého listopadu, bude mi čtrnáct!
HELENA: Takový velký kluk! Já mám narozeniny osmého února a bude
mi třicet pět. Na moje narozeniny pokaždé sněží a já nenávidím
sníh.
HONZA: Kdy ses narodila?
HELENA: Roku devatenáct set šedesát tři (=1963). A ty?
HONZA: Zapomněl jsem! Počkej, už jsem si vzpomněl. Roku devatenáct
set osmdesát čtyři (=1984).

Vocabulary

až	only (= 'not before')	**Paříž** *f.*	Paris
		pokaždé	each time
červen	June	**šestnáctý**	16th
červenec	July	**sněžit**	to snow
dvacátého sedmého	27th	**únor**	February
		vzpomenout si *pf*	to remember
kolikátého?	what date?	**vzpomněl si**	remembered
je mi *x* **(let)**	to be *x* (years old)	**zapomenout** *pf*	to forget
listopad	November	**zapomněl**	forgot
necelý	not a whole, less than	**za necelý týden**	in under a week

Language points

Possessives from names

Names can have possessive adjectives used like English personal names with ''s' (e.g. 'Anna's'). Males have possessive forms ending in **-ův, -ova, -ovo**, females in **-in, -ina, -ino**. Basic gender/number agreement is just like **rád, ráda, rádo**.

sg	**Petrův, Evin bratr**	Petr's, Eva's brother
	Petrovo, Evino auto	Petr's, Eva's car
	Petrova, Evina sestra	Petr's, Eva's car
pl.	**Petrovi, Evini bratři**	Petr's, Eva's brothers
	Petrovy, Eviny sestry, domy	Petr's, Eva's sisters
	Petrova, Evina auta	Petr's, Eva's cars

The other masculine/neuter singular case forms are just like standard nouns of the same gender, except for instrumental **-ým**:

acc.	**zná Petrova, Evina bratra**	s/he knows Petr's, Eva's brother.
	(*m.i./n. = nom.*)	
gen.	**od Petrova, Evina bratra**	from …
dat.	**(k) Petrovu, Evinu bratrovi**	to …
loc.	**o Petrově, Evině bratrovi**	about …
ins.	**s Petrovým, Eviným bratrem**	with …

Similarly, with inanimate nouns: **do Petrova, Evina domu** 'into Petr's, Eva's house', **v Petrově, Evině domě/u** 'in Petr's, Eva's house'.

The other feminine forms are also just like standard nouns:

acc.	**zná Petrovu, Evinu sestru**	s/he knows Petr's, Eva's sister
gen.	**od Petrovy, Eviny sestry**	from …
dat.	**(k) Petrově, Evině sestře**	to …
loc.	**o Petrově, Evině sestře**	about …
ins.	**s Petrovou, Evinou sestrou**	with …

Remaining plural forms, apart from the accusative, are like basic adjectives:

acc.	**zná Petrovy, Eviny rodiče**	s/he knows Petr's, Eva's parents
	(*others = nom.*)	

gen.	od **Petrových, Eviných rodičů**	from Petr's, Eva's parents
dat.	(k) **Petrovým, Eviným rodičům**	to Petr's, Eva's parents
loc.	o **Petrových, Eviných rodičích**	about Petr's, Eva's parents
ins.	s **Petrovými, Evinými rodiči**	with Petr's, Eva's parents

Consonant changes

Note that **-in** adjectives derived from feminine nouns require consonant changes **r → ř** and **h → ž** (optionally **g → ž**), **ch → š** and **k → č**:

sestra – sestřin	sister's
matka – matčin	mother's
Olga – Olžin/Olgin	Olga's

Place names and possessives

Note the common use of possessives in street and place names: **Karlův most** 'Charles Bridge', **Karlovo náměstí** 'Charles Square', **Karlova (ulice)** 'Charles Street' (named after the fourteenth-century Emperor Charles IV); **Mánesův most** 'Mánes Bridge' (after the nineteenth-century painter), **Libušina (ulice)** 'Libuše Street' (after the legendary pagan Princess), **Nerudova (ulice)** 'Neruda Street' (after the nineteenth-century writer), **Masarykovo nádraží** 'Masaryk Station' (after the first President), **Smetanovo nábřeží** 'Smetana Embankment' (after the nineteenth-century composer). The word **ulice** 'street' is usually omitted on maps, in addresses, etc.

Multiple-word and adjectival names cannot form possessives, but just use the genitive instead: **(ulice) Boženy Němcové** 'Božena Němcová Street', **(ulice) Karoliny Světlé** 'Karolina Světlá Street', **Vrchlického sady** 'Vrchlický Gardens' (all named after nineteenth-century writers).

Similarly, you may say **bratrova kniha** 'brother's book', *but* **kniha mého mladšího bratra** 'my younger brother's book'.

Expressing purpose with aby

Aby means literally something like 'that/in order that ... would', and is used to express purpose. Like **kdyby**, it is shaped from **a-** followed by **bych**, etc. producing:

abych	that I …	abychom/ abysme *coll.*	that we …
abys	that you …	abyste	that you…
aby	that he/she/it …	aby	that they …

Aby is always followed by past l-forms of verbs, *never* by infinitives! In English however we mostly say 'to' or 'in order to' to express purpose:

Potřebuju peníze, abych si koupil dům.
I need money to buy a house (*lit.* 'in order that I would buy a house').

Šel tam, aby mu řekl pravdu.
He went there to tell him the truth (*lit.* 'in order that he would tell him the truth').

A plain infinitive *can* be used in Czech after a verb of motion:

Přišel jsem tě navštívit.
I have come (in order) to visit you.

Instructions following a verb

Aby 'that would/should' is also used for instructions and advice, after verbs of wanting or telling:

Chci, abys přišel.
I want you to come (*lit.* 'that you would come').

Chtějí, abych studoval medicínu.
They want me to study medicine.

Řekli mu, aby si koupil nové auto.
They told him to buy a new car.

Radila nám, abychom šli domů.
She advised us to go home.

Požádala ho, aby šel s ní.
She asked him to go with her.

Talking about allowing and forbidding

'To allow' is **dovolit < dovolovat**, 'forbid' is **zakázat/zakážu < zakazovat**:

Lékař mu zakázal kouřit.
The doctor forbade him to smoke.

Učitel mu taky nedovolí kouřit.
The teacher also won't let him smoke.

Dovolit is commonly used with **aby** in phrases of introduction (*lit.* 'allow me to …'):

Dovolte, abych se (vám) představil.
May I introduce myself.

Já jsem/Jmenuju se Jean Smith.
I am/ My name is Jean Smith.

(Těší mě.)
(Pleased to meet you.)

Dovolte, abych vám představil svého kolegu pana Millera.
Let me introduce you to my colleague Mr Miller.

Another verb related in meaning is **smět/smím** 'may', but **moct** 'can' is often substituted, as in English:

Smím prosit?
May I ask (for the next dance)?

Smím tady kouřit? Můžu kouřit?
May I smoke here? Can I smoke?

Můžu si zapálit?
Can I smoke (*lit.* 'can I light up')?

The negative **nesmět** is much commoner, meaning 'mustn't':

Tam nesmíš!	You mustn't go there!
To se nesmí!	That is not allowed!
Tady se nesmí kouřit!	You mustn't smoke here!

Note also:

To je zakázané/zakázáno.	That is forbidden.
Kouření zakázáno.	Smoking (*lit.* 'to smoke') forbidden.
Vstup zakázán!	Entry forbidden!

Hopes and fears

Bát se/bojím se 'to fear' and **mít strach** 'to be afraid' (*lit.* 'to have fear') may be followed by either **aby** or **že**. After **aby** the verb is *negative*:

Bojím se, že spadnu.
I'm afraid I'll fall.

Bojím se, abych nespadl.
I'm afraid I might fall (*i.e.* 'hope I don't').

Aby can also express an exclamatory wish:

Jen abych nespadl!
If only I don't fall! Hope I don't fall!

A weaker fear can be expressed by **obávat se**:

Obávám se, že přijde pozdě.
I'm afraid that he'll arrive late.

Explicitly 'to hope' is **doufat**:

Doufám, že nespadnu.
I hope I won't fall.

Remembering and forgetting

Two verbs for 'remember' and 'forget' are related compounds.
'Remember' mostly has **si** 'to oneself' attached (unless speech to others
is involved):

vzpomenout si < **vzpomínat si**	to remember, to recall
zapomenout < **zapomínat**	to forget

They have common special past forms **vzpomněl si** and **zapomněl**
(though **vzpomenul** and **zapomenul** also occur).

Both are followed by **na** + *acc.* when they mean 'remember/forget
about', 'think/not think about':

Vzpomněl si na sestru.	He remembered (about), recalled his sister.
Zapomněl na sestru.	He forgot (about) his sister.
Vzpomíná si na Prahu.	He remembers (about), recalls Prague.
Zapomíná na Prahu.	He is forgetting (about) Prague.

But when an item is lost from the memory, 'forget' is followed by a direct
object in the accusative:

Zapomněl adresu.	He forgot the address.

Another verb **pamatovat si** > **zapamatovat si** + *acc.* refers to storage in
the memory (rather than active recalling):

Pamatuje si adresu.	He remembers the address.
Zapamatoval si adresu.	He remembered the address.

Pamatovat se na + *acc.* (with **se** instead of **si!**) can be used similarly to **vzpomínat si na**:

Pamatuje se na Prahu.   He remembers (about) Prague.

Compare also **paměť -ti** *f.* 'memory' and **vzpomínka** 'a memory, a recollection':

Mám dobrou/špatnou paměť.   I have a good/bad memory
                                                            (*ability*).

Mám na něj pěknou vzpomínku.   I have a nice memory of him.

Higher ordinal numbers

In order to give the date you will need ordinal numbers up to 'thirty-first'. Higher ones turn up for various other purposes, of course.

The '-teenths' all end in **-náctý**, parallel to the ordinary numbers:

13th	**třináctý**
14th	**čtrnáctý**
15th	**patnáctý**
16th	**šestnáctý**
17th	**sedmnáctý**
18th	**osmnáctý**
19th	**devatenáctý**

Then come:

20th	**dvacátý**
30th	**třicátý**
40th	**čtyřicátý**

Followed by:

50th	**padesátý**
60th	**šedesátý**
70th	**sedmdesátý**
80th	**osmdesátý**
90th	**devadesátý**

Next:

100th	**stý**
200th	**dvoustý**
300th	**třístý**
400th	**čtyřstý**
500th	**pětistý**

600th	šestistý
700th	sedmistý
800th	osmistý
900th	devítistý

Finally:

1,000th	tisící
2,000th	dvoutisící
3,000th	třítisící

and so on (like the hundredths), plus **miliontý, miliardtý**, and **biliontý**!

For 'twenty-first' you say **dvacátý první**, and so on, but for the initial parts over a hundred of higher complex ordinals you use ordinary numbers: **tisíc devět set šedesátý čtvrtý** 1,964th , **pět tisíc sto patnáctý** 5,115th.

You can also reverse the number order for 21st–99th: **jednadvácátý** 21st ('one and twentieth'), **rok osmašedesátý** 'year 68th' (= 1968).

To say 'the sixties', etc. referring to decades, use ordinals with plural **léta**, e.g. **šedesátá léta – v šedesátých letech, v osmdesátých letech, v devadesátých letech**.

Months and date

The names of the months are unusually difficult, because they're completely different from ours. Here they are, with the corresponding phrases for 'in …'

leden, únor, březen	January, February, March
v lednu, v únoru, v březnu	in …
duben, květen, červen	April, May, June
v dubnu, v květnu, v červnu	in …
červenec, srpen, září	July, August, September
v červenci, v srpnu, v září	in …
říjen, listopad, prosinec	October, November, December
v říjnu, v listopadu, v prosinci	in …

To say 'from' and 'until, to' you use **od** and **do** + *gen.*:

od ledna do dubna	from January till April
od března do prosince	from March to December
od září do listopadu	from September till November

The date is always in the genitive, which mostly ends in **-a**, but note

červenec -nce, **prosinec -nce**, **září -í** and **listopad -u** (which months are these?). The standard question about the date also uses the genitive, with the adjective **kolikátý** 'how-manyeth' (derived from **kolik**):

Kolikátého je dnes?	What's today's date?
or **Co je dnes?**	What is today?
Je třicátého ledna.	It's 30th January.
Přišel prvního května.	He arrived on 1st May.

Květen is sometimes **máj**, as a festival, or in poetry. Karel Hynek Mácha's *Máj* (1836) is a particularly famous Czech poem.

Exercise 3

Answer as suggested:

1 Čí je to kniha? (*That's Irena's book.*)
2 Čí jsou to boty? (*Those are my brother's shoes.*)
3 Čí je to kolo? (*That's my sister's bicycle.*)
4 Čí je to auto? (*That's Igor's car.*)
5 Čí jsou to pera? (*Those are uncle's pens.*)

Exercise 4

Kolikátého je dnes? 'What's the date?' Learn your months and reply as suggested:

1 It's 14th January.
2 It's 5th May.
3 It's 21st October.
4 It's 8th September.
5 It's 30th March.
6 It's 29th August.

Exercise 5

Complete as suggested, using **aby**:

1 Chtěla, …. (*me to go there with her*)
2 Řekl mi, …. (*to buy a new shirt*)
3 Radili nám, …. (*to sell the house*)
4 Bojím se, …. (*I might lose my job*)
5 Chci, …. (*them to give me a bigger room*)
6 Potřebuje auto, …. (*so that she can travel about Europe*)

Reading 1

Praha ve středověku

Prague in the Middle Ages

More about Prague's history.

Od dvanáctého století Staré Město spojoval s druhým břehem kamenný Juditin most, který nahradil starší most dřevěný. Pod Hradčany roku 1257 založil král Přemysl Otakar krásnou čtvrť, která se teď nazývá Malá Strana a spolu se Starým Městem je nejvíc navštěvovaná cizími i českými turisty. V roce 1348 založil císař a český král Karel Čtvrtý Nové Město a také pražskou univerzitu, první ve střední Evropě na sever od Alp. Za Karla Čtvrtého vznikly desítky nových kostelů a klášterů a mnoho jiných krásných památek, postavených vynikajícími staviteli a dalšími umělci té doby, například katedrála svatého Víta s kaplí svatého Václava a Karlův most s jeho pozdějšími barokními sochami. Praha se tehdy stala jedním z největších měst v celé Evropě a žilo tam hodně cizinců, tak jako dnes.

Vocabulary

Alpy *f. pl.*	Alps	**navštěvovaný**	visited
barokní	Baroque	**nazývat se**	to be called
císař	emperor	**největší**	biggest
cizí	foreign	**postavený**	built
cizinec -nce	foreigner	**pozdější**	later
čtvrť -ti *f.*	district, quarter	**sever**	north
desítky *f. pl*	tens	**socha**	statue
doba	time, period	**spojit < spojovat**	to join
dřevěný	wooden	**stát se/stanu se,**	to become
Hradčany	the Castle district, Hradschin	**stal se** + *ins. pf*	
		stavitel	builder
kamenný	stone *adj.*	**svatý Václav**	Saint Wenceslas
kaple	chapel	**svatý Vít**	Saint Vitus
Karlův	Charles'	**tak jako**	just like
katedrála	cathedral	**umělec,**	artist
klášter -a	monastery	**umělkyně**	
nahradit	to replace	**za** + *gen.*	during, in the reign of
< nahrazovat			

Reading 2

Staroměstské náměstí

Old Town Square

About Prague's Old Town Square. Jan Hus was a famous early Czech reformer, whose burning at the stake in Constance preceded the fifteenth-century Hussite Wars

Na Staroměstském náměstí je krásná gotická radnice a na ní slavný orloj (původně z patnáctého století) s pěknými postavami, které se tolik líbí českým i zahraničním turistům. Naproti stojí Týnský chrám s dvěma gotickými věžemi. Hned vedle něho byla stará celnice Týn-Ungelt. Uprostřed náměstí je slavný Husův pomník, dílo sochaře Ladislava Šalouna z roku 1915 (devatenáct set patnáct). V okolí se narodil a žil známý pražský německo-židovský spisovatel Franz Kafka. Později tam také krátkou dobu bydlel český spisovatel Bohumil Hrabal, autor knih jako Ostře sledované vlaky a Obsluhoval jsem anglického krále.

Vocabulary

celnice	customs	**sledovat**	to follow (*here*:
dílo	work (of art)		observe +
dvěma *ins.*	two		escort)
gotický	Gothic	**sledovaný**	followed
Husův pomník	Hus monument	**sochař, -ka** *f.*	sculptor
chrám	large church	**spisovatel, -ka**	writer
obsluhovat	to wait on, serve	**Staroměstské**	Old Town Square
okolí	area	**náměstí**	
orloj	astronomical	**tolik**	so much, so many
	clock	**uprostřed** + *gen.*	in the middle of
ostře	sharply (*here*:	**věž** *f.*	tower
	closely)	**zahraniční**	foreign, from
postava	figure		abroad
původně	originally	**za-**	beyond
radnice	town hall	**hranice**	border(s)
slavný	famous		

16 Hostinec a restaurace

Pub and restaurant

In this lesson you will learn how to:

- order food in restaurants
- say 'all' and 'the same'
- understand various other forms of verbs
- use other forms of numerals
- cope with diminutives and duals
- write suitably phrased letters

Dialogue 1 ▇▇

Hostinec

The pub restaurant

Ondřej finds his foreign guests an eating place in a small town somewhere

ONDŘEJ: Dobrý večer. Jsme rádi, že máte otevřeno! Hledali jsme strašně dlouho, prší a nemohli jsme nic najít!

ČÍŠNICE: Můžu vám říct, že v tomhle městečku není lepší hostinec, protože jsme vlastně jediný!

ONDŘEJ: Máte volný stůl pro čtyři osoby? Vidím, že v přední místnosti máte všechny stoly obsazené.

ČÍŠNICE: Ano, pane, všechny tyhle stoly jsou sice taky rezervované, ale tamhle u okýnka máme ještě jeden volný stůl. Sedněte si. Prosím. Budete večeřet?

ONDŘEJ: Ano.

ČÍŠNICE: Hned vám přinesu jídelní lístek. Budete něco pít? Pivečko, víno?

ONDŘEJ: Pro kolegyni skleničku bílého vína, kolegům dvakrát slivovici a mně pomerančový džus, já totiž řídím. A čtyři lahve minerálky. Máme žízeň!

Vocabulary

dvakrát	twice	**okýnko**	little window
hostinec -nce	pub, inn	**pivečko**	(nice) beer
jídelní lístek	menu	**pomerančový**	orange juice
jediný	the only, sole	**džus**	
mít otevřeno	to be open *lit.* 'to have open'	**pro** + *acc.*	for
		rezervovaný	reserved
městečko	little town	**řídit**	to drive
minerálka	mineral water	**všichni, všechny**	all
obsazený	occupied	**žízeň** *f.*	thirst
okno	window	**mít žízeň**	to be thirsty

Dialogue 2 ▣

Jídelní lístek

The menu

Ondřej orders food for his friends

ČÍŠNICE: Prosím, dáme bílé vínečko, pánům dvakrát slivovice, jeden džus a čtyři minerálky. Už jste si vybrali? Přejete si nějaký předkrm? Šunku, hlávkový salát s oštěpkem?

ONDŘEJ: Ne, děkujeme, dáme si všichni polívku.

ČÍŠNICE: Rybí, zeleninovou, nebo hovězí vývar?

ONDŘEJ: Třikrát zeleninovou, jednou rybí. A pak jednou pečeného pstruha na másle s vařenými brambory – ne, radši s hranolky – dvakrát kapra v paprikové omáčce s rýží – a jednou brynzové halušky, nebo ne, smažený sýr s tatarskou omáčkou. Kolegyně je z Anglie, přeje si nějaké typické bezmasé jídlo.

ČÍŠNICE: Všechno?

ONDŘEJ: Dvakrát okurkový salát a jednou rajčatový. A přineste nám, prosím, ještě nějaké pečivo. Možná si potom ještě něco objednáme – nějaký zákusek, skleničku nebo něco takového.

Vocabulary

bezmasý	meatless	**pečivo**	bread/rolls
brynzové	cheese gnocchi	**polévka,**	soup
halušky *f. pl.*		**polívka** *coll.*	
brynza	a soft sheep's milk cheese	**předkrm**	starter
		pstruh	trout
dáma	lady	**rajčatový**	tomato *adj.*
hlávkový salát	lettuce salad	**rybí polévka**	fish soup
hovězí vývar	beef consommé	**smažený**	fried
hranolky *m. pl.*	chips	**smažený sýr**	cheese fried in breadcrumbs/ batter
jednou	once, one (when ordering dishes)		
		tatarská omáčka	Tartar sauce
jídlo	food, dish	**třikrát**	three times, three (when ordering)
kapr	carp		
na másle	cooked in butter		
okurka	cucumber	**vařený**	boiled
okurkový	cucumber *adj.*	**vínečko**	(nice) wine
papriková omáčka	paprika sauce	**zákusek -sku**	cake, desert
pečený	roast		

Language points

'All'

The word for 'all' is particularly frequent in the plural. The basic plural forms match those of **ti, ty** 'those'. Masculine animate forms are nominative **všichni**, accusative **všechny**:

Byli tam všichni kluci.	All the boys were there.
Pozvali všechny kluky.	They invited all the boys.

For other genders you use **všechny** (written neuter form **všechna**) for both cases:

Byly tam všechny ženy.	All the women were there.
Pozvali všechny ženy.	They invited all the women.

The most common singular form is neuter **všechno** 'all, everything'. Masculine **všechen** and feminine **všechna** (accusative **všechnu**) are relatively rare, used with nouns for uncountable 'stuff':

Snědl všechno.	He ate up everything.
Snědl všechen salát, všechnu zeleninu.	He ate up all the salad/ vegetable.

Other forms are shorter, including the alternative neuter **vše** = **všechno**.

In the singular they match **náš** – **našeho**, etc. ('our'): masculine and neuter forms are genitive **všeho**, dative **všemu**, locative **o všem**, and instrumental **vším**. Feminine for all four cases is **vší**.

Mluvila o všem.	She spoke about everything.
Všemu rozuměla.	She understood everything.

In the plural they match **ty** – **těch**, etc. ('those'): genitive **všech**, dative **všem**, locative **o všech** and instrumental **všemi**.

Mluvila se všemi o všech problémech.
She spoke with everyone about all the problems.

When 'all' means 'the whole of' some single item, use **celý**:

Nemluvila celý den.
She didn't speak all day (*lit.* 'the whole day').

Vypil celou láhev.
He drank the whole bottle.

'-ed' adjectives

English verbs regularly form verbal adjectives ending in '-ed' (also called 'past participles'), e.g. 'closed' from 'to close', as in 'a closed door' (although some are of course irregular, e.g. 'shut' from 'to shut', 'broken' from 'to break', as in 'a shut/broken window').

The equivalent Czech adjectives or participles mostly end in **-ný**, e.g. **zavřený** 'closed, shut', **otevřený** 'open':

Zavřené okno. Otevřené okno.
A closed/shut window. An open window.

Okno je zavřené, otevřené.
The window is closed/shut, open.

These adjectives are usually predictable from the verb infinitives:

-at: **-aný**	**zklamat: zklamaný**
	to disappoint – disappointed
-et: **-ený**	**vidět: viděný**
	to see – seen
-it: **-ený** (!)	**překvapit: překvapený**
	to surprise – surprised
-ovat: **-ovaný**	**organizovat: organizovaný**
	to organize – organized

Before **-ený** there are sometimes (but not always!) consonant changes **d → z, t → c, s → š** and **z → ž**:

obsadit – obsazený stůl	an occupied table
ztratit – ztracený pas	a lost passport
opustit – opuštěný dům	an abandoned house
vymyslet – vymyšlený plán	a thought-up, invented plan
zpozdit se – zpožděný vlak	a delayed train

Some of these verbal adjectives end in **-tý**, regularly from infinitives ending in **-nout**:

-nout: **-nutý**	**zapomenout: zapomenutý**
	to forget – forgotten

These verbal adjectives are derived from both perfective and imperfective verbs, depending on the precise meaning.

Notice that monosyllabic verbs mostly shorten their vowel, as in the simple past. There are also some further **-tý** forms. It's best just to learn these individually:

zavřít – zavřený	closed
přečíst – přečtený	read
přinést – přinesený	brought
zabít – zabitý	killed

Passives with verbal adjectives

Phrases with forms of **být** 'to be' plus the **-ný/tý** verbal adjectives can produce what we habitually call the passive. Here the subject is not the 'doer', but the thing or person (passively) affected:

Dopis byl napsaný včera.
The letter was written yesterday.

Short-form verbal adjectives

You can also use so-called 'short forms' of these verbal adjectives after the verb 'to be'. They have gender/number endings like **rád, -a, -o**. To make short forms you just drop final **-ý**, changing **-aný** to **-án**:

překvapený – překvapen	surprised
napsaný – napsán	written
zakázat – zakázán	forbidden
zapomenutý – zapomenut	forgotten

Dopis byl napsán (napsaný) včera.
The letter was written yesterday.

In fact, only neuter singular forms in **-o** are essential for everyday usage, as they are commonly used in impersonal phrases such as:

Je otevřeno/zavřeno.
It's open/closed.

Máme otevřeno/zavřeno.
We are open/closed (*lit.* 'we have (it) open/closed').

Similarly:

To je zakázáno/zakázané.
That is forbidden.

Vstup zakázán.
Entry forbidden.

Passive constructions

Short-form verbal adjectives are standard written usage in passive constructions, especially where the agent is expressed (with the instrumental):

Báseň byla napsána Seifertem v roce 1922.
The poem was written by Seifert in 1922.

Everyday Czech tends to avoid such constructions (unlike English). Instead, you just say 'Seifert wrote the poem', but reverse the word order. The meaning is clear, since 'Seifert' will be in the nominative, as the subject, not the accusative:

Báseň (*object*) **napsal Seifert** (*subject*) **v roce 1922.**
= The poem was written by Seifert in 1922.

Tuto knihu mi dal Petr.
= This book was given to me by Petr.

Another widespread everyday way of making a kind of passive in Czech is to use a reflexive verb (with no stated agent):

Jak se to píše?
How is that written? (*lit.* 'How does that write itself?')

Kde se prodávají lístky?
Where are the tickets sold? (*lit.* 'Where do tickets sell themselves?')

Tady se pije pivo.
Beer is drunk here. (*lit.* 'Beer drinks itself here.')

Tady se pije.
People are drinking here. (*lit.* 'It is drinking itself here.')

Tady se nekouří.
One doesn't smoke here.

To se nedělá.
That is not done.

Similar phrases without personal agents are:

Obchod se zavírá v šest.
The shop closes ('itself') at six, is closed at six.

Polévka se začíná vařit.
The soup is starting to boil ('itself').

'-ing' nouns

English can form verbal nouns in '-ing' from almost any verb, e.g. 'reading' from 'to read'. Their direct Czech equivalents end mainly in **-ní**, sometimes in **-tí**. With some individual exceptions, verbal nouns are less used in everyday Czech than in English.

The forms are consistently parallel to '-ed' adjectives in **-ný/-tý**. They can also be either imperfective or perfective, according to meaning (imperfective for a process, perfective for a complete act).

Some correspond to other kinds of noun in English, not just nouns ending in '-ing':

-at: -ání	čekat: čekání	waiting
-et: -ení	sedět: sedění	sitting
-it: -ení (!)	vařit: vaření	cooking
-ovat: -ování	opakovat: opakování	repetition, revision
-nout: -nutí (!)	rozhodnout: rozhodnutí	decision

Verbal nouns are not necessarily listed in dictionaries unless they have become clearly independent items of vocabulary, for example **cvičení** 'an exercise' (**cvičit** 'to exercise'), **vzdělání** 'education' (**vzdělat se** < **vzdělávat se** 'to educate oneself').

Diminutives

Czech has many special nouns called diminutives which basically express 'smallness', but also often 'niceness'. Their genders match those of the basic nouns. They are identifiable by their added **-k**, **-ka**, **-ko**. Familiar forms of personal names also use diminutives. 'Double' diminutives end in **-ček**, **-čka**, **-čko**, and can intensify the sense of 'smallness', 'niceness'.

Masculine diminutives end in **-ek/-ík** or **-eček**, **-íček**:

dům – domek, domeček	'little, tiny house'
kus – kousek, kousíček	'small, tiny piece'
list – lístek, lísteček	'small, tiny leaf'
Karel – Karlík, Karlíček	'Charlie'

Feminines end in **-ka** or **-ečka**, **-ička**:

kniha – knížka, knížečka	'little, tiny book'
ulice – ulička	'little street'
ruka – ručka, ručička	'little hand'

| Zuzana – Zuzka | 'Sue, Susie' |
| Jana – Janička | 'Jany' |

Neuters end in **-ko** or **-(e)čko**:

okno – okénko/okýnko	'little window'
město – městečko	'little town'
slovo – slovíčko	'little word'
víno – vínečko	'nice wine'
pivo – pivečko	'nice beer'

Some adjectives and other words also have parallel diminutive forms:

| malý – maličký, malinký | '(nice) little, tiny' |
| trochu – trošku, trošičku | '(just) a little bit' |

Sometimes diminutives have acquired particular fixed meanings:

list – lístek	'little leaf', = ticket
jídelní lístek	menu
kniha – knížka	'little book'
šeková knížka	cheque book
ruka – ručička	'little hand', = clock/watch hand
strom – stromeček	'little tree'
vánoční stromeček	Christmas tree

It would be too much here to start going into the stylistic niceties of using diminutives in Czech, whether in speech or in writing. (You may for example notice that some waiters have a certain habit of saying **řízeček** for **řízek** 'schnitzel', **pivko** for **pivo** 'beer', etc.)

It's also handy that diminutive gender and case patterns are ultra regular, e.g. **sluníčko** 'sun' as opposed to **slunce** *n.* 'sun', **ručičky** 'hands' as opposed to **ruce**, and so on. However, overuse of diminutives can make you sound ridiculous. Children's speech and speech directed at children is often full of them.

Baby language

Children's speech and speech directed at children is often full of diminutives. Parallel to these are some typical 'baby' verbs, usually of the regular **-at** type, such as **papat** 'to eat', **bumbat** 'to drink', **spinkat** 'to sleep', **čůrat** 'to pee' and **kakat** 'to do a biggie'.

Baby Czech provides an initiation into the regularities of the language. (At the same time, however, children are often not very easy for adult learners to understand.)

Girls, children and the young of animals

The case forms of neuter **děvče** 'girl' are rather odd, with genitive **děvčete** and plural **děvčata**. Other singular forms are soft-type: **od děvčete, k děvčeti, o děvčeti, s děvčetem**.

But plural **děvčata** has hard-type endings: **od děvčat, k děvčatům, o děvčatech, s děvčaty**.

Neuter words for the young of animals regularly belong to this group, e.g. **štěně** 'puppy', **kotě** 'kitten' (plural **štěňata, koťata**), similarly **kuře** 'chicken', **tele** 'calf' (learn also **kráva** 'cow'). Note also the diminutives of these, ending in **-átko**: **děvčátko, koťátko, štěňátko** 'little girl, little kitten, little puppy', etc.

Note especially **dítě** – **dítěte** 'child', also neuter. Its plural is **děti**, treated as feminine!

Only a very few inanimate nouns belong to this neuter type, e.g. **rajče** – **rajčete**, *pl.* **rajčata** 'tomatoes'.

Exercise 1

Make '-ed' adjectives from these verbs and translate:

překvapit, koupit, napsat, přečíst, milovat, ztratit, vařit, oholit, zapomenout, pozvat, balit, zavřít, objednat, rezervovat

Exercise 2

Identify and translate the simple words these diminutives come from:

okýnko, domeček, lístek, ručička, kousíček, slovíčko, ulička, knížka, koťátko, trošičku, pivečko

Exercise 3

Revise the relevant notes and translate into Czech:

1 All the girls are in the library.
2 All the boys are in the bus.
3 How is that written?
4 Where are tickets to (*'into'*) the theatre sold?
5 The library closes at four.
6 We searched in all the rooms.

Dialogue 3 🔢

Pražská restaurace

A Prague restaurant

This time Ondřej finds a Prague restaurant for some visiting colleagues

ONDŘEJ: Tohle je ta restaurace, o které jsem vám právě včera vyprávěl. Je skutečně vynikající! Kdybych byl věděl, že dnes budou mít otevřeno, nehledal bych jinou možnost! Kdysi v pondělí totiž mívali zavřeno, ale teď se v oknech svítí a je vidět, že některé stoly jsou už obsazené. Překvapující úspěch! A tentokrát není důvod se bát, že všechny stoly budou obsazené. Byl jsem tady už několikrát, a pokaždé měli volné místo. Už sem jde servírka. Dobrý večer, nemáte, prosím, volný stůl pro čtyři osoby?

ČÍŠNICE: Ano, pane, máme ještě jeden stůl volný. Pojďte se mnou. My se známe, že ano? Vídám vás tu dost často.

ONDŘEJ: Ano, byl jsem tu už několikrát. Chodívám sem občas s kolegy ze zahraničí a vždycky se jim tahle restaurace moc líbí. Před dvěma týdny jsem tu byl se čtyřmi lidmi z Francie a Spojených států.

ČÍŠNICE: Ano, pamatuju se na ně – tři děvčata, že? A jeden starší pán. Všichni jste si objednali stejné jídlo, biftek s vejcem, že ano? A potom jahodovou zmrzlinu. Ale promiňte, musím vám říct, že by bylo asi skutečně lepší, kdybyste nám příště zavolal předem a objednal si stůl, protože teď už sem začíná chodit mnoho lidí. I v pondělí tu bývá často plno.

ONDŘEJ: Není divu, když máte takového vynikajícího kuchaře!

ČÍŠNICE: No děkuju! Jsem ráda, že se vám naše restaurace líbí.

ONDŘEJ: Slyším, že se tady scházívají i slavní politici a umělci, je to pravda?

ČÍŠNICE: Ano, ale musím vám říct, že tu sedí někdy strašně dlouho. Potom děláme někdy do dvou do tří hodin ráno.

Vocabulary

bát se/bojím se, **bál se**	to be afraid	**děvčata**, *pl.* of **děvče**	girls
biftek	steak	**důvod**	reason
bývat *freq.*	to be	**dvěma** *ins.*	two
čtyřmi *ins.*	four	**chodívat** *freq.*	to go

je vidět	it can be seen	**servírka** *coll.*	waitress
kdysi	once (upon a time)	**scházívat se** *freq.*	to meet
kuchař, -ka *f.*	cook	**Spojené státy**	United States
mívat *freq.*	to have	**stejný**	the same
některý	some	**svítí se**	it's shining, the lights are on
pamatovat se na + *acc.*	to remember	**tentokrát**	this time
plno	full	**úspěch**	success
překvapující	surprising	**vídat** *freq.*	to see
ráno	in the (early) morning	**zahraničí**	abroad
		zavřeno	closed
		že?	isn't that so?

kdybych byl věděl	if I'd known
nehledal bych	I wouldn't have looked for
mívali zavřeno	used to be closed
není divu	it's not surprising

Language points

'The same'

To say 'the same', you can use the adjective **stejný**:

Stále dělá stejné chyby.
He keeps making the same mistakes.

Je to stejný člověk.
It's the same person.

To je stejná píseň.
That is the same song.

Colloquially many people also use the phrase **ten samý** for 'the same', 'one and the same', but this widespread usage is often disapproved of:

To je ta samá píseň.
That's the same song.

For neuter 'the same thing' you can use **totéž**:

Karel řekl totéž/to samé.
Karel said the same (thing).

Colloquial relative CO

In colloquial Czech the relative pronoun **který** is often replaced by **co** 'what'. This is like some people's colloquial English usage:

To je ten muž, co chodí denně do parku.
That's the man 'what' goes daily to the park.

Co never alters in this usage. You get round any need for a preposition or another case by adding a pronoun phrase as if it was in a separate sentence:

To je ten muž, co jsme o něm včera mluvili.
That's the man 'what' we were speaking about (him) yesterday.

To je ta žena, co jsme o ní včera mluvili.
That's the woman we were talking about yesterday.

'-ing' adjectives

English verbal adjectives in '-ing' (also called present participles, e.g. 'a surprising success') have Czech equivalents ending in **-oucí** or **-ící**. You form them by adding **-cí** to the 'they' present form of an imperfective verb, e.g. **běžící** 'running' from **běží** 'they run', **jedoucí** 'going, moving' from **jedou** 'they go, ride'. So:

běžící pás	a running belt
jedoucí vlak	a moving train
překvapující úspěch	a surprising success
vedoucí úloha	a leading role

Some are also used as adjectival nouns, e.g. **vedoucí** 'a manager', **cestující** 'a passenger, traveller'.

These adjectives can sometimes replace a 'who/which' clause:

Žena sedící u okna je moje sestra.
The woman sitting by the window is my sister.

Žena, která sedí u okna je moje sestra.
The woman who is sitting by the window is my sister.

Where there are two 'they' forms of the verb, the '-ing' adjective will regularly match the more formal written variant:

píšou, píší → píšící	writing
hrajou, hrají → hrající	playing

Remember, however, that ordinary verb phrases involving '-ing' words are simply translated by past tenses. Don't try to get too clever here!

Studenti psali.	The students were writing.
Děti si hrály.	The children were playing.

Frequentatives

Czech verbs sometimes form so-called 'frequentatives' ending in **-vat** (especially **-ávat** from infinitives ending in **-at**, and **-ívat** from **-it**). These refer to repeated tendencies:

být – bývat	to be often, tend to be
mít – mívat	to have often, tend to have
dělat – dělávat	to tend to make, make repeatedly

Bývá ospalý.
He is often/tends to be sleepy.

Mívá problémy s češtinou.
He often has problems with Czech.

Dělává chyby.
He tends to make mistakes.

Even **chodit** 'to go regularly' has a form **chodívat** meaning 'to go from time to time':

Ano, chodívám do kostela.
Yes, I go to church now and again.

In the past tense these verbs mean 'used to do':

Býval příjemnější.
He used to be more pleasant.

Míval problémy.
He used to have problems.

Chodíval do kostela.
He used to go to church.

'For the first time', etc.

'For the first time' is **poprvé**. The rest of this series is formed with **po-** plus the neuter form of the ordinal numeral: **podruhé/po druhé**, **potřetí/po třetí**, **po čtvrté**, etc.

When listing points in an argument, 'first(ly)', 'second(ly)', 'third(ly)', etc. ... you say **za prvé, za druhé, za třetí ...**.

Case forms of numbers

In 'non-basic' number phrases – i.e. those which are not nominative subject or accusative object (or accusative after a preposition) – the numeral regularly goes into the same case as the noun which follows it.

Pět 'five' has only one 'non-basic' form **pěti**. Only **dva, dvě** 'two', **tři** 'three' and **čtyři** 'four' have more than one 'non-basic' ending:

gen.	**do dvou, tří, čtyř, pěti let**	up to 2/3/4, 5 years
dat.	**k dvěma, třem, čtyřem, pěti letům**	to 2/3/4, 5 years
loc.	**po dvou, třech, čtyřech, pěti letech**	after 2/3/4, 5 years
ins.	**před dvěma, třemi, čtyřmi, pěti lety**	2/3/4, 5 years ago

Oba, obě 'both' also has forms like **dva, dvě**: genitive/locative **obou** and dative/instrumental **oběma**, e.g. **v obou zemích** 'in both countries', **s oběma přáteli** 'with both friends'.

Numbers six to ninety-nine just follow **pět – pěti**, with one 'non-basic' form only, e.g. **šest – šesti** 'six', **sedm – sedmi** 'seven', **osm – osmi** 'eight', but **devět – devíti** 'nine' (sometimes also **-et** to **-íti** with **deset** 'ten', **dvacet** 'twenty', **třicet** 'thirty', **čtyřicet** 'forty').

před osmnácti lety	eighteen years ago
před dvaceti devíti lety	twenty-nine years ago
před padesáti třemi lety	fifty-three years ago

Sto 'hundred' is invariable in the singular with a noun, but has its usual neuter endings in the plural. **Tisíc** 'thousand' usually has one 'non-basic' form **tisíci**, while **milion** and higher numerals behave like nouns:

před sto lety	a hundred years ago
před dvěma sty lety	two hundred years ago
před několika tisíci lety	several thousand years ago
but **před třemi miliony let**	three million years ago

Jedna 'one' in compounds also remains fixed: **před dvaceti jedna lety** (or reversed forms can be used: **před jednadvaceti lety**).

'Number + noun' adjectives use the genitive 'non-basic' form:

dvacetiletý muž	a 20-year-old man
dvoudenní výlet	a two-day excursion

osmdesátikilometrová rychlost	80-kilometre speed
but **stokilometrová rychlost**	100-kilometre speed

Quantity words

Some quantity words also have a unified 'non-basic' form, typically ending in **-a**, e.g.

několik – několika	several
kolik? – kolika?	how many?
tolik – tolika	so many
mnoho – mnoha	many

Again, the following noun just has the case normally required by the preposition: **po mnoha letech** 'after many years', **po několika letech** 'after several years'.

Others are invariable with nouns, e.g. **pár** 'a couple of', **půl** 'half', **čtvrt** 'quarter', **málo** 'few' (*except* genitive **mála**):

před půl hodinou	half an hour ago
před čtvrt hodinou	a quarter of an hour ago
po pár dnech	after a couple of days

Talking about numbered items

For items which are numbered, like buses or hotel rooms, you use a special series of nouns which all end in **-ka**. They also mean 'a figure three', etc.

1	**jednička**
2	**dvojka**
3	**trojka**
4	**čtyřka**
5	**pětka**
6	**šestka**
7	**sedmička**
8	**osmička**
9	**devítka**
10	**desítka**
11	**jedenáctka**
12	**dvanáctka**
20	**dvacítka**
21	**jednadvacítka** (*reversed form*)

22	**dvaadvacítka** (*reversed form*)
30	**třicítka**
40	**čtyřicítka**
50	**padesátka**

100	**stovka**
120	**sto dvacítka**
134	**sto třicetčtyřka**

Jezdím osmičkou nebo třiadvacítkou.
I go by the number 8 or 23.

Jezdím dvacítkou.
I go by the number 20 (e.g. Prague tram).

Nasedla do stoosmnáctky.
She got on a 118 bus.

Bydlí na/ve čtyřce.
S/he's living in room/flat 4.

Zaplatil stovkou.
He paid with a hundred-crown note.

Jedenáctka is also a football 'eleven', **desítka** and **dvanáctka** are respectively 10- and 12-degree beer. Using the local system of 'original gravity', 12-degree equals about 5 per cent alcohol.

Dvojka also means 'second gear' or 'a mark of two'. **Jednička** is the best **známka** 'school mark', **pětka** the worst in the traditional Czech system.

Coins and banknotes

'Coin' is **mince**, the abbreviation **Kč** = **koruna česká** 'Czech crown'. The smaller unit **haléř**, *coll.* **halíř** 'heller' (100 = **koruna**) may be on its way out:

padesát haléřů	fifty hellers
dvoukoruna	a two-crown coin
pětikoruna	a five-crown coin
desetikoruna	a ten-crown coin
dvacetikoruna, **dvacka** *coll.*	a twenty-crown coin
padesátikoruna	fifty-crown coin/note

'Banknote' is **bankovka** (**banka** 'bank'):

stokoruna, **stovka** *coll.*	a hundred-crown note

dvoustovka	200-crown note
pětistovka	500-crown note
tisícovka	1,000-crown note

Mohl byste mi rozměnit pětistovku?
Could you change me a 500-crown note?

Paired parts of the body

Ruka 'hand', **noha** 'leg', **oko** 'eye' and **ucho** 'ear' have special forms called 'duals', used for the plural of these paired parts of the body:

	ruce 'hands'	*nohy* 'legs'	*oči* 'eyes'	*uši* 'ears'
gen.	rukou	nohou	očí	uší
dat.	rukám	nohám	očím	uším
loc.	rukou(-ách)	nohou(-ách)	očích	uších
ins.	rukama	nohama	očima	ušima

The genitive/locative ending **-ou** is also used optionally by neuter nouns **rameno** 'shoulder', **koleno** 'knee' and **prsa** *n. pl.* 'chest'.

Adjectives qualifying these four nouns with the instrumental ending **-ma** switch their own endings to **-ma**:

těma čtyřma velkýma nohama
with those four big legs

'Would have done'

To talk about what might have been in the past (but wasn't), you can add **byl** or **byl býval** to the conditional, making a 'past conditional':

Kdybych byl (býval) měl peníze, byl bych koupil nové auto.
If I had had ('would have had') money, I would have bought a new car.

There is a tendency however not to use two past conditionals in a row, which seems clumsy, but to replace one (or both) by an ordinary conditional:

Kdybych (byl býval) měl peníze, koupil bych nové auto.

For 'would have been' on its own you use **byl býval**:

Kdyby byl býval rychlejší, byl by chytil vlak.
If he had been quicker, he would have caught the train.

Kdyby bylo bývalo pěkně, byli bychom se možná šli koupat.
If it had been nice, we would perhaps have gone bathing.

More ways of saying 'if'

Sometimes a colloquial way of saying 'if' is to use the infinitive:

Mít čas, šel bych na ten film.
If I had time (*lit.* 'to have time'), I'd go to that film.

Být na tvém místě, šel bych domů.
Were I in your place, I'd go home.

After **být** you find persons in the instrumental:

Být tebou, já bych to nedělal.
If I were you, I wouldn't do it.

After negative **nebýt** you use the genitive:

Nebýt jeho, chytili by vlak.
Were it not for him, they'd have caught the train.

'If' in the sense of 'insofar as' is also **pokud**:

Pokud budeš mít čas, přijď mě navštívit.
If you have time, come and visit me.

To express a wish 'If only …!' you can use **kéž**:

Kéž by přestalo pršet!
If only it would stop raining!

Writing letters

There are various levels of formality and intimacy for an opening 'Dear' in a Czech letter.

Remember, there are no special vocative forms for adjectives, just use the nominative for these.

Vážený 'Respected' is formal, while **Milý** 'Dear' is suitable only for friends and relations. **Drahý** 'Dear' is relatively rare, for loving respect. An exclamation mark often follows:

Vážený pane Beneši!	Dear Mr Beneš,
Vážená paní Benešová!	Dear Mrs Benešová,
Vážená slečno Kubíková!	Dear Miss Kubíková,
Vážený pane doktore/pane inženýre!	'Dear Mr doctor/engineer,'

Vážená paní doktorko/   'Dear Mrs doctor/engineer,'
paní inženýrko!

(Czechs regularly use academic titles in this way when addressing people formally.)

Milá Evo!   Dear Eva,
Milý Petře!   Dear Petr,
Ahoj, Oldřichu/Oldo!   Hi, Oldřich/Olda!

Place and date can be given as:

V Praze 10. dubna 1996 *or* **Praha 10.4.1996**

'You' and 'Your' are habitually capitalized in the body of the letter:

Děkuji za Váš dopis.
Thank you for your letter.

Děkuji Vám srdečně za milý dopis.
Thank you sincerely for your kind letter.

Odpovídám na Váš dopis ze dne/z 18. června t. r. (toho roku).
I am replying to your letter of 18th June this year.

Děkuju Ti za pohled.
Thank you for your postcard.

Omlouvám se, že jsem Ti nenapsal(a) dřív, jak jsem slíbil(a),
ale ...
I apologize for not writing to you sooner as I promised, but ...

Promiňte, že jsem Vám nenapsal(a) dřív, ale ...
Sorry I didn't write to you sooner but ...

Nezlob se, že jsem Ti tak dlouho nepsal(a).
Don't be cross that I didn't write to you for so long.

You often end with phrases such as:

Děkuji Vám předem.   Thank you in advance.
Těším se na Tvůj/Váš dopis.   I look forward to your letter
S pozdravem   Yours faithfully/sincerely
Se srdečným pozdravem   (*ditto, more friendly*)
Srdečné pozdravy   Sincere greetings
Srdečně Vás (Tě) pozdravuje   'Sincerely greeting you ...'
Váš/Vaše or **Tvůj/Tvoje**   Yours
Ahoj!   Bye! (casual)

Some other suitable greetings:

Veselé Vánoce a šťastný Nový rok Vám/Ti přeje ...
Wishing you a Merry Christmas and a Happy New Year ...

Přeju Vám vše(chno) nejlepší do Nového roku.
I wish you all the best for the New Year.

Všechno nejlepší k narozeninám!
All the best for your birthday!

Gratuluju/blahopřeju k narozeninám!
Congratulations on your birthday!

Gratuluju/blahopřeju k promoci!
Congratulations on your graduation!

Exercise 4

Translate the following adjective forms. What verbs do they come from?

cestující, organizující, studující
čtoucí, volající, zpívající
vařící, chodící, běžící, sedící, ležící
pijící, spící, nesoucí, vedoucí, vezoucí

Exercise 5

Identify the simple verbs these frequentatives come from:

dělávat, sedávat, vídat, bývat, mívat, chodívat

Exercise 6

Revise the notes on numbers, insert correct forms, and translate into English:

1 Před _____ lety. (*four*)
2 Po _____ letech. (*two*)
3 Jezdím do práce _____. (*'by' = on the number seventeen*)
4 Bydlím na _____. (*room number eight*)

Reading

Dopis

A letter

Marta writes a short letter to her friend Pavel

V Třeboni 23. srpna 1996

Milý Pavle!

Posílám Ti srdečné pozdravy z našeho výletu po jižních Čechách. Je tu krásně! Strávili jsme tady moc hezké letní prázdniny. V horách jsme byli víckrát, chodili jsme po lesích, spali pod širým nebem, koupali jsme se v rybnících, a tak dále. Počasí je fantastické, je třicet stupňů! Všichni jsme pěkně opálení. Nechce se nám vůbec odjet, ale zítra bohužel musíme domů. No, jak se říká: 'Každá písnička má svůj konec.'
   Teď je třeba se trošku připravit na nový školní rok. Těším se ale na Vánoce, protože v prosinci jedeme poprvé v životě s tátou do Paříže. Zůstaneme tam až do jara.
   Promiň, že Tě tak obtěžuju, ale mám k Tobě velikou prosbu. Mohl bys mi půjčit svůj nový velký anglicko-český slovník? Můj maličký kapesní slovník vůbec nestačí na překládání odborné literatury. Mám strašné potíže s některými otázkami z ekonomie, které musím brzo napsat, a s povinnou četbou z politologie na tenhle semestr. Ozvi se! Zavolej mi co nejdřív! Víš přece, jak jsem někdy strašně netrpělivá!
   Teď ale běžím, abych stihla poštu. Musím si koupit taky obálky a známky! A tátovi posílám balík.
   Ahoj! A díky předem!

Marta

Vocabulary

anglicko–český	English–Czech	**kapesní**	pocket *adj.*
balík	parcel	**kapsa**	pocket
brzo, brzy	soon	**konec -nce**	end
co nejdřív	as soon as possible	**koupat se/ koupu se**	to bathe
do + *gen.*	until, till	**letní**	summer *adj.*
jaro	spring	**maličký**	little, tiny little
jižní Čechy	southern Bohemia		

musíme domů	we have (to go) home	**prosba**	request
na + *acc.*	for (*time ahead*)	**půjčit si**	to borrow
nebe *n.*	the sky	< **půjčovat si**	
netrpělivý	impatient	**půjčit**	to lend
obálka	envelope	< **půjčovat**	(without **si**!)
odborný	specialist, technical	**rybník**	(fish)-pond, (artificial) lake
opálený	sunburnt	**semestr**	semester
otázka	question	**slovník**	dictionary
ozvat/ozvu se	to respond,	**srdečný**	cordial
< **ozývat se**	get in touch	**stihnout** *pf*	to catch
písnička	(little/nice) song	**stupeň -pně**	degree
po + *loc.*	through, over	**širý**	wide open
počasí	the weather	**pod širým nebem**	in the open air
politologie	political studies, political science	**školní rok**	school year
poslat/pošlu	to send	**třeba, je**	it's necessary
< **posílat**		**Třeboň** *f.*	= town in S. Bohemia
potíž *f.*	difficulty	**Vánoce – Vánoc** *pl.*	Christmas
povinná četba	compulsory/set reading	**o Vánocích**	at Christmas
pozdrav	greeting	**výlet**	excursion, trip
překládání	translation, translating	**život -a**	life

Learn also:

Velikonoce – o Velikonocích	Easter – at Easter
nechce se nám	we don't feel like
mám k Tobě prosbu	I have a request for you

Každá píseň má svůj konec.
Every good thing comes to an end (*lit.* 'every song has its end').

17 Obecná čeština

Colloquial Czech

In this lesson you learn how to:

- interpret some further uses of the genitive
- talk about simple arithmetic and count sets of items
- recognise some other non-standard speech forms

Language points

More about the genitive

A few verbs are followed by the genitive case, where you wouldn't expect it, e.g. **ptát se** 'to ask', **vážit si** 'to respect':

> **Zeptal se Jany** (*gen.*), **kde je Karel.**
> He asked Jana where Karel was.

> **Váží si jejího názoru.**
> S/he respects her opinion.

Sometimes the genitive expresses 'some, a (notable) quantity of'. These can often be colloquial phrases:

> **Ta dostala dárků!**
> What a lot of presents she got! (*lit.* 'that one got [a lot] of presents!')

> **Tady je lidí!**
> What a lot of people there are here!

In fixed phrases after a negative verb the genitive can also sometimes denote 'not any' (this usage is more widespread in older writing, but largely confined to idioms in present-day speech):

Neřekl ani slova/slovo.
He didn't say a word./He said not a word.

Není divu.
It's no wonder.

Basic arithmetic

Simple arithmetical relations are expressed like this:

Tři plus deset je třináct.	Three plus ten is (equals) thirteen.
Dvanáct minus sedm je pět.	Twelve minus seven is five.
Sedm krát čtyři je dvacet osm.	Seven times four is twenty-eight.
Osmnáct děleno třemi je šest.	Eighteen divided by three is six.

Fractions

The simplest basic fractions are: **polovina** 'half', **třetina** 'a third', **čtvrtina** 'a quarter', **dvě třetiny** 'two-thirds', **tři čtvrtiny** 'three-quarters'. Others in numerical order (all with **-ina**) are **pětina, šestina, sedmina, osmina, devítina, desetina/desítina** … **setina** (100th) … **tisícina** (1,000th).

Shorter terms **půl** 'half' and **čtvrt** 'quarter' are used for simple measures: **půl roku** 'half a year', **čtvrt litru** 'a quarter of a litre', **tři čtvrtě kilometru** 'three quarters of a kilometre', **před půl rokem** 'half a year ago, six months ago'.

Percentages use the noun **procento**: **jedno procento** '1 per cent', **dvě procenta** '2 per cent', **pět procent** '5 per cent', **sto procent** '100 per cent'.

Decimals are read as followed, using the term **celá** for 'whole number'. (You don't say 'point' – **tečka** is the word for 'period, full stop' – nor do you use **čárka** 'comma', which is how the point is written). Adding the word for 'tenths', etc. is optional:

1,5	**Jedna celá pět (desetin)**	'One whole five (tenths)'
3,1	**Tři celé jedna (desetina)**	'Three wholes one (tenth)'
9,2	**Devět celých dvě (desetiny)**	'Nine wholes two (tenths)'
0,05	**Nula/žádná celá pět setin**	'Zero whole five hundredths'
	or **Nula celá nula pět**	'Zero whole zero five'

Numbering sets of items

As well as the numerals we have already learnt, Czech has a special series denoting '*x* sets/pairs-of'. Only the lowest ones are used with any frequency. They are used with plural nouns which designate single items, such as **kalhoty** 'trousers', **noviny** 'newspaper', **nůžky** 'scissors', **dveře** door(s), **brýle** 'glasses, spectacles':

1	**jedny**
2	**dvoje**
3	**troje**
4	**čtvery**
5	**patery**
6	**šestery**
7	**sedmery**
8	**osmery**
9	**devatery**
10	**desatery** ...

Kupuju dvoje noviny.	I buy two newspapers.
Mám dvoje brýle.	I have two pairs of spectacles.
Mám jen jedny kalhoty.	I have only one pair of trousers.
Koupil troje startky.	He bought three packets of Start cigarettes.

Jedny has other plural case forms parallel to **ty** 'those' to accompany such nouns: **jedněch, jedněm, jedněch, jedněmi**.

Chodil celý rok v jedněch botách.
He went about all year in one pair of shoes.

Jedni *m.a.* also means 'some', in contrast to 'others':

Jedni souhlasili, jiní ne.
Some agreed, others didn't.

Colloquial usage (Prague and Bohemia)

The rest of this lesson takes a further look at some features of non-standard Czech as it is spoken in Prague and Bohemia. These features frequently occur in ordinary educated usage, especially in more informal contexts.

In Moravia, however, educated speech is in general closer to the standard norms which the other dialogues of this course have adhered to.

Colloquial long vowels

In everyday speech you will come across the vowel sound **ý/í** substituted for **é** in various common words, for example:

mlíko = **mléko**	milk
nýst = **nést**	to carry
přinýst = **přinést**	to bring
polívka = **polévka**	soup

You will also come across **ej** instead of **ý/í** in some everyday words (**í** after **c**, **s**, **z** or **l**):

bejt = **být**	to be
tejden = **týden**	week
mejt = **mýt**	to wash (*present* **meju**, *past* **myl**)
zejtra = **zítra**	tomorrow
cejtit = **cítit**	to feel
lejt = **lít**	to pour (*present* **leju**, *past* **lil**)

We have already noted these two features where they occur colloquially in adjectives (see Lessons 1, 9 and 14). Spot the many examples in the dialogue below.

Colloquial instrumental plural

As we have already noted, the instrumental plural ends colloquially in **-ma** (see Lesson 14), e.g. **s těma malejma dětma.**

Again, spot the examples in the dialogue.

Other colloquialisms

Another very audible difference in spoken Czech is the adding of initial **v** to many words beginning with **o**. (In the wrong context this can sound markedly vulgar.)

on, ona, oni → **von, vona, voni**
okno → **vokno**
o → **vo**

Spot the examples below.

You will also notice some shortening of the vowel sound **í/ý**, particularly before the consonant **m**: **prosím** → **prosim**, **vím** → **vim**, **musím** → **musim**.

As your Czech improves, you will also pick up an increasing amount
of non-standard vocabulary, often of German origin, words such as **furt**
'constantly, all the time' (*instead of* **pořád**), **kšeft** 'business, deal,
racket', etc.

There follows a mini-drama in non-standard Czech. You will find this
kind of language in novels, films and TV plays, of course, as well as in
ordinary speech.

Non-standard dialogue 🔲

*Jana has just returned from a visit to her sister in Brno. She meets Ivan
on the street, and seems pleased enough to see him. He is her boyfriend,
after all. But something isn't quite right here ...*

IVAN: Ahoj, Janičko, co tu děláš? Kdy ses vrátila? Já sem myslel, že
seš u svý sestry v Brně.

JANA: Ale já sem už celej tejden doma. Vrátila sem se minulej pátek.
Několikrát sem ti volala, ale nikdo to nebral.

IVAN: Tak, jaký to bylo? Jak se ti tam líbilo?

JANA: Bylo to prostě báječný. Sluníčko, voda, pár hezkejch kluků, moc
prima zábava. Hele, nemáš chuť na pivo? Co dybysme šli do tý
hospody, co sme tam byli loni na podzim? Pivo tam maj dobrý.
Co řikáš?

IVAN: Ale já nevim. Mám strašně moc práce. Zejtra mám ňákou
schůzi. Musim si to důkladně připravit. A teď zrovna někam
letim. Musim zajít k jednomu svýmu známýmu, kerej tu bydlí
někde blízko. Potřebuju s nim vo něčem mluvit.

JANA: To je to tak důležitý, že na mě nemáš ani chvíli čas?

IVAN: No, neni. Nebuď taková! Ale já tam musim hned, von za chvíli
někam vodejde, víš.

JANA: No tak co dybysme tam šli voba. Potom ho můžem pozvat, aby
na to pivo šel s náma, a ty s nim můžeš kecat vo tý hrozně
důležitý věci.

IVAN: Ale no tak pudem tam radši hned. Já ho stejně asi nestihnu, dyž
du tak pozdě.

(V hospodě)

JANA: Ivane, prosim tě, buď tak hodnej, votevři vokno. Je tu strašný
vedro. Proč maj zavřený vokna, dyž je takovej pařák? Fuj! Tady
je ale lidí!

IVAN: To víš, tady bejvá strašně moc lidí, většinou turistů. Sou tu celý hodiny, pijou a vobyčejnej Čech si ani nesedne. Pokud si to člověk může s takovejma cenama dovolit. Já ti mám ale žízeň! Už by nám mohli přinýst to pivo, že jo!

JANA: Sedíme tu už štvrt hodiny, a eště sem neviděla číšníka. Tržní ekonomika! Hele, pudem, ne? Já už dýl čekat nebudu. Už mě z toho bolí hlava.

IVAN: Jak chceš, ale kam teda pudem?

JANA: Já už asi pudu na tramvaj. Mám bejt v devět doma. Táta na mě čeká, víš.

IVAN: Proč?

JANA: Chce se mnou vo něčem mluvit.

IVAN: Vo čem, jestli se smim ptát?

JANA: Vo tobě. Prej spolu chodíme už řadu let, mohli bysme se už konečně vzít.

IVAN: Proboha, proč? Máme se rádi. Chodíme spolu a sme šťastný. Proč bysme se měli brát? Hele, dej mi pusu.

JANA: Ale di. Vopravdu to chceš vědět?

IVAN: To se ví, že jo.

JANA: No, jak ti to mám říct? Chtěla jsem ti to říct už dávno, ale tys mě vůbec neposlouchal. Totiž – já čekám dítě.

IVAN: Ježíšmarjá!! Pročs mi to neřekla dřív? Dyť je to dítě taky moje, ne?

JANA: Právě že nevim.

IVAN: Panebože! Tak to je konec!

JANA: Copak ty si myslíš, že seš lepší než já? S kympak sem tě včera viděla? S Mařenkou. Vy ste se s Mařenkou tadyhle na ulici včera večer líbali. Já sem vás viděla. Tadyhle za těmahle stromama. Nejseš vo nic lepší!… Ale neboj se. S tím dítětem to nebude tak zlý. Já sem si to totiž jenom vymyslela! Chtěla sem tě prostě naštvat. Tak, a teď už toho mám vopravdu dost. Pusť mě! Du domů.

Colloquial forms

(Adjectives in general are not listed as they are easy to interpret.)

bejt	**dyť** = vždyť
bejvat = být	**dyž** = když
bývat	**eště** = ještě
di! du = jdi! jdu	**kerej** = který
dybysme = kdybysme (kdybychom)	**kympak** = kýmpak
dýl = déle	**letim** = letím

maj = mají
musim = musím
můžem = můžeme
ňákej = nějaký
náma = námi
neni = není
nevim = nevím
nim = ním (*ins. sg*)
prej = prý
prosim = prosím
přinýst = přinést
pudu
pudem = půjdu
půjdeme
řikáš = říkáš
sem, seš = jsem, jsi

sme, ste, sou = jsme, jste, jsou
smim = smím
stromama = stromy (*ins. sg*)
štvrt = čtvrt
tejden = týden
těmahle = těmihle
tý = té
vo = o
voba = oba
vobyčejnej = obyčejný
vodejde = odejde
vokno = okno
von = on
vopravdu = opravdu
votevři = otevři
zejtra = zítra

Vocabulary

báječný	fabulous
bát se/bojím se, bál se	to be afraid
brát se > vzít se	to get married
čekat dítě	to be expecting a child
cena	price
chodit (s + *ins.*/ spolu)	to go out (with .../together)
důkladně	thoroughly
fuj!	ugh!
hele!	look! look here!
Ježíšmarjá!	Christ Almighty! *lit.* 'Jesus Mary!'
kdopak – kýmpak *ins.*	who then?
kecat	to natter, chat; *also* to talk rubbish
konečně	finally, at long last
letět	to fly, rush
líbat > políbit	to kiss
Mařenka	*familiar form of* **Marie**
naštvat/-štvu, -štval *pf*	to infuriate, rile

no tak	well then
panebože!	Lord God!
pařák	*lit.* steamer; scorcher, hot day
prima	excellent, great, fantastic
proboha!	for God's sake!
pustit < pouštět	to let go
řada	row, line, series, queue
řada + *gen.*	a number of
sednout si *pf*	to get a seat, sit down
tržní ekonomika	market economy
vedro	(sweltering) heat
vymyslet < vymýšlet	to think/make up, invent
zábava	fun, amusement, entertainment
zlý	bad
známý, -á	acquaintance, friend
zrovna	just, just now
teď zrovna	just now, at this very moment

buď tak hodnej/hodná a …	be so good as to …
nebuď takovej/taková!	don't be like that!
co (j)sme tam byli …	where we were …
copak ty si myslíš …?	do you really think …?
já ti mám strašnou žízeň	I've got a terrible thirst (**ti** 'to you' *adds an emotive emphasis*)
pivo tam maj(í) dobrý	they have good beer there
právě že nevim	the thing is, I don't know
tady je ale lidí!	(but) what a lot of people there are here! (*gen. pl. expresses quantity*)
to se ví, že jo	of course I do, *lit.* 'it is known that yes'
(v)o nic lepší	no better, *lit.* 'by nothing better'

18 Spisovná čeština

Standard written Czech

In this lesson you will learn how to:

- interpret further uses of the instrumental
- recognise short-form adjectives
- cope with some features of written style
- practise reading with a dictionary

Language points

More about the instrumental

Some verbs are followed by the instrumental, e.g. **hnout** *pf* 'to move', **stát se** *pf* 'to become', **jmenovat** 'to appoint':

Nemohl hnout rukou.
He couldn't move his hand.

Stal se důležitým politikem.
He became an important politician.

Jmenovali ho předsedou.
They appointed him (as) chairman.

The instrumental may be used after the verb 'to be' sometimes to indicate that something or someone acts 'as' or occupies some role:

Kniha je vždycky dobrým dárkem.
A book is always a good present.

Výhodou je levná cena.
The advantage is the cheap price. The cheap price acts as an advantage.

Čím byl váš otec?
What (*ins.*) was your father?

Otec byl učitel(em).
Father was a teacher.

A number of instrumental forms have become adverbs, e.g. **náhodou** 'by chance', **většinou** 'mostly', **cestou** 'on the way', **mimochodem** 'by the way'.

Others have become prepositions with the genitive, e.g. **během** 'during', **kolem** 'around', **pomocí** 'with the help of, by means of', **prostřednictvím** 'through, by means of'.

Short forms of adjectives

Like the passive verbal adjectives, some other adjectives sometimes have short forms, used mainly after the verb 'to be'. These are now mostly infrequent and formal, even in writing, except for the basic adjective **rád** 'glad', which *only* has short forms.

Amongst the more frequent short-form adjectives, still used in certain set phrases or more formal style, are:

zdráv	well (*but* **zdravý** healthy)
laskavý – laskav	kind
bosý – bos	barefoot
jistý – jist	certain
zvědavý – zvědav	curious
mrtvý – mrtev, mrtva	dead

Buďte tak laskav, -a (*or* hodný, -á) a zavřete okno.
Be so kind and close the window.

Buď zdráv, -a!
Look after yourself! Goodbye!

Nejsem si jist, -a (*or* jistý, -á).
I'm not sure.

Jsem zvědav, -a (*or* zvědavý, -á), co tomu řekne.
I'm curious/wonder what s/he'll say.

Byl(a) na místě mrtev, mrtva (*or* mrtvý, -á).
S/he was dead on the spot.

Chodí bos, -a.
S/he walks about barefoot.

Týž/tentýž

The adjective **týž/tentýž** 'the same' is not usual in speech, except for **totéž** *n*. meaning 'the same thing'. It has these case forms:

	masculine/neuter	feminine	plural
nom.	**týž/tentýž** *m*. **totéž** *n*.	**táž/tatáž**	**tíž/titíž** *m.a.* (*rest = acc.*)
acc.	= *nom.* (*m.a. = gen.*)	**touž/tutéž**	**tytéž** *m./f.* **táž/tatáž** *n*.
gen.	**téhož**	**téže**	**týchž**
dat.	**témuž**	**téže**	**týmž**
loc.	**o témž(e)/tomtéž**	**o téže**	**o týchž**
ins.	**týmž/tímtéž**	**touž/toutéž**	**týmiž**

The word **též** looks as if it might belong in this table, but in fact is used for 'also, likewise' (**také**).

Jenž and other relatives

The standard relative pronoun (which connects clauses by referring back to a previous word or words) is **který, -á, -é** 'who, which'. However, in written style, the relative **jenž** also occurs:

Problém, jenž (= který) stojí před námi, je velmi vážný.
The problem which stands before us is a very serious one.

The cases of **jenž**, apart from the nominative, are basically personal pronoun forms for 'him, her, it', with **-ž** stuck on the end:

	masculine/neuter	feminine	plural
nom.	**jenž** *m.*, **jež** *n*.	**jež**	**již** *m.a pl.*, **jež** *other pl.*
acc.	**jejž** *m.*, **jehož** *m.a.*, **jež** *n*.	**již**	**jež**
gen.	**jehož**	**jíž**	**jichž**
dat.	**jemuž**	**jíž**	**jimž**
loc.	**o němž**	**o níž**	**o nichž**
ins.	**jímž**	**jíž**	**jimiž**

Forms after prepositions have **n-** instead of **j-**, like the corresponding personal pronouns.

Muž, do něhož (= do kterého) se zamilovala, byl její lékař.
The man with whom she fell in love was her doctor.

Člověk, jemuž (= kterému) dala peníze, utekl do jižní Ameriky.
The person to whom she gave the money ran away to South
America.

When you refer back to a pronoun, rather than a noun, **kdo** can be used as an animate relative, while **co** is inanimate. In colloquial Czech **co** is used for both:

Ten, kdo (co *coll.*) **mi to řekl, už odjel.**
The one who told me this has now left.

To, co mi říkáte, je velmi důležité.
That which you are telling me is very important.

Note also **což** for 'which', referring back to a whole clause, and **načež** 'whereupon':

Nerad se učí, což mě nepřekvapuje.
He doesn't like studying, which doesn't surprise me.

Odešel, načež začalo pršet.
He left, whereupon it started to rain.

Relative 'whose'

For 'whose' as a relative (i.e. not **čí?** – which asks a question) there are three possibilities, depending on the gender of noun referred to:

– **jehož** 'whose' (*of a male*)

To je muž, jehož mínění si vážím.
That is a man whose opinion I respect. (**vážit si** + *gen.*)

– **jejíž** 'whose' (*of a female*)

To je žena, jejíhož mínění si vážím.
That is a woman whose opinion I respect.

– **jejichž** 'whose' (*plural*)

To jsou lidé, jejichž mínění si vážím.
Those are people whose opinion I respect.

'While doing'

In the written (but not normally the spoken) language you will sometimes encounter special forms of '-ing' verbal adjectives (present participles) ending in **-íc** and **-ouc** (instead of **-ící, -oucí**) and used in the special adverbial sense of 'while doing'. These are feminine (and neuter) forms of what is called the present **přechodník** (or adverbial participle):

Ležíc na trávě popíjela víno.
(While) lying on the grass she sipped wine.

Čtouc noviny zapomněla na čas.
(While) reading the paper she forgot the time.

The **přechodník** agrees with the subject of the main verb in gender and number. Note carefully how the masculine singular form looks quite different. It ends in **-ě/e** (instead of **-íc**) and in **-a** (instead of **-ouc**):

Leže na trávě popíjel víno.
Lying on the grass he drank wine.

Čta noviny zapomněl na čas.
Reading the paper he forgot the time.

Plural forms are **-íce**, **-ouce**, for all genders:

Ležíce na trávě popíjeli víno.
Lying on the grass they sipped wine.

Čtouce noviny zapomněli na čas.
Reading the newspaper they forgot the time.

The parallel English construction is much more common than the Czech. Normally in Czech you would just use two clauses connected by 'and':

Seděli na trávě a popíjeli víno.
Četli noviny a zapomněli na čas.

'Having done'

There is also a past **přechodník**, meaning 'having _____ed ...', expressing a complete action with a perfective verb. (In English the '-ing' form is often used for this purpose as well.)

Normally you can form this past active participle by replacing past tense **-l** with **-v** (masculine), **-vši** (feminine, neuter), and **-vše** (plural):

Položiv dopis na stůl vyšel z pokoje.
Having laid (*or* laying) the letter on the table, he left the room.

Položivši dopis na stůl vyšla z pokoje.
Having laid (*or* laying) the letter on the table, she left the room.

The verb **být** also has forms **byv, byvši, byvše**.

The **v** is absent after a consonant, so the forms from **přivést, přivedl** are **přived, přivedši, -še** 'having brought'. Compounds of **jít** have forms with **-šed**, etc. as in **přišed, přišedši, -še** 'having arrived'.

There is also a somewhat rare soft adjective ending in -vší based on this **přechodník**:

Muž položivší dopis na stůl byl její otec.
The man who-had-put the letter on the table was her father.

Reading

This is the opening of Jaroslav Hašek's comic novel Osudy dobrého vojáka Švejka za světové války *(1921–23), chosen here for its stylistic blend of colloquial and formal Czech. Practise using your dictionary to translate. (Some notes are appended for your assistance.) The non-standard language in the dialogue (see Lesson 17) combines with formal features in the narrative such as those participles called* **přechodníky** *discussed above*

'Tak nám zabili Ferdinanda,' řekla posluhovačka panu Švejkovi, který opustiv před léty vojenskou službu, když byl definitivně prohlášen vojenskou lékařskou komisí za blba, živil se prodejem psů, ošklivých nečistokrevných oblud, kterým padělal rodokmeny.

Kromě tohoto zaměstnání byl stižen revmatismem a mazal si právě kolena opodeldokem.

'Kerýho Ferdinanda, paní Müllerová?' otázal se Švejk, nepřestávaje si masírovat kolena, 'já znám dva Ferdinandy. Jednoho, ten je sluhou u drogisty Průši a vypil mu tam jednou omylem láhev nějakého mazání na vlasy, a potom znám ještě Ferdinanda Kokošku, co sbírá ty psí hovínka. Vobou není žádná škoda.'

'Ale, milostpane, pana arcivévodu Ferdinanda, toho z Konopiště, toho tlustýho, nábožnýho.'

'Ježíšmarjá,' vykřikl Švejk, 'to je dobrý. A kde se mu to, panu arcivévodovi, stalo?'

'Práskli ho v Sarajevu, milostpane, z revolveru, vědí. Jel tam s tou svou arcikněžnou v automobilu.'

'Tak se podívejme, paní Müllerová, v automobilu. Jó, takovej pán si to může dovolit, a ani si nepomyslí, jak taková jízda automobilem může nešťastně skončit. A v Sarajevu k tomu, to je v Bosně, paní Müllerová. To udělali asi Turci. My holt jsme jim tu Bosnu a Hercegovinu neměli brát. Tak vida, paní Müllerová. On je tedy pan arcivévoda už na pravdě boží. Trápil se dlouho?'

'Pan arcivévoda byl hned hotovej, milostpane. To vědí, že s revolverem nejsou žádný hračky. Nedávno taky si hrál jeden pán u nás v Nuslích s revolverem a postřílel celou rodinu i domovníka, kterej se šel podívat, kdo to tam střílí ve třetím poschodí.'

'Někerej revolver, paní Müllerová, vám nedá ránu, kdybyste se zbláznili. Takovejch systémů je moc. Ale na pana arcivévodu si koupili jistě něco lepšího, a taky bych se chtěl vsadit, paní Müllerová, že ten člověk, co mu to udělal, se na to pěkně voblík. To vědí, střílet pana arcivévodu, to je moc těžká práce. To není, jako když pytlák střílí hajnýho. Tady jde vo to, jak se k němu dostat, na takovýho pána nesmíte jít v nějakých hadrech. To musíte jít v cylindru, aby vás nesebral dřív policajt.'

Notes

arcivévoda	archduke
blb	cretin, idiot
cylindr	top hat
domovník, domovnice	house porter/caretaker
drogista	chemist, druggist
hadr	rag
hajný	gamekeeper
holt	well, in short
hovínko, *diminutive of* **hovno**	excrement, shit
jde (v)o to	it's a matter of
kerýho = **kterého**	which
kdybyste se zbláznili	however hard you try (*lit.* 'if you went mad')
masírovat	to massage
mazání na vlasy	hair oil
mazat/mažu	to spread, oil
milostpane!	(respected) sir!
na pravdě boží	'in God's truth' = deceased
nečistokrevný	'non-pure-blooded', mongrel
nejsou žádný hračky	'there are no toys/playthings', you can't play about with them
někerej = **některý**	some (kinds of)
nepřestávaje	not ceasing, not stopping
obluda	monstrosity
opodeldok	liniment, embrocation
opustiv	having left
padělat	to forge
posluhovačka	charwoman, cleaning woman
postřílel	shot (one after another)
prásknout	to bump off, do in
psí, *adj.* from **pes**	dog's
pytlák	poacher
rodokmen	pedigree

sbírat	to collect
sebrat	to pick up (i.e. arrest)
sluha	servant, boy
stižen(ý)	*from* **stihnout**, afflicted
to je dobrý	that's a thing now, that's a turn up for the books
vědí	you know (*lit.* ='they know') (*obsolete use of* **oni** *for polite 'you', as in German, called* **onikání**)
vida	there you are, you see
voblík se = oblékl se	got dressed
(v)obou není žádná škoda	'of both is no pity' = neither is any loss

It should perhaps be noted here that the Czech exclamation **hovno!** means 'rubbish!' though **hovno** is literally 'shit'. The Czech equivalent of 'shit!' uses another 'rude word' **prdel -e** *f.* 'arse'. The phrase is **do prdele!**

However ... beginners in a language should only use 'rude words' (if at all!) with extreme caution, and a well-founded knowledge of what they are actually saying.

Grammar summary

This section provides some basic grammar tables and lists, for revision and further reference. (Language points discussed in the lessons can be traced via the subject index at the back of this book.)

Nouns

Standard nouns

The main standard (or 'hard') types are:

Singular

	f.	*m.a.*	*m.i.*	*n.*
nom.	žena	student	dům	auto
acc.	ženu	studenta	= *nom.*	= *nom.*
gen.	ženy	studenta	domu	auta
dat.	ženě	studentovi	domu	autu
loc.	o ženě	o studentovi	o domě/-u	o autě
ins.	ženou	studentem	domem	autem
voc.	ženo!	studente!	dome!	= *nom.*

Plural

	f.	*m.a.*	*m.i.*	*n.*
nom.	ženy	studenti	domy	auta
acc.	= *nom.*	studenty	= *nom.*	= *nom.*
gen.	žen	studentů	domů	aut
dat.	ženám	studentům	domům	autům
loc.	o ženách	o studentech	o domech	o autech
ins.	ženami	studenty	domy	auty

Kolega 'colleague' follows **žena** in the singular, but has dative/locative **-ovi**. Plural **kolegové** follows **studenti**.

Dative/locative singular **-ovi** is sometimes replaced by **-u**, mainly within a series of nouns, e.g. **Jan Novák – (o) Janu Novákovi**.

Vocative (singular only): note type **kluku!** (**-u** after **-k, -g/-h, -ch**); also **Petře!** (**r → ř** after a consonant), **chlapec – chlapče!** (**-ec** to **-če**).

On masculine animate plurals in **-é** and **-ové** see Lesson 10.

Remember the regular consonant changes **g/h → z, ch → š, k → c** and **r → ř** with locative singular **-e** (**Praha – v Praze, řeka – řece**, etc.), *nom. pl.* **-i** (**kluk – kluci**, etc.) and *loc. pl.* **-ích** (**o klucích**, but not **r: o profesorech**). More detail in the lessons.

Soft nouns

The main soft types are these. The neuter type is the least frequent.

Singular

	f.	*m.a./m.i.*	*n.*
nom.	lekce, píseň	muž, pokoj	pole
acc.	lekci, = *nom.*	muže, = *nom.*	= *nom.*
gen.	lekce, písně	muže	pole
dat.	lekci, písni	muži	poli
loc.	o lekci, písni	o muži	o poli
ins.	lekcí, písní	mužem	polem
voc.	= *nom.*, písni!	muži!	= *nom.*

Plural

	f.	*m.a./m.i.*	*n.*
nom.	lekce, písně	muži, pokoje	pole
acc.	= *nom.*	muže, = *nom.*	= *nom.*
gen.	lekcí, písní	mužů	polí
dat.	lekcím, písním	mužům	polím
loc.	o lekcích, písních	o mužích	o polích
ins.	lekcemi, písněmi	muži	poli

Soft vocative singular **-i** only if a noun ends in a consonant: **Miloš – Miloši!** but **průvodce – průvodce!** 'guide'.

Masculine animates sometimes replace dative/locative singular **-i** by **-ovi**, mainly names, e.g. **Miloš – (o) Milošovi**, but **(o) Miloši Benešovi**.

Other soft types

Three lesser soft types are:

Singular

	f.	*n.*	*n.*
nom.	radost	náměstí	děvče
acc.	= *nom.*	= *nom.*	= *nom.*
gen.	radosti	= *nom.*	děvčete
dat.	radosti	= *nom.*	děvčeti
loc.	o radosti	= *nom.*	o děvčeti
ins.	radostí	náměstím	děvčetem
voc.	radosti!	= *nom.*	= *nom.*

Plural

	f.	*n.*	*n.*
nom.	radosti	náměstí	děvčata
acc.	= *nom.*	= *nom.*	= *nom.*
gen.	radostí	náměstí	děvčat
dat.	radostem	náměstím	děvčatům
loc.	o radostech	o náměstích	o děvčatech
ins.	radostmi	náměstími	děvčaty

Foreign types

Masculine nouns ending in **-ismus/izmus** drop **-us** before endings:

> **romantismus** 'Romanticism' *gen./dat./loc.* **romantismu**, *ins.*
> **romantismem**

More awkward are some further nouns of Latin/Greek origin, especially neuters ending in (a) **-um**, (b) **-eum**, **-ium**, **-io/-eo**, and (c) **-ma**:

> **vízum**   visa   *gen.* **víza**, *dat./loc.* **vízu**, *ins.*
> **vízem**; *pl.* **víza**, *gen.* **víz**, *dat.*
> **vízům**, *loc.* **vízech**, *ins.* **vízy**
>
> **muzeum**   museum   *gen.* **muzea**, *dat./loc.* **muzeu**, *ins.*
> **muzeem**; *pl.* **muzea**, *but gen.*
> **muzeí**, *dat.* **muzeím**, *loc.*
> **muzeích**, *ins.* **muzei**

drama	drama	*gen.* **dramatu** (!), *dat./loc.* **dramatu**, *ins.* **dramatem**; *pl.* **dramata** etc. (like **víza**)

Similarly: (a) **centrum** 'centre', **datum** 'date', (b) **gymnázium** grammar school, **stipendium** grant, **studium** study, **rádio** radio, **studio** studio, and (c) **dogma** dogma, **klima** climate, **schéma** scheme, **téma** theme.

Irregular nouns

Only some particularly basic nouns are noted here. (For paired parts of the body see Lesson 16.)

Bůh	God	*gen.* **Boha**, *dat./loc.* **Bohu**, *voc.* **Bože!**; *nom. pl.* **bohové/bozi**
člověk	person	*dat./loc.* **člověku**, *voc.* **člověče!**; *pl.* **lidé** (*below*)
dcera	daughter	*dat./loc.* **dceři**
den	day	*gen.* **dne**, *dat./loc.* **dnu/dni**, ve **dne**; *pl.* **dny** (**dni**), *gen.* **dnů** (**dní**), *dat.* **dnům**, *loc.* **dnech**, *ins.* **dny**
týden	week	*gen.* **týdne**, *dat./loc.* **týdnu**; *pl.* **týdny**, *gen.* **týdnů**, etc.
dítě *n.*	child	*gen.* **dítěte**, *dat./loc.* **dítěti**, *ins.* **dítětem**
+ **děti** *f. pl.*	children	*gen.* **dětí**, *dat.* **dětem**, *loc.* **dětech**, *ins.* **dětmi**
kámen	stone	*gen.* **kamene/u**, *dat./loc.* **kameni/u**; *pl.* **kameny**
lidé *m.a. pl.*	people	*acc./coll. nom.* **lidi**, *gen.* **lidí**, *dat.* **lidem**, *loc.* **lidech**, *ins.* **lidmi**
+ **lid** *m.i.* (!)	the people	*gen.* **lidu** (!), e.g. **český lid** 'the Czech people'
noc *f.*	night	*gen.* **noci**; *pl.* **noci**, *gen.* **nocí**, *dat.* **nocím**, *loc.* **nocích**, *ins.* **nocemi**
pán	master, man	*dat./loc.* **pánovi**, *voc.* **pane!**; *pl.* **pánové/páni**
+ **pan**	Mr	*dat./loc.* **panu** (**Novákovi**)
paní	Mrs	*sg invariable*; *pl.* like **náměstí**
rodič	parent	*nom./acc. pl.* **rodiče**
syn	son	*voc.* **synu!**; *pl.* **synové**

Adjectives

Singular

nom.	ten dobrý student, dům; to dobré auto	ta dobrá žena
acc.	toho dobrého studenta; *rest* = *nom.*	tu dobrou ženu
gen.	od toho dobrého studenta, domu, auta	od té dobré ženy
dat.	k tomu dobrému studentovi, domu, autu	k té dobré ženě
loc.	o tom dobrém studentovi, domě, autě	o té dobré ženě
ins.	s tím dobrým studentem, domem, autem	s tou dobrou ženou

Plural

nom.	ti dobří studenti; ty dobré domy/ženy; ta dobrá auta
acc.	ty dobré studenty; *rest* = *nom.*
gen.	od těch dobrých studentů, domů, aut, žen
dat.	k těm dobrým studentům, domům, autům, ženám
loc.	o těch dobrých studentech, domech, autech, ženách
ins.	s těmi dobrými studenty, domy, auty, ženami

Remember the consonant changes **hý → zí, chý → ší, ký → cí, rý → ří**, and also **ský → ští, cký → čtí**, in the standard written forms of the masculine animate nominative plural: **velký – velcí, anglický – angličtí, český – čeští**.

For soft adjectives e.g. **první** substitute **í** for **ý/á/é** in any ending, e.g. **prvního, prvnímu, prvním**, *pl.* **prvních, prvním, prvními**.

Pronouns

Forms after a dash are used *either* after prepositions *or* for emphasis. Less colloquial forms are in square brackets.

nom.	**já** 'I'		**ty** 'you'		– '(one)self'
acc.	**mě, [mne]** 'me'		**tě – tebe**		**se – sebe**
gen.	= *acc.*		= *acc.*		= *acc.*
dat.	**mi/mně – mně**		**ti – tobě**		**si – sobě**
loc.	**o mně**		**o tobě**		**o sobě**
ins.	**mnou**		**tebou**		**sebou**
nom.	**my** 'we'		**vy** 'you' (*pl., formal sg*)		
acc.	**nás** 'us'		**vás**		
gen.	= *acc.*		= *acc.*		
dat.	**nám**		**vám**		

loc.	o nás	o vás
ins.	námi	vámi

In the tables below, **n-** forms are required after prepositions.

nom.	**ona** 'she'	**on** 'he'
acc.	**ji – ni** 'her'	**ho, [jej] – něj** or **něho (jeho)** 'him'
gen.	**jí – ní**	= acc.
dat.	**jí – ní**	**mu – němu (jemu)**
loc.	**o ní**	**o něm**
ins.	**jí – ní**	**jím – ním**

Ono 'it' (neuter) either has accusative **ho – něj** or (more formally) **je – ně**, with other cases identical to masculine forms. Accusative **něho/jeho** is masculine animate only.

nom.	**oni [ony** f., m.i., **ona** n.] 'they'
acc.	**je – ně** 'them'
gen.	**jich – nich**
dat.	**jim – nim**
loc.	**o nich**
ins.	**jimi – nimi**

When third-person pronouns (usually non-subject forms only) are used to refer to inanimate nouns ('it', 'them'), use the gender of the noun which 'it' refers to.

Verbs

Infinitives normally end in **-t**. (In older texts you will find the ending **-ti**. Instead of **-ct** formal style still uses **-ci**, e.g. **říct/říci** 'to say'.)

Here are present tense and past **-l** forms for the main basic types:

á-types

čekat 'to wait'	čekám	čekáme	
	čekáš	čekáte	
	čeká	čekají	čekal

í-types

vařit 'to cook'	vařím	vaříme	
	vaříš	vaříte	
	vaří	vaří	vařil

vidět 'to see'	vidím	vidíme	
	vidíš	vidíte	
	vidí	vidí	viděl

Derived verbs with infinitive suffix **-et** (especially imperfectives derived from perfectives) have a standard 'they' ending **-ějí/-ejí**, e.g. **přicházet – přicházejí** 'they arrive'.

Also: **umět – umějí** 'they know how', **rozumět – rozumějí** 'they understand'.

e-types

For **-ovat** verbs the 'they' ending **-ou** is colloquial, **-í** is standard.

kupovat 'to buy'	kupuju,-i	kupujeme	
	kupuješ	kupujete	
	kupuje	kupují,-ou	kupoval
minout 'to miss, pass'	minu	mineme	
	mineš	minete	
	mine	minou	minul

After a consonant **-nul** becomes **-l** in standard usage: **sednout si – sedl si** 'sat down' (colloquially **sednul/sed**, *f.* **sednula/sedla** etc.).

Some verbs with infinitive **-at**, and many one-syllable verbs, have e-type present tenses (see the list below):

plavat 'to swim'	plavu	plaveme	
	plaveš	plavete	
	plave	plavou	plaval
jít 'to go'	jdu	jdeme	
	jdeš	jdete	
	jde	jdou	šel, šla, šli
nést 'to carry'	nesu	neseme	
	neseš	nesete	
	nese	nesou	nesl

One sub-type inserts **j** before present endings:

hrát 'to play'	hraju, -i	hrajeme	
	hraješ	hrajete	
	hraje	hrají, -ou	hrál

Monosyllabic and other verbs

The following list of common verbs requiring special attention gives their forms in the order: infinitive, present tense, past tense. (A few verbal adjectives and/or nouns have also been added.)

á-type verbs

-át:	dát, dám, dal < dávat	give, put
	podat < podávat	pass
	vydat < vydávat	publish
	počkat, počká, počkal < čekat	wait
	potkat, potkám, potkal < potkávat	meet, encounter
	setkat se < setkávat se (s + *ins.*)	meet up with
	ptát se, ptám se, ptal se > zeptat se	ask
	zdát se, zdá se, zdál se	seem
	znát, znám, znal	know
	poznat < poznávat	recognise, get to know
-ít:	mít, mám, měl	have

í-type verbs

-át:	bát se, bojím se, bál se	fear
	spát, spím, spal	sleep
	vyspat se *pf*	have a (good) sleep
	stát, stojím, stál	stand, cost
	(*see also* stát se, stane se *below*)	
-ět:	smět, smím … smějí, směl	may, be allowed to
	nesmět	mustn't

Some e-type verbs

-át:	brát, beru, bral	take
	vybrat < vybírat	choose
	hnát, ženu, hnal	drive
	vyhnat < vyhánět	drive out
	hrát, hraju, hrál > zahrát	play
	vyhrát < vyhrávat	win
	prohrát < prohrávat	lose

lhát, lžu, lhal > zalhat	lie = tell lies
prát, peru, pral > vyprat	wash clothes
přát, přeju, přál	wish
psát, píšu/i … píšou/í, psal > napsat	write
podepsat < pod(e)pisovat	sign
popsat < popisovat	describe
poslat, pošlu, poslal < posílat	to send
smát se, směju se, smál se > zasmát se	laugh
usmát se < usmívat se	smile
stát se, stanu se, stal se < stávat se	become, happen
dostat < dostávat	get
přestat < přestávat	stop, cease
vstát < vstávat	get up, stand up
zůstat < zůstávat	stay
zvát, zvu, zval > pozvat	invite
nazvat < nazývat	call, name
-at: česat, češu/česám > učesat	comb
hýbat, hýbu/-ám > hnout (se)	move, bend
chápat, chápu > pochopit	grasp, under-stand
kašlat, kašlu > zakašlat	cough
koupat, koupu/-ám > vykoupat (se)	bathe
lámat, lámu > zlomit	break
plavat, plavu > zaplavat (si)	swim
skákat, skáču > skočit	jump
-ět/-et: chvět se, chvěju se, chvěl se	tremble
jet, jedu, jel + jezdit	ride, go
přijet < přijíždět	arrive
od(e)jet < odjíždět	leave
-ít: bít, biju, bil > uhodit, udeřit	hit
zabít (zabitý) < zabíjet	kill
dít se, děje se, děl se	happen, be going on
jít, jdu, šel/šla + chodit	go
přijít < přicházet	arrive
odejít < odcházet	leave, go away
lít, liju/leju, lil	pour
nalít < nalévat	pour out
mlít, melu, mlel (mletý) > u-	grind

otevřít, otevřu, otevřel < ot(e)vírat	open
zavřít < zavírat	close
pít, piju, pil (pití) > napít se, vypít	drink
opít se < opíjet se	get drunk
umřít, umřu, umřel < umírat	die
vzít, vezmu, vzal < brát	take
začít, začnu, začal < začínat	begin, start
žít, žiju, žil	live
-out: dotknout se, dotknu se, dotkl se < dotýkat se	touch
hnout, hnu, hnul < hýbat, -bu (se)	move
vyhnout se < vyhýbat se + *dat.*	avoid
přijmout, -jmu, -jal (-jatý, -jetí) < přijímat	receive
obout, obuju, obul < obouvat (se)	put on (shoes)
zout < zouvat (se)	take off (shoes)
zapnout, zapnu, zapnul < zapínat	fasten, switch on
rozepnout < rozpínat	unfasten, undo
vypnout < vypínat	switch off
-ýt: krýt, kryju, kryl (krytý)	cover
skrýt < skrývat	conceal, hide
mýt, myju, myl > umýt (umytý)	wash
-ct/-ci: moct/moci, můžu, mohl	be able, can
pomoct < pomáhat + *dat.*	help
obléct/-ci, obleču, oblekl (oblečený)	put on (clothes)
or obléknout < oblékat (se)	
svléct/-ci *or* svléknout < svlékat (se)	take off (clothes)
říct/říci, řeknu, řekl (řečený) < říkat	say, tell
péct/-ci, peču, pekl (pečený, pekoucí) > upéct	bake
téct/-ci, teče, tekl (tekoucí)	flow
utéct < utíkat	run away
vléct/-ci, vleču, vlékl (vlečený, vlekoucí)	drag
-st: číst, čtu, četl > přečíst (přečtený)	read
klást, kladu, kladl > položit	put, lay
nést, nesu, nesl + nosit	carry
přinést < přinášet	bring
plést, pletu, pletl > uplést	knit, confuse
růst, rostu, rostl	grow
třást, třesu, třásl (se)	shake

	vést, vedu, vedl + vodit	lead
	přivést < přivádět	bring
-zt:	lézt, lezu, lezl	climb, crawl
	nalézt, naleznu, nalezl < nalézat	find
	vézt, vezu, vezl + vozit	carry, convey
	přivézt < přivážet	bring

Irregular verbs

být 'to be'	jsem, jsme	I am, we are
	jsi (*coll.* (j)seš), jste	you are
	je, jsou	he/she/it is, they are
	byl	was
	není	isn't, there isn't
	buď!	be!
	budu budeme	I will be, etc.
	budeš budete	
	bude budou	

zbýt 'to be left (over)': **zbude**/*coll.* **zbyde, zbyl** < **zbývat**

chtít 'to want'	chci chceme	I want, etc.
	chceš chcete	
	chce chtějí	
	chtěl	

jíst 'to eat'	jím jíme	I eat, etc.
	jíš jíte	
	jí jedí	
	jedl	ate
	jez!	eat!

sníst 'to eat up' *pf*: **sním, snědl**
najíst se 'to eat your fill' *pf,* **najím se, najedl se**

moct, -ci 'can'	můžu můžeme	I can/am able, etc.
	(*formal* **mohu**)	
	můžeš můžete	
	může můžou	
	(*formal* **mohou**)	
	mohl	could/was able
	mohl by	could, would be able

pomoct, pomoci < pomáhat 'help': **pomoz!**
(*but* to call for help use the noun **pomoc!** 'help!')

vědět 'to know'	vím	víme	I know, etc.
	víš	víte	
	ví	vědí	
	věděl		knew
	věz!		know!

pověd̃ět 'tell' *pf*: **povím, pověděl**
odpovědět 'reply': **odpovím** < **odpovídat**

Vidět 'to see' also has a formal imperative **viz!** 'see' (used for a cross-reference). But for 'see!' you normally say **podívej(te) se!** 'look!' or (*strongly coll.*) **hele! heleďte!** 'look 'ere!'
The usual imperative of **slyšet** 'to hear' is **poslyš!** 'hear! listen!'

Basic prepositions

Here are some meanings of basic prepositions. Several which you may like to think of as basically taking locative or instrumental are in fact followed by accusative in some senses.

Accusative

přes	across, through	**Přešel ulici.**
		He crossed the street.
pro	for (*sake, benefit of*)	**To je pro mě.**
		This is for me.
	for (*to fetch*)	**Jdu pro mléko.**
		I'm going for some milk.

Genitive

bez	without	**Piju kávu bez cukru.**
		I drink coffee without sugar.
do	into, to	**Jdu do města.**
		I'm going into/to town.
	until, till	**Zůstanu do ledna.**
		I'll stay till January.
od	away from, from	**Odešla od okna.**
		She went away from the window.
	from (*person*)	**Dostal dopis od Petra.**
		He got a letter from Petr.
u	at (*house, place of*)	**Bydlím u tety.**
		I live at my aunt's.

	near, at	**Sedí u okna.**
		S/he sits at the window.
z, ze	out of	**Vyšel z pokoje.**
		He went out of the room.
	off, down from	**Kniha spadla ze stolu.**
		The book fell off the table.

Dative

k, ke	towards	**Jdu ke kostelu.**
		I go towards the church.
	to	**Jak se dostanu k řece?**
		How do I get to the river?
až k	as far as	**Jdu až ke kostelu.**
		I go as far as the church.
	to (*house, place of*)	**Jdu k tetě.**
		I'm going to my aunt's.
proti	against, opposite	**Jste proti mně.**
		You are against me.

Locative

na	on	**Kniha leží na stole.**
		The book is lying on the table.

With accusative in these senses

	onto	**Položil knihu na stůl.**
		He put the book on(to) the table.
	for (*purpose*)	**Čekám na tramvaj.**
		I'm waiting for the tram.
	for (*intended time*)	**Jsem tu jen na týden.**
		I'm here only for a week.

---

o	about (*topic*)	**Mluví o politice.**
		They're talking about politics.

With accusative in these senses

	on, against	**Opírá se o stůl.**
		He is leaning on the table.
	by (*difference*)	**Jsi o rok starší než já.**
		You're a year older than me.

---

po	after	**Po obědě četl noviny.**
		After lunch he read the paper.
	along	**Běžela po ulici.**
		She ran along the street.
	about, around	**Běhala po zahradě.**
		She ran about the garden.

With accusative in these senses

	as far as, up to	**Sníh mu byl až po kolena.**
		The snow was right up to his knees.
	for, during, throughout	**Pršelo (po) celý den.**
		It rained all day.

---

při	at, during	**Při obědě mlčeli.**
		At lunch they were silent.
v, ve	in	**Sedím v autě.**
		I'm sitting in the car.
	in (*month etc.*)	**V lednu sněží.**
		In January it snows.

With accusative in these senses

	on (*day*)	**V pondělí.**
		On Monday.
	in (*with some verbs*)	**Nevěříš v Boha?**
		You don't believe in God?

Instrumental

mezi	between	**Mezi oknem a stolem.**
		Between the window and the table.
	among(st)	**Mezi kamarády.**
		Amongst friends.
nad	above, over	**Letěl nad městem.**
		He flew over the town.
pod	below, under	**Stál pod hradem.**
		He stood below the castle.

před	in front of	**Stál před domem.**
		He stood in front of the house.
	before	**Před válkou byl doma.**
		Before the war he was at home.
	ago	**Byl tu před rokem.**
		He was here a year ago.
s, se	with	**Jdu tam s Petrem.**
		I'm going there with Petr.
za	behind, beyond	**Stojí za stromem.**
		S/he is standing behind a tree.

With accusative in these senses

	for (*exchange*)	**Koupil to za pět korun.**
		He bought it for five crowns.
	in (*time taken*)	**Udělám to za hodinu.**
		I'll get it done in an hour.
	in (*after time*)	**Přijdu za hodinu.**
		I'll come in a hour's time.

With genitive in this sense

	during	**Za války byl doma.**
		During the war he was at home.

Mezi, **nad**, **pod**, **před** and **za** are also followed by the accusative instead of the instrumental when they mean 'motion towards':

> **Spadl pod stůl.**
> He fell under the table.
> **Spadl mezi židle.**
> He fell between the chairs.

More prepositions

Most other common prepositions take the genitive:

během	during,
blízko	near
daleko od	far from
kromě	except for, apart from
mimo	outside, except for
nedaleko	not far from
okolo	around, about
místo	instead of
na rozdíl od	in contrast to, unlike
podél	along
podle	according to
pomocí	with the help of
uprostřed	in the middle of
vedle	next to

Just a few take the dative:

kvůli	for the sake of, because of
naproti	opposite
navzdory	despite
díky	thanks to
vůči	towards, with respect to

Interrogatives and relatives

Here is a basic list of interrogatives (question words)

co?	what?	**Co je to?**
		What is it?
čí?	whose?	**Čí je ten kabát?**
		Whose is that coat?
jak?	how?	**Jak se to dělá?**
		How is that done?
jaký?	what kind of?	**Jaké máte auto?**
		What kind of car do you have?
kam?	where to?	**Kam jdete?**
		Where are you going?
kde?	where?	**Kde jste?**
		Where are you?

kdo?	who?	**Kdo jste?**
		Who are you?
kdy?	when?	**Kdy přijedeš?**
		When will you arrive?
kolik?	how much/many?	**Kolik to stojí?**
		How much does it cost?
kolikátý?	'how-manyeth?'	**Kolikátého je dnes?**
		What's today's date?
který?	which?	**Kterou knihu chcete?**
		Which book do you want?
kudy?	which/what way?	**Kudy šli?**
		Which way did they go?
odkud?	where from?	**Odkud jste?**
		Where are you from?
proč?	why?	**Proč mi nepíšeš?**
		Why don't you write to me?

Remember the case forms of **kdo** and **co**:

acc.	**koho**	**co**
gen.	**koho**	**čeho**
dat.	**komu**	**čemu**
loc.	**o kom**	**o čem**
ins.	**s kým**	**s čím**

Various words with prefixes and suffixes are derived from these:

ně-	some	**něco** 'something', **někdo** 'someone'
ni-	no	**nic** 'nothing', **nikdo** 'nobody', **nikdy** 'never'
bůhví-	God knows	**bůhvíkde** 'God knows where'
lec-	various	**leckdo** 'some people', **leccos** 'this and that'
málo-	few	**málokdo** 'few people'
-pak	then	**kdopak?** 'who then?' (*emphatic*)
-si	some, a certain	**cosi** 'something', **kdosi** 'someone'
-koli(v)	any	**cokoli(v)** 'anything you like', **kdykoli(v)** 'any time'

Similarly related are:

jin-	other	**jinde** 'elsewhere', **jinam** '(to) elsewhere', **jindy** 'another time'
vš-	all	**všude** 'everywhere', **vždy(cky)** 'always'

všeli-	all kinds of	**všelijak** 'in all kinds of ways',
		všelijaký 'all kinds of'

The plain forms mean 'some-' or 'any-' in combination with infinitives:

Má kam jít.	S/he has somewhere to go.
Nemá kam jít.	S/he doesn't have anywhere to go.
Má co jíst.	S/he has something to eat
Nemá co dělat.	S/he doesn't have anything to do.

The same words can also function as relatives, connecting a clause to a preceding word (**kdo** and in standard usage **co** only after a pronoun – **který** 'which, who' after a noun):

co	that	**Řekni všechno, co umíš.**
		Say everything (that) you know.
jaký	the like of which	**To je přítel, jakých je málo.**
		That is a friend, the like of which there are few.
kam	(to) where	**Chodím(tam), kam chci.**
		I go where I want.
kde	where	**To je dům, kde jsem se narodil.**
		That is the house where I was born.
kdo	who	**Ten, kdo to řekl, už odešel.**
		The one who said it has now gone.
který	who, which	**Kluk, který to řekl, už odešel.**
		The boy who said that has now gone.
kudy	by which	**Hledali cestu, kudy šli.**
		They looked for way they came.
kdy	when	**To je rok, kdy jsem se narodil.**
		That's the year when I was born.

But note that **když** is the basic conjunction for 'when':

Když odešel, začalo pršet.
When he left, it started to rain.

Conjunctions

These conjunctions join together equally important words, phrases or clauses:

a	and	**Jedli a pili.**
		They ate and drank.

		Měli pivo a víno. They had beer and wine.
i	and also	**Měli pivo i víno.** They had beer and wine also.
i ... i	both ... and	**Měli i pivo i víno.** They had both beer and wine.
ale	but	**Petr je tady, ale Jana je** **doma.** Petr is here, but Jana is at home.
nebo, anebo	or, or else	**Chcete červené nebo bílé** **víno?** Do you want red or white wine?
ani ... ani	neither ... nor	**Nemám ani víno, ani pivo.** I have neither wine nor beer.
buď ... nebo	either ... or	**Buď mu zavolej, nebo napiš.** Either call him, or write.

ať ... nebo	whether ... or	**Ať mladí, nebo staří, všichni**
		    se smáli.
		Whether young or old, everyone
		    was laughing.

These introduce subordinate clauses of time:

když	when	**Když přišel, začalo pršet.** When he came, it started to rain.
kdykoli(v)	whenever	**Kdykoli přišel, začalo pršet.** Whenever he came, it started to rain.
až	until	**Počkám, až přijdeš.** I'll wait till you come.
	when (future)	**Až přijdou, půjdeme ven.** When they come, we'll go out.
dokud	while, as long as	**Rozhodni se, dokud je čas.** Decide while there's time.
dokud ne	until	**Dokud nepřijdeš, zůstanu tady.** Until you come, I'll stay here.
než	until	**Zůstal tam, než přišla.** He stayed there till she came.
než	before	**Než přišla, začalo pršet.** Before she arrived, it started to rain.
od té doby, co	(ever) since	**Prší od té doby, co přišla.** It's rained ever since she came.

po té, co	after	**Po té, co odešla, začalo sněžit.**
		After she left, it started to snow.
sotva(že)	scarcely	**Sotva odešla, začalo sněžit.**
		Scarcely had she left when it started to snow.
jakmile	as soon as	**Jakmile zavoláš, přijdu.**
		As soon as you call, I'll come.
jen co	as soon as	**Přijdu, jen co tohle napíšu.**
		I'll come as soon as I've written this.
mezitímco	while	**Mezitímco/zatímco psala dopis, uvařil jí čaj.**
		While she wrote the letter, he made her some tea.
zatímco = mezitímco		
pokud	as long as	**Pokud měl peníze, utrácel.**
		As long as he had money, he spent it.

These indicate purpose, reason, condition, result and the like:

aby	in order to	**Šel domů, aby se umyl.**
		He went home in order to wash.
aby, ať	to	**Řekni mu, aby přišel/ať přijde.**
		Tell him to come.
protože, poněvadž	because	**Vrátil se, protože zmeškal vlak.**
		He returned because he had missed the train.
neboť	for	**Zůstal doma, neboť pršelo.**
		He stayed at home, for it was raining.
s tím, že	on the grounds that, saying that	**Odmítl s tím, že nemá čas.**
		He refused, saying that he didn't have time.
když	if (and when)	**Když budu mít čas, přijdu.**
		If I have time, I'll come.
kdyby	if	**Přišel bych, kdybych měl čas.**
		I'd come if I had time.
jestli(že), -li	if	**Jestli(že) máš čas/máš-li čas, přijď.**
		If you have time, come.

jestli, zda, -li	if, whether	**Zeptal se, jestli (zda) půjdu s nimi/půjdu-li s nimi.** He asked if I would go with them.
i když, **ač(koli)(v)**	although	**Ačkoli/i když pršelo, šli ven.** Though it was raining, they went out.
třebaže	even though	**Šel pěšky, třebaže ho bolely nohy.** He went on foot, even though his feet were hurting.
přestože	despite the fact that	**Byla mu zima, přestože svítilo slunce.** He was cold, despite the fact that the sun was shining.
aniž	without, though not	**Šel tam, aniž ho pozvali.** He went there without being invited, though they hadn't invited him.
jak	how	**Vyprávěl, jak zmeškal vlak.** He told how he missed the train.
	coll. if	**Jak budeš zlobit, nepůjdeš nikam.** If you're bad, you're not going anywhere.
jako by	as if	**Šel dál, jako by mě nepoznal.** He walked on as if he didn't recognise me.
jen(om)že	only	**Šla bych s tebou, jenže nemám čas.** I'd go with you, only I don't have time.
kdežto	whereas	**Ráda plavala, kdežto on se vždycky bál.** She liked swimming, whereas he was always afraid.
zatímco	while	**Ráda plavala, zatímco on se vždycky slunil.** She liked swimming, while he always sunbathed.

pokud	as far as	**Pokud vím, není tady.**
		As far as I know, s/he isn't here.
	if, insofar as	**Pokud budeš mít čas, přijď.**
		If you have time, come.
takže	so (that)	**Pršelo, takže jsme nemohli jít ven.**
		It was raining, so we couldn't go out.
že	that	**Řekla mi, že přijde.**
		She told me that she would come.
	coll. because	**Že mu nebylo dobře, zůstal doma.**
		Because he wasn't feeling well, he stayed at home.

Key to exercises

The answers given are not of course always the only possible ones. Word order may also vary (remember, last words carry more emphasis).

Lesson 1

1

1 Dobrý den. (Já) jsem Josef. 2 Těší mě. 3 (Vy) jste Čech/Češka? 4 Ne. (Já) jsem Angličan/Angličanka. 5 Věra čeká venku.

2

1 Jste Američanka? Are you (an) American (woman)? 2 Je Věra Češka? Is Věra (a) Czech (woman)? 3 Máte kufr? Do you have a suitcase? 4 Jste/Jsi venku? Are you outside? 5 (Vy) jste Jana? Are you Jana?

3

1 Náš hrad je pěkný. 2 Vltava je krásná. 3 Mám nové auto. 4 Kufr je malý. 5 Staré Město je krásné.

4

špinavý, velký, vlevo, ne, krásný/pěkný, starý

5

1 Věra is Czech. Věra není Češka. 2 They're waiting outside. Nečekají venku. 3 I am here. Nejsem tady. 4 I'm English. Nejsem Angličan(ka).

6

1 Dobře. Mám se dobře. 2 Ne. Nejsem Čech/Češka. 3 Jmenuju se (John/Jane Brown). 4 Ano. Praha je pěkné město. 5 Ano. Vltava je krásná. 6 Jmenuje se (Jan Beneš/Jana Benešová). 7 Ano, je starý.

7

Jak se máte? Máte auto? Je tady Karel? Na shledanou.

Lesson 2

1

1 Eva píše dopis. 2 Čte si noviny a kouří. 3 Vaří oběd. 4 Je doma. 5 Učí se. 6 Sedí doma, poslouchá rádio, nebo možná spí.

2

1 Kouříš? Kouříte? 2 Kde je Igor? 3 Spíš? Spíte? 4 Posloucháš/posloucháte rádio?

3

1 Můj kufr, moje/mé auto, moje/má sestra 2 Tvoje/tvá řeka, tvůj oběd, tvoje/tvé rádio 3 Naše město, naše řeka, náš hrad 4 Vaše matka, váš učitel, váš taxík

4

pět korun, třicet pět korun, padesát sedm korun, devadesát dva korun, dvě koruny, jedna koruna, sto dvacet šest korun

5

1 Ne, nemám rád/ráda tenis. 2 Ne, nemám rád/ráda sport. 3 Ne, nevařím. 4 Ne, nerozumím. 5 Ne, nejsem nemocný/nemocná. 6 Ne, nemusím kouřit.

6

1 Ano, musím se učit. 2 Ano, umím anglicky. 3 Ano, rozumím německy. 4 Ano, Evička umí vařit. 5 Ano, mluvím dobře německy. 6 Ano, musíme se učit.

7

dvě sestry, dva obědy, dvě auta, dva dopisy, dva taxíky, dvě matky

Lesson 3

1

1 Vidím řeku. I see the river. 2 Vařím oběd/večeři. I'm cooking lunch/supper. 3 Nemáme vodu. We don't have any water. 4 Nemají učitele. They don't have a teacher. 5 Neznají Igora. They don't know Igor. 6 Vidíte bratra? Do you see (my) brother?

2

1 Mám bratra. 2 Nemám sestru. 3 Eva nemá otce. 4 Nemají matku. 5 Znáš/znáte Evu? 6 Znáš/znáte Josefa? 7 Zná Eva Pavla?

3

1 Do you run? Ano, běhám./Ne, neběhám. 2 Do you cook? Ano, vařím./Ne, nevařím. 3 Do you like water? Ano, mám vodu rád/ráda./Ne, nemám vodu rád/ráda. 4 Are you a sportsman/sportswoman? Ano, jsem sportovec/sportovkyně./Ne, nejsem sportovec/sportovkyně. 5 Do you go for walks? Ano, chodím na procházky./Ne, nechodím na procházky. 6 Do you like football? Ano, mám fotbal rád(a)./Ne, nemám rád(a) fotbal. 7 Do you know Prague well? Ano, znám Prahu dobře./Ne, neznám dobře Prahu.

4

1 To je dobrá voda. This is good water. 2 Ivan má dobrého učitele. Ivan has a good teacher. 3 Eva nemá správnou adresu. Eva doesn't have the right address. 4 Znáte pana Bílého? Do you know Mr Bílý? 5 Máte pěknou výslovnost. You have nice pronunciation. 6 Věra má dobrého

otce. Věra has a good father. 7 Ondřej má hezkou matku. Ondřej has a pretty mother. 8 Koho hledáš? Who(m) are you looking for? 9 Honza někoho hledá. Honza is looking for somebody.

5

1 Ano. 2 Ne. 3 Ne. 4 Ne. 5 Ne.

Lesson 4

1

1 Ne. 2 Ne. 3 Ne. 4 Ano. 5 Ne.

2

1 Ne. Jana vaří oběd./Oběd vaří Jana. 2 Ano. 3 Ne. Jana jde do samoobsluhy./Do samoobsluhy jde Jana. 4 Ne. Petr studuje v Brně ekonomii. 5 Ne. Jana studuje v Praze medicínu.

3

pracuju, kouříš, hledají, dáváme, hrají, vaříme, spí, jdu, uklízím, studujeme

4

1 do Brna 2 do Ostravy 3 do Oxfordu 4 do Jihlavy 5 do Kolína

5

1 dvakrát zmrzlinu 2 třikrát kolu 3 sklenici mléka 4 šálek kávy 5 kus chleba 6 sklenici vody

6

1 Jdu do hotelu. I go into the hotel. 2 Jdou do zahrady. They go into the garden. 3 Jana jde do parku. Jana goes to the park. 4 Adam má sklenici vína. Adam has a glass of wine. 5 Pavel nemá zmrzlinu. Pavel doesn't have any ice cream. 6 Přejete si kávu? Would you like some coffee?

7 Eva píše dopis. Eva is writing a letter. 8 Karel si kupuje knihu. Karel is buying himself a book.

Lesson 5

1

Máte sýr, čaj, kávu? Nemáte pivo, víno, vajíčko, rybu? Prosím, omeletu, bílé víno.

2

1 Ne. Honza jde do města. 2 Ne. Honza jede k bratrovi. 3 Ne. Věra chce jít do kina. 4 Ne. Film je o politice a o prezidentovi. 5 Ne. Petr nechce maso. Chce vajíčko anebo sýr. 6 Ne. Chce červené víno./Červené víno chce!

3

1 Vařím matce oběd. I cook mother lunch. 2 Pomáhám Pavlovi. I help Pavel. 3 Jdeme k Josefovi na večeři. We're going to Josef's for supper. 4 Mluvíme o politice. We're talking about politics. 5 Jana mluví o Václavu Havlovi. Jana is talking about Václav Havel.

4

v hotelu, v paneláku, v koupelně, v kuchyni, v obýváku, v ložnici, v garáži, ve sklepě; ve vaně, v ledničce, v pračce, v knize, v učebnici, ve skříni; v rádiu, v televizi

5

na stěně, na podlaze, na židli, na stole, na stolku, na gauči;

na záchodě, na koleji

6

1 Nechci čaj, chci kávu. 2 Evička nechce rybu. 3 Chceme jít do kina. 4 Co si přejete/si dáte k pití? 5 Káva je na stole. 6 Táta mluví o Igorovi. 7 Někdy matce pomáháme. 8 Jdeme ke Kateřině. 9 Znáš/znáte její jméno?

7

1 Je v práci. 2 Pracuje v muzeu. 3 Mluví o politice, umění a literatuře. 4 Paní Rybářová je doma, nemůže pracovat, protože je nemocná, ale hraje velmi pěkně na klavír. 5 Ne, ale hraje na kytaru a ráda zpívá.

8

1 Zina hraje na kytaru. Zina plays the guitar. 2 Bydlím v hotelu. I'm living in a hotel. 3 Eva sedí na gauči. Eva is sitting on the couch. 4 Muzeum je na náměstí. The museum is on the square. 5 Pavel dává hrnek na koberec. Pavel puts the mug on the carpet. 6 Hrnek je na koberci. The mug is on the carpet. 7 Jestli chceš, můžeš jít plavat. If you want, you can go and swim. 8 Vím, že Věra umí psát. I know that Věra can write. 9 Nemůžeme jít na koncert. We can't go to the concert. 10 Chceme jít do kina. We want to go to the cinema.

Lesson 6

1

1 Do you go to town by car? – Ne, jezdím autobusem. 2 Where is your flat? – Náš byt je na náměstí za kostelem. 3 Where is the church? – Kostel je před školou. 4 And where is the school? – Škola je mezi kinem a řekou. 5 How do you go to Prague? – Jezdíme do Prahy vlakem. 6 Are you travelling alone? – Ne, cestuju s otcem/tátou a matkou/mámou. 7 How do you like it here? – Velmi se mi tady/tu líbí. 8 What would you like? – Čaj s mlékem, prosím, a s cukrem. 9 Yes, please? – Prosím, zpáteční lístek s místenkou do Ostravy.

2

1 Chalupa je mezi školou a náměstím. 2 Vesnice je daleko od Brna, protože není daleko od Prahy. 3 Pije kávu bez cukru a s mlékem. 4 Peter cestuje s bratrem a se sestrou. 5 Včera byli v Olomouci a dnes jedou do Brna.

3

1 Hledal jsem sestru. I was looking for my sister. 2 V létě jsi nestudoval(a). In the summer you didn't study. 3 Co jste dělal(a)/dělali(-y) na

jaře? What did you do in spring? 4 Pavel šel do kina. Pavel went to the cinema. 5 Táta byl v hospodě. Dad was in the pub. 6 Díval jsem se na televizi. I was watching TV. 7 V zimě hráli šachy. In winter they played chess. 8 Studoval(a) jsem medicínu. I studied medicine. 9 Matka neměla byt. Mother didn't have a flat. 10 Na podzim jsme cestovali(-y). In the autumn we travelled.

4

1 I drank coffee. Piju kávu. 2 Eva waited for the train. Eva čeká na vlak. 3 Pavel wasn't at home. Pavel není doma. 4 Sister was tired. Sestra je unavená. 5 The school stood (was) on the square. Škola stojí na náměstí. 6 Jiří was studying. Jiří se učí. 7 They went to sleep. Jdou spát. 8 Father didn't have a sister. Otec nemá sestru.

5

Náš dům je/byl na náměstí mezi školou a řekou. Můj otec tam jezdí/jezdil autem, ale sestra jezdí/jezdila někdy taky vlakem.

Our house is/was on the square between the school and the river. My father goes/went there by car, but my sister goes/went sometimes also by train.

6

1 Prší. Je mi zima. 2 Je pěkně/hezky. Slunce svítí. 3 Je zima. Sněží. 4 Je oblačno/zataženo, ale je horko. 5 Je větrno/je vítr/fouká vítr, ale je mi teplo. 6 Je mlha a mrzne.

Lesson 7

1

1 vepřový řízek a bramborový salát 2 párek v rohlíku s hořčicí 3 rybu a chleba s máslem 4 zeleninovou polévku, rybu a chleba se sýrem 5 kuře s rýží a zmrzlinu 6 fazole s vajíčkem a rohlík s džemem

2

… v menze … jako v restauraci ….
    do kavárny … kávu … sklenici vína. … na ulici … s hořčicí.

3

1 Jedí/jedli(-y) v hotelu anebo v restauraci. 2 Obědváme/obědvali(-y) jsme v kavárně. 3 Potom večeříme/jsme večeřeli(-y) doma. 4 K snídani jím/jsem jedl(a) chleba se sýrem anebo s džemem. 5 Piju/pil(a) jsem kávu a čaj s cukrem a s mlékem. 6 Restaurace je/byla dobrá, i když je/byla taky poměrně drahá.

4

Pepík je venku. Včera pršelo. Seděl doma, četl si noviny a poslouchal rádio. Dnes chtěl jít ven. Teď je ve městě. Šel do Obecního domu. Má schůzku v kavárně s kamarádkou. Je to Angličanka. Jmenuje se Andrea. Pepík ji učí česky.

5

1 Seděla v knihovně. She was sitting in the library. 2 Je nahoře v ložnici. She's upstairs in the bedroom. 3 Honza je v posteli. Honza's in bed. 4 Táta byl v kuchyni. Dad was in the kitchen. 5 Díval se na televizi. He was watching TV. 6 Láďa si obléká svetr. Láďa puts on his sweater. 7 Anna si myje ruce. Anna washes her hands. 8 Eva si svléká kabát. Eva takes off her coat. 9 Věra si zouvá boty. Věra takes off her shoes. 10 Igor si obouvá boty. Igor puts on his shoes.

Lesson 8

1

uvařit, vypít, zaplatit, sníst, udělat, napsat

2

kupovat/koupit, dávat/dát, zvát/ pozvat, číst/přečíst, děkovat/poděkovat

3

1 Igor četl román. Igor was reading a novel. 2 Zuzana přečetla/přečtla dopis. Zuzka has read the letter. 3 Míša snědl strašně moc. Míša has eaten an awful lot. 4 Eva vypila celou láhev vína. Eva has drunk a whole bottle of wine. 5 Míša a Eva pili celý den. Míša and Eva drank all day. 6 Bratr

uvařil opravdu chutnou večeři. My brother has cooked a really tasty supper. 7 Sestra udělala jednu velkou chybu. My sister has made one big mistake. 8 Otec mu napíše hezký dopis. Father will write him a nice letter. 9 Zítra mu poděkuju za ten dárek. Tomorrow I'll thank him for that present. 10 Mohl/mohla bych mluvit s Alenou? Could I speak to Alena? 11. Chtěl(a) bych mluvit s učitelem. I would like to talk to the teacher.

4

- Haló? Paní Bednářová? – Yes, speaking. Who's calling? – Petr/Věra. Mohl/mohla bych mluvit s panem Bednářem? – Unfortunately he's not at home. He's in Vienna. – Ahá, rozumím. Kdy se vrátí, paní Bednářová? – He'll return on Monday. Should I give him a message? – Ehm … ne. Není to moc důležité. Chtěl(a) bych se s ním sejít. Zavolám mu pozítří, v pondělí večer. Nebude vám to vadit? – No, that's alright. I'll tell him you called. – Děkuju vám pěkně./Moc vám děkuju. Promiňte, že jsem vás obtěžoval(a). – It doesn't matter./You're welcome. Goodbye. – Na shledanou.

5

1 Alena otevřela okno. 2 Eva zavřela knihu. 3 Pavel si oblékl kalhoty. 4 Eva si obléká svetr. 5 Jiří si svlékl košili. 6 Včera dostal hezký dopis. 7 Vstal brzy ráno a snědl rohlík s máslem. 8 Přijeli(-y) včera a odjeli(-y) dnes. 9 Nebudou doma celý den.

Lesson 9

1

1 Anna ztratila cestovní pas a peněženku. 2 Sedla si do kouta vlevo u okna. 3 Když odcházela, přišel tam mladý kluk v bílém tričku. 4 Policejní stanice je v moderní budově hned vedle staré pošty. 5 Anna má matku Angličanku a otce Čecha.

2

1 Helena má černou tašku. Helena has a black bag. 2 Jiří má bílé tričko. Jiří has/is wearing a white T-shirt. 3 Vlevo sedí paní v červené sukni. On the left a lady in a red skirt is sitting. 4 Vpravo stojí pán v hnědém svetru. On the right stands a man in a brown sweater. 5 Anna čeká v tom modrém

autě. Anna is waiting in that blue car. 6 Josef bydlí v tom krásném žlutém domě. Josef lives in that beautiful yellow house.

3

1 Doleva na hlavní ulici. 2 Naproti velkému obchodnímu domu. 3 V staré budově vedle pošty. 4 Hned za rohem před starým kostelem. 5 V zadní místnosti v koutě vlevo. 6 V té malé ulici/uličce naproti policejní stanici. 7 Přejdete ulici, pak jdete rovně a doprava. 8 Nádraží? Není to daleko, jdete doleva, potom (přejdete) přes most.

4

O kom mluvila Božena? Mluvila o Karlovi. S kým mluvila? Mluvila s učitelem. Neví o Karlovi nic. Nikdo neví o tom učiteli(-ovi) nic. Bydlí někde v Jižním Městě, ale o ničem nikdy nemluví. Božena mluví velmi rychle, někdy mluví velmi dlouho. 'Jdeš někam, Boženo?' – 'Ne, dnes nejdu nikam.'

5

1 Promiňte, já jsem vás v první chvíli nepoznal(a). 2 To jsme se dlouho neviděli(-y)! 3 Ani jste se velmi nezměnil(a). 4 Trochu jsem ztloustnul/ztloustl(a). 5 To není pravda! Vypadáte dobře. 6 Znám váš článek o dnešním Německu. 7 Teď mě velmi zajímá politická situace v střední Evropě, zvlášť v České republice.

Lesson 10

1

1 Počkejte chvíli! 2 Pojďte dál a sedněte si! 3 Vezměte/vemte si knihu! 4 Nebojte se! 5 Nebuďte tak nervózní! 6 Nechoďte! 7 Nezlobte se! 8 Zapište si adresu! 9 Zítra mi zavolejte! 10 Slibte, že mi zavoláte!

2

1 Promiň, nevyrušuju? Můžu jít dál? 2 Počkej chvíli! 3 Vypij to! 4 Už bys měl(a) jít domů. 5 Podívej se, Marie, proč mi vykáš? 6 Dej si se mnou ještě sklenici! 7 Seděl(a) jsi na posteli. 8 Sedli(-y) jsme si na postel. 9 Promiň!

3

čti!/čtěte! read! pij/-te drink! miluj/-te! love! dej/-te! give! nedávej/-te! don't give! napiš/-te! write! řekni!/řekněte! tell! sněz/-te! eat! přestaň/-te! stop! vyber/-te! choose! lehni si!/lehněte si! lie down!

4

1 Češi, Slováci, Maďaři, Angličané, Američané, učitelé, bratři, otcové, synové – Czechs, Slovaks, Hungarians, Englishmen/English people, teachers, brothers, fathers, sons 2 Češky, Slovenky, Maďarky, Angličanky, Američanky, učitelky, matky, sestry, dcery – female Czechs, Slovaks, Hungarians, Englishwomen, female Americans, teachers, mothers, sisters, daughters 3 stoly, nože, vidličky, lžíce, talíře – tables, knives, forks, spoons, plates 4 pěkné kravaty, velké sklenice, krásná města, bílá saka, černé klobouky – nice ties, big glasses, lovely towns, white jackets, black hats

5

1 Máte nějaké anglické noviny? 2 Vybral nějaké pěkné pohlednice. 3 Tyto staré domy mají krásné zahrady. 4 Máte rád/ráda moderní budovy? 5 Mám rád/ráda staré hrady/zámky, kostely, muzea a koncerty. 6 Adriana má ráda kavárny, vinárny a drahé restaurace. 7 Potřebuju tři známky na dopisy do Anglie. 8 Jeho kamarádi/přátelé čtou americké romány. 9 Mají rádi italské filmy a německá auta.

6

1 Honza má dvě auta. Honza has two cars. 2 Tihle tři američtí studenti nejsou hloupí. These three American students are not stupid. 3 Mám čtyři bratry a jednoho syna. I have four brothers and one son. 4 Karel má dva učitele češtiny. Karel has two male teachers of Czech. 5 Josef má dvě učitelky češtiny. Josef has two female teachers of Czech. 6 To jsou velmi staré, ošklivé/škaredé džíny. Those are very old, ugly jeans. 7 Karel pracoval tři roky v Bratislavě. Karel worked three years in Bratislava. 8 Tihle dva bratři byli dobří přátelé. These two brothers were good friends. 9 Tyhle dvě sestry jsou velmi dobré přítelkyně. These two sisters are very good friends.

Lesson 11

1

1 Čtyři kila brambor. 2 Čtvrt kila másla. 3 Tři litry mléka. 4 Kilo pomerančů. 5 Dvacet deka sýra. 6 Patnáct deka tvarohu. 7 Půl kila meruněk. 8 Kilo jahod. 9 Deset deka šunky. 10 Dvě kila jablek.

2

1 Šest banánů, osm pomerančů a sedm broskví. 2 Dvanáct lahví piva a pět lahví bílého vína. 3 Pět Čechů a šestnáct Angličanů. 4 Deset týdnů a jedenáct měsíců. 5 Čtrnáct slov. 6 Čtyři okna. 7 Padesát litrů benzínu.

3

1 tři, čtyři, dvě koruny 2 pět, čtrnáct, šestnáct, dvacet čtyři, čtyřicet, šedesát, třicet pět, osmdesát jedna, devadesát devět, devatenáct korun 3 pět set, tři sta, dvě stě padesát sedm, devět set osmdesát dva, tři tisíce, dva tisíce sto čtyřicet šest, čtyři tisíce čtyři sta čtyřicet čtyři, devět tisíc devět set devadesát devět korun

4

1 Šest vajíček. 2 Pět litrů mléka. 3 Dvacet deka kávy. 4 Dvě kila rajčat. 5 Šest housek. 6 Pět rohlíků.

5

1 Zůstali tam deset nocí. They stayed there ten nights. 2 Zůstaneme tam osm dnů/dní. We'll stay there eight days. 3 Má osm polí. He has eight fields. 4 V Brně je mnoho kaváren. In Brno there are many cafés. 5 Náš dům má dvě koupelny. Our house has two bathrooms. 6 Mají šest dětí. They have six children. 7 Znám tady jenom pár lidí. I know only a couple of people here. 8 Mám tady dost málo přátel/kamarádů. I have quite few friends here. 9 Mám hodně času. I have lots of time. 10 Mám málo peněz. I have little money.

6

1 Máme mnoho/hodně žáků, několik Američanů českého původu a pár Angličanů, dohromady osmnáct lidí. 2 Pan Čapek má skupinu

začátečníků, deset Italů, osm Maďarů a sedm Francouzů. 3 Většinou jsou to ženy: čtyři Italky, šest Maďarek a šest Francouzek – mnoho/hodně začátečníků, ale málo pokročilých. 4 Kolik je hodin? – Je přesně sedm hodin, už měli začít. 5 Co máš/máte v té aktovce? – Asi čtyři knihy, deset sešitů a kilo brambor.

Lesson 12

1

1 Jsou čtyři hodiny. 2 Jsou tři hodiny. 3 Je jedenáct hodin. 4 Je devět hodin. 5 Je půlnoc.

2

1 When did he come? – Přišel v jednu. 2 At what time did he leave? – Odešel ve dvě. 3 When did they arrive? – Přišli v osm. 4 When did they leave? – Odešli o půlnoci. 5 When did Dad arrive? – Přijel ve tři hodiny. 6 When did sister arrive? – Prijela ve čtyři.

3

1 Hledají mě/tě. They are looking for me/you. 2 Tahle kniha je pro mě/tebe. This book is for me/you. 3 Mluvili často o mně/o tobě. They often spoke about me/about you. 4 Oni stojí za mnou/za tebou. They are standing behind me/you. 5 Jde ke mně/k tobě. S/he is coming towards me/you. 6 Kdo mi/ti to řekl? Who told me/you that? 7 Chtěla mě/tě poprosit o jednu věc. She wanted to ask me/you for one thing. 8 Nechtěl jít se mnou/s tebou. He didn't want to go with me/you.

4

1 Neviděli nás. They didn't see us. 2 Nepomáhali vám? Didn't they help you? 3 Kolik je vás? How many are there of you? 4 Ten chlapec může hrát s námi. The boy can play with us. 5 Moment, hned vám to řeknu. Just a moment, I'll tell you in a minute. 6 Tento dopis je pro nás. This letter is for us.

5

1 Je čtvrt na šest. 2 Je tři čtvrtě na pět. 3 Je půl šesté. 4 Odešli v půl desáté. 5 Přišli v půl třetí. 6 Vlak odjíždí ve čtvrt na dvanáct. 7 V půl druhé jsme zastavili před hotelem.

6

1 Máte/nemáte volné pokoje? 2 Je nás šest. 3 Jsme dva (*f.* dvě). 4 Potřebujeme tři dvoulůžkové pokoje, se sprchou. 5 Potřebuju jednolůžkový pokoj, s koupelnou. 6 Je snídaně zahrnutá v ceně? 7 Dobře, vezmeme to.

Lesson 13

1

1 Vidím ji. I see her. 2 Pomáhám jí. I help her. 3 Jdu tam s ní. I'm going there with her. 4 Mluvili jsme o ní. We were speaking about her. 5 Hledám ji. I'm looking for her.

2

1 Nemám ho ráda. I don't like him. 2 Telefonuju mu. I'm phoning him. 3 Šla s ním na koncert. She went with him to a concert. 4 Nerad mluvil o něm. He didn't like talking about him. 5 Potkali jsme ho před divadlem. We met him in front of the theatre.

3

1 Obvykle jezdí vlakem. 2 Včera jela autobusem. 3 Často chodí do kina. 4 Dnes jde do divadla. 5 V pondělí šel na koncert. 6 Půjdete se mnou na diskotéku/na disko? 7 Zítra půjdeme do města pěšky.

4

1 Vidíte je? Do you see them? 2 Mluvili jsme o nich. We were talking about them. 3 Zatelefonovala jim. She telephoned them. 4 Šli k nim na večeři. They went to their place for supper. 5 Dostali jsme od nich pěkný dopis. We got a nice letter from them.

5

1 Vešli do domu. 2 Marie už odešla. 3 Rozešli se před divadlem. 4 Honza vešel do knihovny. 5 Lída obešla divadlo a přešla (přes) most. 6 Našli jsme pěknou vinárnu. 7 Kluk ještě nepřišel.

Lesson 14

1

1 Tahle halenka je levnější. 2 Tyhle knoflíky jsou lepší. 3 Tenhle svetr je dražší než ten modrý. 4 Bílá halenka se mi nejvíc líbí, má nejhezčí střih. 5 Tyhle košile jsou teplejší, z kvalitnější látky. 6 Tahle košile je mi malá, potřebuju větší číslo. 7 Tahle košile má kratší rukávy.

2

1 Eva je nejmladší. Eva is the youngest. 2 Otec je nejstarší. Father is the oldest. 3 Zuzana je moje najlepší kamarádka. Zuzana is my best friend. 4 Igor je nejsilnější, ale Petr je nejrychlejší. Igor is the strongest, but Petr is the fastest. 5 Můj kufr je nejtěžší a tvoje aktovka je nejlehčí. My suitcase is the heaviest and your briefcase is the lightest. 6 Tato ulice je nejkratší a nejužší. This street is the shortest and narrowest. 7 Tvoje auto je nejnovější. Your car is the newest. 8 Toto město je nejstarší a nejkrásnější. This town is the oldest and most beautiful.

3

1 Ivan je mladší než já. Ivan is younger than me. 2 Marie je starší než Věra. Marie is older than Věra. 3 Pan Roháček je bohatší než pan Chudáček. Mr Roháček is richer than Mr Chudáček. 4 Evička je menší než já. Evička is smaller than me. 5 Pavel je větší než já. Pavel is bigger than me.

4

1 Bydlí v Pardubicích. S/he lives in Pardubice. 2 Její bratr studuje v Českých Budějovicích. Her brother studies in České Budějovice. 3 Její matka bydlí v Rokycanech. Her mother lives in Rokycany. 4 Jeho otec bydlí v Poděbradech. His father lives in Poděbrady. 5 Jeho dcera bydlí

v Mariánských Lázních. His daughter lives in Mariánské Lázně. 6 Jiří Šedivý bydlí v Teplicích. Jiří Šedivý lives in Teplice.

5

1 Jeli jsme do Českých Budějovic. We went to České Budějovice. 2 Její otec je z Domažlic. Her father is from Domažlice. 3 Jedeme do Poděbrad. We are going to Poděbrady. 4 Jedou do Mariánských Lázní. They are going to Mariánské Lázně. 5 Jeho sestra je z Vodňan. His sister is from Vodňany.

6

1 Mluvili jsme o těch amerických studentech. We were talking about those American students. 2 Jde s kamarády/přáteli do divadla. S/he is going with friends to the theatre. 3 Vaří sestrám oběd. S/he is cooking lunch for her/his sisters. 4 Píše bratrům krátký dopis. S/he is writing the brothers a short letter. 5 Ubytování objednává v cestovních kancelářích. S/he books accommodation in travel agencies. 6 Kupuje knihy o starých městech, hradech a zámcích. S/he buys books about old towns, castles and chateaux.

7

1 Dnes letím do Bratislavy. 2 Nerad létám. 3 Vždy nosí krásné košile. 4 Dnes neseš/nesete kufr. 5 Obvykle nosíš/nosíte aktovku anebo tašku. 6 Často běhá v parku. 7 Dnes běží do práce.

Lesson 15

1

1 Kdybych měl(a) čas, cestoval(a) bych po světě. If I had time I'd travel about the world. 2 Kdybys/Kdybyste neměl(a) peníze, co bys/byste dělal(a)? If you didn't have money, what would you do? 3 Přeložil(a) bys/byste mi toto slovo? Would you translate this word for me? 4 Nemohla by přijít radši zítra? Couldn't she preferably come tomorrow? 5 Nevím, jestli Věra přijde. I don't know if Věra will come.

2

1 Kočka je v mém pokoji. 2 Klíč je v tvé/tvojí (ve vaší) kapse. 3 Můj kabát je v tvém (ve vašem) autě. 4 Tvoje/tvé (vaše) časopisy leží na mé/mojí židli. 5 Znáš (znáte) naše americké a anglické kolegy? 6 Mluvila o tvých (vašich) přátelích/kamarádech. 7 Mluvila o svých přátelích/kamarádech. 8 Mluví o jejích přátelích/kamarádech. 9 Nechal(a) jsem svoji/svou knihu na tvém (vašem) stole.

3

1 To je Irenina kniha. 2 To jsou bratrovy boty. 3 To je sestřino kolo. 4 To je Igorovo auto. 5 To jsou strýcova pera.

4

1 Je čtrnáctého ledna. 2 Je pátého května. 3 Je dvacátého prvního října. 4 Je osmého září. 5 Je třicátého března. 6 Je dvacátého devátého srpna.

5

1 Chtěla, abych tam šel/šla s ní. 2 Řekl mi, abych si koupil(a) novou košili. 3 Radili nám, abychom prodali dům. 4 Bojím se, abych neztratil(a) zaměstnání. 5 Chci, aby mi dali větší pokoj. 6 Potřebuje auto, aby mohla cestovat po Evropě.

Lesson 16

1

překvapený 'surprised', koupený 'bought', napsaný 'written', přečtený 'read', milovaný 'loved', ztracený 'lost', vařený 'boiled/cooked', oholený 'shaved', zapomenutý 'forgotten', pozvaný 'invited', balený 'wrapped', zavřený 'closed', objednaný 'booked/ordered', rezervovaný 'reserved'

2

okno 'window', dům 'house', list 'leaf', ruka 'hand', kus 'piece', slovo 'word', ulice 'street', kniha 'book', kotě 'kitten', trochu 'a bit', pivo 'beer'

3

1 Všechna děvčata (všechny holky/dívky) jsou v knihovně. 2 Všichni kluci jsou v autobuse. 3 Jak se to píše? 4 Kde se prodávají lístky do divadla? 5 Knihovna se zavírá ve čtyři. 6 Hledali jsme ve všech pokojích.

4

'travelling/passenger' – cestovat, 'organizing' – organizovat, 'studying' – studovat; 'reading' – číst, 'calling' – volat, 'singing' – zpívat; 'cooking/boiling' – vařit, 'walking/going' – chodit, 'running' – běžet, 'sitting' – sedět, 'lying' – ležet; 'drinking' – pít, 'sleeping' – spát, 'carrying' – nést, 'leading/manager, head' – vést, 'carrying/conveying' – vézt

5

dělat, sedět, vidět, být, mít, chodit

6

1 Před čtyřmi lety. Four years ago. 2 Po dvou letech. After two years. 3 Jezdím do práce sedmnáctkou. I go to work by the number seventeen (tram/bus). 4 Bydlím na osmičce. I'm living/staying in room eight.

Czech–English glossary

Gender and genitive singular of nouns are given only if they are unpredictable. Perfective verbs are indicated by arrow heads > or <

a	and	**archeolog,**	archaeologist
aby	to, in order	**archeoložka**	
	to/that	**asi**	probably, about
ač(koli)	although	**aspoň**	at least
adidasky	trainers	**ať**	let …
adresa	address	**auto**	car
aha	ah!	**autobus**	bus
ahoj	hi, hello; bye	**autobusový**	bus *adj.*
akademie	academy	**autor, -ka**	author
akorát, je mi	it's an exact fit	**až**	to the point of,
aktovka	briefcase		not before,
ale	but, however		only
alkoholik	alcoholic	**až**	when (*in future*),
Alpy *f. pl.*	Alps		until
americký	American		
Američan, -ka	an American	**babička**	grandmother
Amerika	America	**báječný**	fabulous
anebo, nebo	or else, or	**balík**	parcel
anglický -y	English	**balit > za-**	to wrap
Angličan, -ka	Englishman,	**banán**	banana
	-woman	**banka**	bank
angličtina	English language	**bankéř**	banker
Anglie	England	**bankovka**	banknote
ani	even	**bar**	bar
ani … ani	neither … nor	**barevný**	colour *adj.*
ano	yes	**barokní**	Baroque
arabský	Arab	**barva**	colour
		básník	poet

bát se/bojím se	to fear	**budík -u/-a**	alarm clock
bavit (se)	to amuse (oneself)	**budoucí**	future
		budova	building
bavlna	cotton	**budu**	I will be
běhat *see* **běžet**	to run	**bufet**	snack bar, buffet
během + *gen.*	during	**Bůh – Boha**	God
bez + *gen.*	without	**bunda**	casual jacket, anorak
bezmasý	meatless		
běžet + **běhat**	to run	**by**	would
béžový	beige	**bydlet**	to live
bílý	white	**bych, bychom**	I, we would
blázen -zna	madman	**byl, byli**	was, were
blízko	near, nearby	**bys, byste**	you would
blondýnka	a blonde	**byt**	flat, apartment
bohatý -tší	rich, -er	**být/jsem** *etc.*	to be
bohužel	unfortunately	**bývat** *freq.*	to be
bochník -u/-a	loaf	**celek -lku**	whole (piece)
bolet	to hurt	**celkem**	on the whole, generally
bonboniéra	box of chocolates		
bota	shoe	**celkově**	generally, all in all
bouda	hut, chalet		
bouřka	thunderstorm	**celnice**	customs
Bože! *see* **Bůh**	God!	**celý**	the whole of, all the
brambor(a)	potato		
bramborový	potato *adj.*	**cena**	price
brambory *f. pl.*	potatoes	**centrum -tra** *n.*	centre
brát/beru > vzít	to take	**cesta**	road, journey
brát se > vzít se	to get married	**cestovat**	to travel
bratr	brother	**cestovní**	travel *adj.*
Británie	Britain	**cestovní pas**	passport
britský	British	**cestující**	passenger
broskev -skve *f.*	peach	**cigareta**	cigarette
brýle *f. pl.*	spectacles	**císař**	emperor
brynza	soft sheep's milk cheese	**cítit**	to feel
		citron	lemon
brynzové halušky *f. pl.*	brynza gnocchi	**cizí**	foreign
		cizinec -nce, cizinka	foreigner, stranger
brzo, brzy	early, soon		
břeh	bank, shore	**co – čeho?**	what?
březen -zna	March	**co nejdřív**	as soon as possible
buď … anebo	either … or		
buď!	be!	**copak?**	*lit.* 'what then?'

copak ne- ?	isn't it surely?	čtvrtek -tka	Thursday
cukr	sugar	čtvrthodina	quarter of an hour
čaj	tea	čtvrtý	fourth
čárka	comma	čtyři	four
čas	time	čtyřicet, čtyřicátý	forty, -ieth
časopis	magazine	dá se	it is possible
často	often	dál!	come (on) in!
čau	hi, bye	dál(e)	further
čeho *see* co	(of) what	daleko	far, far away
Čech, *pl.* Češi	a Czech	další	another, a further
čekat > počkat	to wait	dáma	lady
čem, čemu *see* co	what	dámský	ladies' *adj.*
čepice	cap	dárek -rku	gift, present
černobílý	black and white	dát < dávat	to give, put
černý	black	datum -ta *n.*	date
červen -vna	June	dávat > dát	to give, put
červenec -nce	July	dcera	daughter
červený	red	deci	decilitre
česat/češu,	to comb	dědeček -čka	grandfather
-sám > u-		dějiny *f. pl.*	history
Československo	Czechoslovakia	deka	decagram
český/-y	Czech	děkovat > po-	to thank
Češka	Czech woman	děkuji -u	thank you
čeština	Czech language	dělat > u-	to do, make,
čí?	whose?		work
čím *see* co	(by/with) what	déle, *coll.* dýl	longer
činnost	activity	děleno + *ins.*	divided by
číslo	number, size	delší	longer
číst/čtu,	to read	den – dne	day
četl > pře-		desátý	tenth
čistý	clean, pure	deset	ten
číšnice	waitress	desítky *f. pl.*	tens
číšník	waiter	déšť/dešť – deště	rain
čítárna	reading room	deštník	umbrella
článek -nku	article	děti *f. pl.*	children
člověče!	man!	devadesát, -tý	ninety, -ieth
člověk, *pl.* lidé	person, man	devatenáct, -ctý	nineteen, -th
čokoláda	chocolate	devátý	ninth
čokoládový	chocolate *adj.*	děvče,	girl
čtrnáct -ctý	fourteen(th)	*pl.* děvčata *n.*	
čtvrt	quarter	devět	nine
čtvrť -ti *f.*	district	dík(y)	thanks

dílo, *gen. pl.* **děl**   work (of art)
diplom   diploma
diplomat, -ka   diplomat
diplomový   diploma *adj.*
diskotéka/disko   disco
dít se/děje se,   to be
   děl se   happening
dítě – dítěte *n.*,   child
   f. pl. **děti**
divadelní   theatre *adj.*
divadlo   theatre
dívat se > po-   to watch, look at
divit se   to be amazed
divný   strange, odd
dlouho   for a long time
dlouhý   long
dnes/dneska   today
dnešní   today's
dny/dni,   days
   pl. of **den**
do + *gen.*   into/to, until, till
doba   time, period
dobrou noc!   good night!
dobrý   good
dobrý den!   hello!, 'good
   day!'
dobře   well, good, fine
docela   quite, wholly,
   entirely
dohromady   altogether
dojít/dojdu,   to reach
   došel *pf*
dokonce   even
dolar   dollar
dole   below, down-
   stairs
doleva   to the left
dolů   down, downstairs
   (*motion*)
doma   at home
domeček -čku   little house
domu *see* **dům**   (of the) house

domů   (to) home
dopis   letter
dopoledne   in the morning
doprava   to the right
dost   enough, rather,
   quite
dostat/dostanu   to get
   < **dostávat**
dostat se *pf*   to get (to a place)
doufat   to hope
dovolená   holiday
dovolit   to allow
   < **dovolovat**
dovolit si *pf*   to afford
drahý, dražší   dear, -er
drobné *pl.*   change
drogerie   chemist's
drůbež *f.*   poultry
druhý   other, second
dřevěný   wooden
dřez   sink
dřív(e)   sooner, earlier
dub   oak
duben -bna   April
důkladně   thoroughly
důležitý   important
dům – domu   house
Dunaj   Danube
důvod   reason
dva, *f./n.* **dvě**   two
dvacátý   twentieth
dvacet   twenty
dvakrát   twice
dvanáct, -ctý   twelve, twelfth
dvěma *see* **dva**   two
dveře *f. pl.*   door
dvou *see* **dva**   two
dvoulůžkový   double room
   pokoj
dýl *coll.* = **déle**   longer
dynastie   dynasty
džem   jam

džíny –	jeans	**haló**	hello (*on phone*)
džínů *m. pl.*		**házet > hodit**	to throw
džus	juice	**hedvábí**	silk
ehm	uhm	**hedvábný**	silk *adj.*
eidam	Edam	**hele!**	look!, look here!
ekonomie	economics	**herec -rce**	actor
ekonomika	the economy	**herečka**	actress
elegantní	elegant	**hezčí**	prettier
ementál	Emmental	**hezký**	pretty, nice
etnický	ethnic	**historický**	historical
Evropa	Europe	**historik,**	historian
existovat	to exist	**historička**	
fajn	fine	**hlad**	hunger
fakulta	faculty	**hlava**	head
fantastický	fantastic	**hlávkový salát**	lettuce
fazole *f. pl.*	beans	**hlavní**	main
fialka	violet	**hledat**	to look for
fialový	purple, violet	**hlídat**	to guard, keep
filharmonie	Philharmonic		watch
film	film	**hloupý**	stupid
filmový	film *adj.*	**hluboký, hlubší**	deep, -er
flaška *coll.*	bottle	**hlučný**	noisy
fotbal	football	**hluk**	noise
fotka	photo	**hned**	at once, immedi-
fotograf, -ka	photographer		ately
fotografie	photograph	**hnědý**	brown
foukat	to blow	**ho**	him/it
Francie	France	**hodina**	hour
Francouz, -ka	Frenchman,	**hodinky**	watch
	woman	**-nek** *f. pl.*	
francouzský	French	**hodiny**	classes
francouzština	French	**hodit < házet**	to throw
fuj!	ugh!	**hodit se**	to be suitable
garáž *f.*	garage	**hodně**	a lot, lots of
gauč	settee, couch	**hodný**	kind, good
gól	goal	**hokej**	ice hockey
gotický	Gothic	**holicí strojek**	shaver
hádat se	to quarrel	**holit (se) > o-**	to shave
hala	hall	**hora**	mountain
halenka	blouse	**horký/-o**	hot
haléř	heller	**horský**	mountain *adj.*
(100 = **koruna**)		**horší**	worse

hořčice	mustard
hořký	bitter
hospoda	pub, tavern
host	guest
hostinec -nce	inn
hotel	hotel
houska	round roll
hovězí	beef *adj.*
hovězí (maso)	beef
hovořit	to speak
hrad	castle
Hradčany	area of Prague
-an *m. pl.*	Castle
hranolky *m. pl.*	chips
hrát/hraju,	to play
hrál > za-	
hrnek – hrnku	mug
hromada	a heap, pile, load
hrozně, hrozný	terribly, terrible
hrubý, -ší	rough, -er
hruď *f.*	chest
hřeben -u/e	comb
hubený	thin
hudba	music
hůř	worse
hustý, -ší	thick, -er
hvězda	star
chalupa	cottage
chápat/chápu	to grasp, under-stand
chata	hut, country chalet
chce se mi	I feel like
chladno/-ý	cool, cold
chlap	guy, bloke
chlapče!	lad! boy!
chlapec -pce	young boy
chléb – chleba	bread
chleba *m. nom./*	bread
acc. = **chléb**	
chodit *see* **jít**	to walk, go
chodívat *freq.*	to go
chrám	large church
chtěl by	would like
chtít/chci, chtějí,	to want
chtěl	
chudý	poor
chuť -ti *f.*	appetite
chutný	tasty
chvíle	while
chvíli	for a while/short time
chyba	mistake
chystat (se)	to prepare
chytit *pf*	to catch
i	also (= 'in addi-tion')
i když	although
igelitový	polythene *adj.*
inteligentní	intelligent
interview *n.*	interview
inženýr, -ka	engineer
Ital, -ka	an Italian
Itálie	Italy
italský -y	Italian
italština	Italian language
já – mě, *etc.*	I, me
jablko	apple
jahoda	strawberry
jahodový	strawberry *adj.*
jak?	how?
jak dlouho?	how long?
jako	as, like
jaký?	what (kind of)?
jarní	spring *adj.*
jaro	spring
jasný	clear
jazyk -a	language, tongue
jde o + *acc.*	it concerns
jdu *see* **jít**	I go
je *see* **být**	is
je	them, *also n.* it
jeden, jedna,	one
jedno	

jedenáct, -ctý	eleven, -th	jízdní řád	timetable
jedí *see* jíst	they eat	jižní	southern
jediný	the only, sole	jméno	name
jedl *see* jíst	he ate	jmenovat se	to be called
jednoduchý	simple	jo *coll.*	yes
jednodušší	simpler	jsem	I am
jednolůžkový pokoj	single room	jsi	you are
		jsme	we are
jeho	his, (of) him	jsou	they are
jehož, jejíž, jejichž	whose	jste	you are
		k, ke + *dat.*	to, towards
jej = ho	him/it	kabát	coat
její	her (*possessive*)	kabinka	cubicle
jejich	their	kalhotky *f. pl.*	knickers
jemu	to/for him	kalhoty *f. pl.*	trousers
jen, jenom	only	kam?	where to?
jestli(že)	if	kamarád, -ka	friend
ještě	still, even (-er)	kamenný	stone *adj.*
ještě jeden	one more	Kanada	Canada
ještě jednou	once again	Kanaďan, -ka	a Canadian
ještě ne(-)	not yet	kanadský	Canadian
ještě něco	something else	kancelář *f.*	office
ještě stále	still	kapesní	pocket *adj.*
jezero	lake	kapesník	handkerchief
ji, jí	her	kaple	chapel
jí *see* jíst	s/he eats	kapr	carp
jídat *freq.*	to eat	kapsa	pocket
jídelna	dining-room	karta	card
jídelní lístek	menu	kartáček -čku	brush
jídlo	food, dish	kartáček na zuby	toothbrush
jih	south	katedrála	cathedral
jich	of them	káva	coffee
jim	to/for them	kavárna	café
jím	by him	každý	each, every
jím *see* jíst	I eat	kde?	where?
jimi	by them	kdo – koho?	who?
jiný	other	kdy?	when?
jíst/jím, jedí, jedl > sníst	to eat	kdyby	if
		kdysi	once (upon a time)
jistý	certain		
jít/jdu, šel + chodit	to go	když	when, if
		ke = k	to, towards

kecat	to chat, natter; talk rubbish	**konečná**	terminus
Kelt	Celt	**konečně**	finally, at (long) last
kilo	kilogram	**konference**	conference
kilometr	kilometre	**konvice na čaj**	teapot
kino	cinema	**kopec -pce**	hill
klasický	classical	**koruna**	crown
klášter -a	monastery	**kost -i** *f.*	bone
klavír	piano	**kostel -a**	church
klíč	key	**kostkovaný**	checked
klobása	sausage	**košile**	shirt
klobouk	hat	**kotě -ěte**	kitten
kluk, *pl.* **kluci**	boy, lad	*n. pl.* **koťata**	
knedlík	dumpling	**koukat (se)**	to look at (*coll.*)
kněžna	princess	**koupaliště**	bathing-place
kniha	book	**koupat se/**	to bathe
knihkupectví	bookshop	**koupu > vy- se**	
knihovna	library, bookcase	**koupelna**	bathroom
kníže -ete	prince, duke	**koupit**	to buy
knížka	(little) book	**< kupovat (si)**	
knoflík	button	**kouřit**	to smoke
koberec -rce	carpet	**kousek -sku**	piece
kočka	cat	**kout -a**	corner
koho *see* **kdo**	who(m)?	**kožený**	leather *adj.*
kohoutek -tku	tap, faucet	**krájet > na-**	to slice
kola	cola	**krajíc**	slice
kolega,	colleague	**krajinka**	landscape scene
kolegyně *f.*		**král -e**	king
kolej *f.*	hall of residence	**krásně, je**	it's lovely
koleno	knee	**krásný**	beautiful
kolik	how much/many?	**krát, -krát**	times
kolikátý?	'how-manyeth?'	**krátce**	for a short time
kolo	bicycle	**krátký, kratší**	short, shorter
kom, komu	whom, (to/for) whom	**kráva**	cow
see **kdo**		**kravata**	tie
koňak	cognac, brandy	**krém**	cream
koncem + *gen.*	at the end of	**krk**	neck
koncert	concert	**Krkonoše**	the Giant Mountains
končit > u-	to finish, complete	**krok**	step, pace
		kronikář	chronicler
koně *see* **kůň**	horses	**krev – krve** *f.*	blood
konec -nce	end		

krůta	turkey	**lehnout si** *pf*	to lie down
křeslo	armchair	**lék**	medicine
křičet	to shout	**lékárna**	pharmacy
kříž	cross	**lékař, -ka**	doctor
který	who, which; which?	**lépe/líp**	better
		lepší	better
ku = k	to, towards	**les -a**	forest
kufr	suitcase	**léta – let** *n. pl.*	years
kuchař, -ka	cook	**letadlo**	plane
kuchyň/-ně *f.*	kitchen	**létat** *see* **letět**	to fly
kuchyňský kout	kitchenette	**letecky**	(by) airmail
kultura	culture	**letenka**	air ticket
kůň – koně,	horse	**letět + létat**	to fly
pl. **koně**		**letiště** *n.*	airport
kupec -pce	merchant	**letní**	summer *adj.*
kupovat > koupit	to buy	**léto**	summer
kuře -ěte	chicken	**letopočet**	era
n. pl. **kuřata**		**našeho letopočtu**	AD
kus	piece	**před naším**	BC
kvalitní	(good-)quality *adj.*	**letopočtem**	
		levný	cheap
květák	cauliflower	**ležet**	to lie
květen -tna	May	**-li**	if, whether
květina	flower	**líbat > políbit**	to kiss
kým *see* **kdo**	(by) whom	**líbí se mi**	I like
kytara	guitar	**líbit se**	to please
kytice	bouquet	**lid -u** *m.i.*	the people
laciný	cheap	**lidé -í** *m. pl.*	people
láhev/lahev	bottle	**lidový**	folk *adj.*
– lahve *f.*		**límec -mce**	collar
lampa	lamp	**líný**	lazy
lanovka	cable-car	**líp, lépe**	better
láska	love	**list**	leaf, document
laskavý	kind	**lístek -stku**	ticket
látka	material, fabric	**listopad -u**	November
leden -dna	January	**literatura**	literature
lednička	fridge	**litovat**	to be sorry
legenda	legend	**litr**	litre
legrace	fun	**loď – lodě/i** *f.*	boat
legrační	funny	**Londýn -a**	London
lehčí	lighter, easier	**loni/vloni**	last year
lehký	light, easy	**ložnice**	bedroom

luxusní	luxury	**městečko**	little town
lyžař, -ka	skier	**město**	town
lyžařský	ski(ing) *adj.*	**mezi** + *ins.*	between, among
lyže -í *f. pl.*	skis	**mezitím**	meanwhile
lyžovat > za- (si)	to ski	**mi** *see* **já**	to/for me
lyžování	skiing	**milion**	million
lžíce	spoon	**milionář, -ka**	millionaire
lžička	teaspoon	**milovat**	to love
má *see* **můj**	my	**milý**	dear
má *see* **mít**	s/he, it has	**mimořádně**	extraordinarily
Maďar, -ka	a Hungarian	**míň/méně**	less
Maďarsko	Hungary	**mince**	coin
maďarský -y	Hungarian	**minerálka**	mineral water
maďarština	Hungarian	**minimálně**	minimally, at
máj	May		least
majetek -tku	property	**minout < míjet**	to miss, pass
makrela	mackerel	**minulý**	last, past
maličkost	a trifle	**minus**	minus
maličký	tiny little	**minuta**	minute
malířství	painting	**místenka**	seat reservation
málo	little, few	**místnost**	room
malý, menší	small, -er	**místo** + *gen.*	instead of
máma, maminka	mum	**místo**	place, space, job
manžel	husband	**mít rád**	to like, love
manželé	married couple	**mít radši/raději**	to prefer
manželka	wife	**mít se**	to be feeling
máslo	butter	**mít/mám, měl**	to have; be
maso	meat		supposed to
matka	mother	**mívat** *freq.*	to have
mě *see* **já**	me	**mladý, -ší**	young, -er
mé *see* **můj**	my	**mléko,** *coll.* **mlíko**	milk
medicína	medicine	**mlha**	mist, fog
měkký, měkčí	soft, -er	**mlít/melu,**	to grind
měl by	ought to	**mlel > u-**	
měl	had, should have	**mluvit**	to speak
méně, míň	less	**mne/mně** *see* **já**	me
měnit > z-	change	**mnohem**	much (-er)
menší	smaller	**mnoho**	many, much
menza	university	**mnou** *see* **já**	me
	canteen	**moc**	very, a lot, too
meruňka	apricot		much
měsíc	month, moon	**mockrát**	many times

moct/můžu, mohl	to be able, can
moderní	modern
modrý	blue
mohl	was able
mohl by	could
mohu = můžu,	can
mohou	
= můžou	
moje, moji/-í	my
see **můj**	
mokka	mocha
mokro	damp
moment	a moment
Morava	Moravia, river
	Morava
most -u	bridge
moudrý	wise
mouka	flour
mozek -zku	brain
možná (že)	maybe, perhaps
možnost	possibility
mráz – mrazu	frost
mrkev – mrkve *f.*	carrot(s)
mrznout	to freeze
mu *see* **já**	to him
můj, moje/má,	my
moje/mé	
muset	to have to, must
muzeum -zea *n.*	museum
múzický	performing *adj.*
muž	man, husband
my – nás	we, us
mýdlo	soap
myslet (si)	to think
myš -i *f.*	mouse
mýt/myju,	to wash
myl > u-	
na + *acc.*	onto, for
na + *loc.*	on
na shledanou	goodbye
nábytek -tku	furniture
nad + *ins.*	above

nádobí	the dishes
náhodou	by chance
nahoru	up(stairs)
	(*motion*)
nahoře	up(stairs)
nahradit	to replace
< nahrazovat	
nacházet se	to be found/
	situated
nacházet *see* **najít**	to find
najednou	suddenly, all at
	once
najít/najdu, našel	to find
< nacházet	
nakonec	finally, in the end
nakoupit	to shop
< nakupovat	
nakrájet < krájet	to slice
nákup	shopping,
	purchase
nákupní taška	shopping bag
nalézt/-leznu,	to find
-lezl < nalézat	
nalít/naleju	to pour out
< nalévat	
nám *see* **my**	(to/for) us
náměstí	square
námi *see* **my**	(by, with) us
naobědvat se *pf*	to have lunch
naopak	on the contrary
nápad	idea
napínavý	exciting
napít se/	to have a drink
napiju se *pf*	
nápoj	a drink
naproti + *dat.*	opposite
například	for example
napsat/napíšu	to write
< psát	
narcis	daffodil
národ -a *m.i.*	nation
narodit se *pf*	to be born

národní	national	**nejspíš**	most likely
narození	birth	**největší**	biggest
narozeniny *f. pl.*	birthday	**nejvíc**	most
nás *see* **my**	us	**někam**	(to) somewhere
nasednout *pf*	to board, get on	**někde**	somewhere
nasnídat se *pf*	to have breakfast	**někdo – někoho**	someone, some-
nastoupit *pf*	to board, get on		body
nástup	boarding, entry	**někdy**	sometime(s)
nástupiště *n.*	station platform	**někoho**	someone
náš, naše	our	*see* **někdo**	
naštvat < **štvát**	to infuriate	**několik**	several
natolik	so much	**několikrát**	several times
naučit < **učit**	to teach	**některý**	some
naučit se	to learn, study	**něm**	him/it
< **učit se**		**němčina**	German language
navečeřet se *pf*	to have supper	**Němec,**	a German
návrh	proposal, offer	**Němka** *f.*	
návštěva	a visit	**Německo**	Germany
navštívit	to visit	**německý -y**	German
< **navštěvovat**		**nemocnice**	hospital
názor	view	**nemocný**	ill, sick
nazvat < **nazývat**	to name, call	**nemohl** *see* **moct**	couldn't
ne	no, not	**nemožný**	impossible
ne-	not	**němu**	him/it
ně	them, *n.* it	**nenávidět**	to hate
nebe *n.*	sky	**není**	(there) isn't
nebo	or	**nepořádek -dku**	disorder
neboť	for, since	**nerad**	doesn't like
nebude	s/he won't be	**nervózní**	nervous, tense
něco – něčeho	something	**nesmět/nesmím**	mustn't
nedaleko + *gen.*	not far from	**nést/nesu,**	to carry
nedalo se	it wasn't possible	**nesl** + **nosit**	
nedávno	recently	**netrpělivý**	impatient
neděle	Sunday	**nezaměstnaný**	unemployed
něho	him/it	**než**	than
nechat	to leave, let	**ni, ní**	her/it
< **nechávat**		**nic – ničeho**	nothing
nechce se mi	I don't feel like	**nic se nestalo**	don't mention it
něj	him/it	**nich**	them
nej-	most, -est	**nikam**	to nowhere
nějaký	some, any	**nikde**	nowhere
nejdřív	first of all	**nikdo – nikoho**	nobody

nikdy	never	**oblačno**	cloudy
nikomu	to/for nobody	**oblečení**	clothes
ním	him/it	**oblek**	suit
nim, nimi	them	**obléknout**	to put on
nízký	low	< **oblékat**	(clothes)
nižší	lower	**oblíbený**	favourite, popular
no	well, um; *but*	**obloha**	sky
	also coll. yes	**obout/obuju**	to put on
noc -i *f.*	night	< **obouvat (si)**	(shoes)
noční	night *adj.*	**obrátit (se)** *pf*	to turn
noční stolek	bedside table	**obraz**	picture
noha	leg	**obsazený/-o**	occupied
normální	normal	**obtěžovat**	to bother, disturb
nos	nose	**obuv -i** *f.*	footwear
nosit *see* **nést**	to carry	**obvykle**	usually
nosit	to wear (habitu-	**obvyklý**	usual
	ally)	**obyčejně**	ordinarily,
novinář, -ka	journalist		usually
noviny *f. pl.*	newspaper	**obyčejný**	ordinary
nový	new	**obývací pokoj**	living room
nudit se	to be bored	**obývák**	living room
nůž – nože	knife	**očekávat**	to expect, await
nůžky *f. pl.*	scissors	**oči -í**	eyes, *pl.* of **oko**
o + *acc.*	by (*difference*),	**od** + *gen.*	from, away from
	on (*lean*)	**odborný**	specialist, tech-
o + *loc.*	about (*theme*)		nical
oba, *n./f.* **obě**	both	**oddech**	rest, leisure
obálka	envelope	**ode** = **od**	
obávat se	to fear	**odejít/odejdu,**	to go away
občas	from time to time	**odešel**	
oběd -a	lunch, midday	< **odcházet**	
	meal	**oděvy** *m. pl.*	clothes
obědvat > **na- se**	to have lunch	**odcházet** > **odejít**	to go away
obejít/obejdu,	to go round	**odjet/odjedu**	to go/drive
obešel		< **odjíždět**	away
< **obcházet**		**odjezd**	departure
obcházet > **obejít**	to go round	**odkud?**	where from?
obchod	shop, trade	**odletět** < **odlétat**	to fly away
obchodní dům	department store	**odmítnout**	to refuse
objednaný	ordered, booked	< **odmítat**	
objednat	to order, book	**odpoledne**	in the afternoon
< **objednávat**		**odpověď -di** *f.*	a reply

odpovědět/	to reply	**osoba**	person
-vím, -vědí,		**osobně**	personally
-věděl *pf*		**osprchovat se** *pf*	to have a shower
odpovídat *impf*	to reply	**ošklivý/-o**	ugly, nasty
odsud	from here	**oštěpek -pku**	hard sheep's milk
odtud	from there		cheese
odvézt/odvezu,	to take away	**otázka**	question
odvezl		**otec – otce,**	father
< odvážet		*pl.* **otcové**	
ohlásit	to report	**otevřít/otevřu,**	to open
< ohlašovat		**otevřel**	
oholit (se) < holit	to shave	**< ot(e)vírat**	
okamžitě	immediately	**ovoce** *n.*	fruit
okno	window	**ovšem**	of course
oko, *pl.* **oči -í**	eye	**ozvat/ozvu se**	to respond, get
okolí	area, surround-	**< ozývat se**	in touch
	ings	**padesát, -tý**	fifty, -ieth
okolo + *gen.*	around	**padnout < padat**	to fall
okurka, okurek	cucumber	**padne**	it fits
okurkový	cucumber *adj.*	**pak**	then
okýnko	little window	**památka**	sight, memorial
olej	oil	**pamatovat se**	to remember
omáčka	sauce, gravy	**na** + *acc.*	(about)
omeleta	omelette	**pamatovat si**	to remember
on, ona, ono	he, she, it	**> za-** + *acc.*	
oni, ony	they	**paměť -ti** *f.*	memory
opakovat > z-	to repeat	**pán**	man, gentleman,
opálený	sunburnt		master
opět	again	**pan**	Mr
opilý	drunk	**pane!**	sir!
opovrhovat + *ins.*	to despise	**pane bože!**	good God!
opravdu	really	**paní**	Mrs, lady,
oráč	ploughman		married
oranžový	orange *adj.*		woman
organizovat	to organise	**pánský**	men's *adj.*
orloj	astronomical	**papír**	paper
	clock	**papírový**	paper *adj.*
osada	settlement	**paprika**	paprika, pepper
osm	eight	**paprikový**	paprika *adj.*
osmdesát, -tý	eighty, -ieth	**pár**	a couple
osmnáct, -ctý	eighteen, -th	**párek -rku**	frankfurter
osmý	eighth	**park**	park

parkovat > **za-**	to park	**platit** > **za-**	to pay
parkoviště *n.*	car-park, parking lot	**plavat/plavu** > **za-** (**si**)	to swim
pařák	steamer; scorcher, hot day	**plenka, plínka**	nappy, diaper
		plno/plný	full
Paříž *f.*	Paris	**plus**	plus
pas	passport	**po** + *loc.*	after, along, over
pás -u,	belt	**počasí**	the weather
pásek -sku		**počítač**	computer
pás – pasu	waist	**počítat**	to count
pasta	paste	**počkat** < **čekat**	to wait
pátek -tku	Friday	**pod** + *ins.*	under, beneath
patnáct, -ctý	fifteen, -th	**podat** < **podávat**	to serve
patro	floor, storey	**podejít/podejdu, podešel** *pf*	to go under
patřit	to belong		
pátý	fifth	**poděkovat** < **děkovat**	to thank
pavouk	spider		
pečený	roast	**podepsat/ podepíšu** < **podepisovat**	to sign
pečivo	bread/rolls		
pekárna	bakery		
pekař, -ka	baker	**podívat se** < **dívat se**	to look at
pěkně	nice(ly)		
pěkný	nice, pretty, lovely	**podkolenka**	knee-length sock
		podlaha	floor
peněženka	purse	**podle** + *gen.*	according to
peníze – peněz *m. pl.*	money	**podmínka**	condition
		podnikatel, -ka	businessman, entrepreneur
pepř	pepper	**podstata**	basis
pero, péro	pen	**v podstatě**	basically
pes – psa	dog	**podzim**	autumn
pěšky	on foot	**podzimní**	autumn *adj.*
pět	five	**pohanský**	pagan
pátý	fifth	**pohlednice**	postcard
pevnost	fortress	**pojď(te)**	come!
píseň -sně *f.*	song	**pojď(te) dál!**	come in!
písnička	(little) song	**pokaždé**	each/every time
pít/piju, pil > **na- se, vy-**	to drink	**pokladna**	till, box office, safe
pití	drink, drinking	**pokoj**	room; peace
pivečko, pivko	(nice) beer	**pokročilý**	advanced
pivo	beer	**pole** *n.*	field

poledne *n.*	midday	**poslat/pošlu**	to send
polévka,	soup	< **posílat**	
coll. **polívka**		**poslední**	last
políbit < **líbat**	to kiss	**poslouchat**	to listen to
policejní stanice	police station	**pospíchat**	to hurry
policie	police	**postava**	figure
politický	political	**postavený**	built
politik	politician	**postavit** < **stavět**	to build
politika	politics	**postavit vodu** *pf*	to put on water
politologie	political studies	**postel -e** *f.*	bed
polovina	half	**pošta**	post-office
Polsko	Poland	**potíž** *f.*	difficulty
polský -y	Polish	**potkat**	to meet
polština	Polish language	< **potkávat**	
polyesterový	polyester *adj.*	**potom**	then
Polák, Polka	a Pole	**potraviny** *f. pl.*	food, grocer's
pomáhat	to help	**potřebovat/**	to need
> **pomoct**		**potřebuju**	
pomaleji	more slowly	**pouštět** > **pustit**	to let go
pomalu	slowly	**povinná četba**	compulsory
pomalý	slow		reading
pomeranč	an orange	**pozdě**	late
pomerančový	orange *adj.*	**později, pozdější**	later
poměrně	fairly, relatively	**pozdrav**	greeting
pomník	monument	**pozdravit**	to greet
pomoc -i *f.*	help	< **pozdravovat**	
pomoct/pomohl	to help	**pozítří**	the day after
< **pomáhat**			tomorrow
pomohu/pomůžu	I'll help	**poznámka**	note
pondělí *n.*	Monday	**poznat**	to recognise
ponožka	sock	< **poznávat**	
popovídat se *pf*	to have a talk	**pozor**	care, attention
poprosit < **prosit**	to ask, request	**pozor!**	watch out!
populární	popular	**pozvat/pozvu**	to invite
poradit < **radit**	to advise	< **zvát**	
pořád	still	**požádat** < **žádat**	to request
pořádek -dku	order	**práce**	work
posaď(te) se *pf*	take a seat	**pracovat/pracuju**	to work
poschodí	floor, storey	**pracovní den**	working day,
poskytnout	to offer		weekday
< **poskytovat**		**pračka**	washing machine

prádlo	underwear, bedlinen	**promiň(te)!**	sorry! excuse me!
Praha	Prague	**prosba**	request
praktický	practical	**prosím (tě, vás)**	please
prarodiče -ů	grandparents	**prosím?**	can I help? pardon?
prášek -šku	powder	**prosinec -nce**	December
prášek na praní	washing powder	**prosit > po- o**	to ask for,
prát/peru, pral	to wash,	**+ acc.**	request
> vyprat	launder	**prostě**	simply
pravda	truth	**proti** + *dat.*	against
právě	just, just now	**proto**	therefore, so,
pravidlo	rule		that's why
právo na + *acc.*	a right to	**protože**	because
pravý	true	**proužkovaný**	striped
prázdniny *f. pl.*	holidays	**prs**	breast (woman's)
prázdný	empty	**prsa** *n. pl.*	chest
pražský	Prague *adj.*	**prst**	finger, toe
prezident, -ka	president	**pršet**	to rain
prima	excellent, great,	**první**	first
	fantastic	**prý**	apparently, they say
pro + *acc.*	for		
problém	problem	**pryč**	away
proboha	for God's sake	**přát/přeju,**	to wish
probudit	to wake up	**přál si**	
< probouzet (se)		**přátelsky**	in a friendly way
procento	percentage	**přece (jen)**	anyway, after all
proč?	why?	**přečíst < číst**	to read
prodat	to sell	**před** + *ins.*	in front of,
< prodávat			before, ago
prodavač, -ka	sales assistant	**předem**	in advance
prodávat	to sell	**předevčírem**	the day before
> prodat			yesterday
prodej	sale	**především**	above all
prodejna	shop	**předkrm**	starter
profesor, -ka	professor, teacher	**předměstí**	suburbs
procházet	to go through	**přednášet**	to lecture
> projít		**přednáška**	a lecture
procházka	a walk	**přední**	front
projít/-jdu, -šel	to go through	**předpověď -di** *f.*	forecast
< procházet		**předseda**	chairman
projít se	to take a walk	**předsedkyně**	chairwoman
< procházet se		**předsíň** *f.*	hallway

představit to introduce
< **představovat**
předtím before that
přecházet to go across
> **přejít**
přejít/-jdu, -šel to cross, go
< **přecházet** across
překážet to obstruct/be a
nuisance
překlad a translation
překládání translating
překládat to translate
> **přeložit**
překvapit to surprise
< **překvapovat**
překvapující surprising
přelom turn (of century)
přeložit to translate
< **překládat**
přeplněný over-full,
crowded
přes + *acc.* across, through
přesednout to change
< **přesedat** (buses/trains)
přesně exactly
přestat/přestane to stop (doing)
< **přestávat**
přestěhovat se *pf* to move house
přestoupit to change
< **přestupovat** (buses/trains)
při + *loc.* beside
přiběhnout to run up
< **přibíhat**
příbor set of cutlery
příbuzný, -á a relative
příhoda incident
přicházet > **přijít** to come, arrive
přijde *see* **přijít** will come, arrive
příjemný pleasant
přijet/přijedu to come, arrive
< **přijíždět** (by vehicle)
příjezd arrival

přijít/přijdu, to come, arrive
přišel
< **přicházet**
příklad example
příliš too
přímo straight, directly
přinést/přinesu to bring
přinesl
< **přinášet**
připravit to prepare
< **připravovat**
přirozeně naturally
přísný strict, severe
přišel *see* **přijít** came, arrived
příští next (= 'next in
time')
přítel -e, friend
pl. **přátelé**
přítelkyně female friend
přivést to bring
< **přivádět** (leading)
přivézt to bring (by
< **přivážet** vehicle)
psa, psi *see* **pes** (of) dog, dogs
psaní writing
psát/píšu, to write
psal > **na-**
pstruh trout
pták bird
ptát se/ptám se, to ask
ptal se
> **zeptat se**
půjčit < **půjčovat** to lend
půjčit si to borrow
< **půjčovat si**
půjdu *see* **jít** I'll go
půl half
půlnoc -i *f.* midnight
pulovr pullover
pult counter, bar
punčocha stocking
punčocháče *m. pl.* tights

punčochové kalhoty	tights	rovný	straight, exact
pusa	kiss, mouth	rozejít se, rozešli se *pf*	to part
pustit < pouštět	to let go	rozhodně	definitely
původ	origin	rozhodnout < rozhodovat (se)	to decide
původní, -ně	original(ly)		
pyžamo	pyjamas	rozhodnutí	decision
rád + *verb*	like -ing	rozměnit *pf*	to give change for
rád, ráda, rádi	glad		
rada	advice	rozumět/ rozumím, rozumějí	to understand
raději, radši	better, preferably		
rádio	radio		
radit > po-	to advise	rozvést se/ rozvedli se *pf*	to get divorced
radnice	town hall		
radost	joy	ruka, *pl.* ruce – rukou	hand
radši, raději	better, preferably		
rajčatový	tomato *adj.*	rukáv	sleeve
rajče – rajčete, *pl.* rajčata *n.*	tomato	rukavice	glove
		Rus, Ruska	a Russian
Rakousko	Austria	Rusko	Russia
rakouský	Austrian	ruský -y	Russian
Rakušan, -ka	an Austrian	rušný	busy
rameno	shoulder	ruština	Russian
ráno	morning, early	různý	various
recepční	receptionist	růže	rose
rekreační	recreational	růžový	pink
republika	republic	ryba	fish
restaurace	restaurant	rybí	fish *adj.*
ret – rtu	lip	rybník -a	pond, lake
rezervovaný	reserved	rychle	quickly
rock	rock music	rychlý	quick
rockový	rock *adj.*	rýže	rice
roční období	season	řada	row, line, series, queue
ročník	year (of studies)		
rodiče -ů	parents	řada + *gen.*	a number of
rodina	family	řeč -i *f.*	speech, language
roh -u	corner	řeka	river
rohlík	pointed roll	řekněme	let's say
rok, *pl.* roky/léta	year	řekni! řekněte!	tell! say!
role	role	řeknu *see* říct	I'll say
román	novel	řeznictví	butcher's
rovně	straight on		

řezník, řeznice	butcher	**severní**	northern
říct, říci/řeknu,	to say, tell	**seznámit se** *pf*	to get to know
řekl < říkat		**sezóna**	season
řídit	to drive	**schody** *m. pl.*	stairs, steps
říjen -jna	October	**schůze**	meeting
říkat > říct	to say	**schůzka**	meeting, appoint-
řízek -zku	schnitzel		ment
s, se + *ins.*	with	**si**	to/for oneself
s, se + *gen.* (= **z**)	down from, off	**sice … ale**	albeit … however
sako	jacket	**sídliště** *n.*	housing estate
salám	salami	**silný**	strong
salát	salad	**síň** *f.*	hall
hlávkový salát	lettuce	**sirka** *coll.*	match
sám, sama	alone, oneself	**situace**	situation
samoobsluha	self-service store	**sklenice**	(taller) glass
samozřejmě	of course	**sklenka,**	(small) glass
sandál	sandal	**sklenička**	
sardinka	sardine	**skoro**	almost, soon
se – sebe	oneself	**Skotsko**	Scotland
se, s + *ins*	with	**skříň** *f.*	closet, cupboard,
sebe, sebou	oneself		wardrobe
sedět	to sit	**skupina**	group
sedm	seven	**skutečně**	actually, really
sedmdesát	seventy	**skvělý**	splendid, excel-
sedmdesátý	seventieth		lent
sedmnáct	seventeen	**slabý, slabší**	weak, -er
sedmnáctý	seventeenth	**sladit > o-**	to sweeten
sedmý	seventh	**slavný**	famous
sednout si *pf*	to sit down	**slečna**	Miss
sejít < scházet	to go down	**sleva**	reduction
sejít se	to meet up	**slíbit < slibovat**	to promise
< scházet se		**slipy** *m. pl.*	briefs
sekunda	second	**slivovice**	plum brandy
sem	here (*motion*	**Slovák**	a Slovak
	towards)	**Slovan, -ka**	a Slav
semestr	semester	**slovanský**	Slav(onic)
seminář	seminar	**Slovenka**	a Slovak woman
sestra	sister	**Slovensko**	Slovakia
sešit	exercise book	**slovenský -y**	Slovak
setkat se	to meet	**slovenština**	Slovak language
< setkávat se		**slovník**	dictionary
sever	north	**slovo**	word

složitý	complicated	**spíš** *see* **spát**	you sleep
slunce *n*.,	the sun	**spodky** *m. pl.*	underpants
sluníčko		**spodní prádlo**	underwear
slunečno	sunny	**Spojené**	United States
slušet	to suit	**státy** *m. pl.*	
sluší vám	it suits you	**spojený**	linked
služba	service, duty	**spojit < spojovat**	to join, link
slyšet	to hear	**spokojený**	contented
smát se/směju se,	to laugh	**společně**	jointly
smál se		**společný**	common, shared
smažený	fried	**spolu**	together, alto-
smět/smím,	to be allowed,		gether
smějí, směl	may	**spolužák,**	fellow-student
smrt -i *f.*	death	**-žačka**	
smutno, je mi	I feel sad	**sporák**	cooker
smutný	sad	**sport**	sport
snad	perhaps	**sportovat**	to play sport
snažit se	to try	**sportovec -vce**	sportsman
sněžit	to snow	**sportovkyně**	sportswoman
snídaně	breakfast	**správný**	correct, right
snídat	to breakfast	**sprcha**	shower
> nasnídat se		**srdce** *n.*	heart
sníh – sněhu	snow	**srdečný**	cordial
sníst/sním, snědí,	to eat up	**srpen -pna**	August
snědl < jíst		**stačit**	to be enough
sobě	(to, for) oneself	**stále**	still, constantly,
sobota	Saturday		keep
socha	statue	**stálý**	constant, steady
sochař, -ka	sculptor	**stanice**	station, stop
solidní	solid, stout	**staroměstské**	Old Town *adj.*
současný	contemporary	**staromódní**	old-fashioned
souhlasit	to agree	**starý, starší**	old, older
soused, -ka	neighbour	**stát/stojím, stál**	to stand, to cost
spadnout *pf*	to fall down	**stát se/stane se**	to happen, to
spát/spím, spal	to sleep	**< stávat se**	become
spěchat	to hurry	**stavět > postavit**	to build
spi! spěte!	sleep!	**stavitel, -ka**	builder
see **spát**		**stejný**	the same
spisovatel, -ka	writer	**stěna**	(interior) wall
spisovný	standard written	**stěžovat si na**	complain about
spíš(e)	rather, more	**stihnout** *pf*	to catch, find (in
	(like)		time)

sto, stý	hundred, -th	**svěží**	fresh
stolek -lku	little table	**svítí se**	the lights are on
století	century	**svítit**	to shine
strana	side, political party, page	**svléknout**	to take off
		< svlékat	(clothes)
stránka	page	**svoje, svoji/í**	one's own
strašně	terribly	*see* **svůj**	
strašný	terrible, awful	**svůj**	one's own
stroj	machine	**symbol**	symbol
strojek	appliance	**syn**, *voc* **synu!**,	son
strom	tree	*pl.* **synové**	
stromek,	(little) tree	**sýr -u/-a**	cheese
stromeček		**šachy** *m. pl.*	chess
strop	ceiling	**šála**	scarf
strýc	uncle	**šálek -lku**	cup
střed	the middle, centre	**šampon**	shampoo
středa	Wednesday	**šaty** *m. pl.*	clothes, a dress
středisko	centre	**šedesát, -tý**	sixty, -ieth
střední	central, middle	**šedivý**	grey
střední škola	secondary school	**šedý**	grey
střecha	roof	**šel** *see* **jít**	went
střih	cut	**šeredný -ě**	ugly, horrid
student, -ka	student	**šest**	six
studený	cold	**šestnáct, -ctý**	sixteen, -th
studium -dia *n.*	studies	**šestý**	sixth
studovat/studuju	to study	**široký, širší**	wide, wider
stůj! *see* **stát**	stand!	**širý**	open, wide
stůl – stolu	table	**škaredý**	ugly
stupeň -pně	degree	**škoda**	a pity
stý	hundredth	**škola**	school
stýkat se	to be in touch	**školní rok**	school year
suchý	dry	**šla, šli** *see* **jít**	went
sukně	skirt	**špatný**	bad
sůl – soli *f.*	salt	**špinavý**	dirty
supermarket	supermarket	**šťastný**	happy
svá *see* **svůj**	one's own	**štěně -ěte**	puppy
svatý	Saint	*n. pl* **štěňata**	
své *see* **svůj**	one's own	**štěstí**	luck, happiness
svět -a	world	**štvát/štvu, štval**	to infuriate
světlo	light	**> naštvat**	
světlý	light(-coloured)	**šunka**	ham
svetr	sweater	**ta** *see* **ten**	that, this

tabák	tobacco	**telecí**	veal *adj.*
tady	here	**telefon**	telephone
tadyhle	over here	**telefonní číslo**	phone number
táhnout + tahat	to pull; pull, tug	**telefonní**	answering-
tahle, tato	this	**záznamník**	machine
tak	so, so very; about	**telefonovat > za-**	to telephone
tak dál(e)	so on	**televize**	television, TV
tak jako	just like	**televizní**	television *adj.*
také, *coll.* **taky**	also	**televizor**	TV set
takhle, takto	this way, like this	**tělo**	body
takový	such (a), this kind	**téma – tématu** *n.*	theme
	of	**téměř**	almost
takovýto	this kind of, such	**ten, ta, to**	that, this
taky, také	also	**ten samý**	the same
takže	so that, so …	**tenčí**	thinner
talent	talent	**tenhle, tahle,**	this
talíř	plate	**tohle**	
tam	there	**tenhleten,**	this (*emphatic*)
tamhle	over there	**tahleta,**	
tamhleten, -ta, -to	that	**tohleto**	
tamten, -ta, -to	that	**tenis**	tennis
tancovat	to dance	**tenký, tenčí**	thin, thinner
tanec -nce	dance	**tento, tato, toto**	this
taška	bag	**tentokrát**	this time
táta	Dad	**tentýž/týž**	the same
tatínek -nka	Dad, Daddy	**teplo**	warm(th)
tatarská omáčka	Tartar sauce	**teplý**	warm
taxík	taxi	**teprve**	only (= 'not
tě	you		until')
té(-hle, -to)	this	**těší mě**	pleased to meet
see **ten(-hle, -to)**			you
tebe, tebou	you	**těšit > po-**	to please
tečka	dot, full stop	**těšit se na** + *acc.*	to look forward
teď, *coll.* **teďka**	now		to
tedy, *coll.* **teda**	then (= in that	**teta**	aunt
	case)	**též**	also (= likewise)
tehdy	at that time, then	**těžký**	heavy, difficult
těch, těm(i)	those, these	**těžší**	heavier, more
see **ten**			difficult
tele -ete	calf	**ti** *see* **ten**	those, these
n. pl **telata**		**ti**	to/for you
telecí (maso)	veal	**ticho**	quiet, silence

tichý, tišší	quiet, quieter
tílko	(under)vest
tisíc, -cí	thousand, -th
tiše	quietly
tlustý	fat
tma	darkness, dark
tmavý, tmavší	dark, darker
to *see* **ten**	that, this, it
to, že	the fact that
tobě	(to, for) you
toho, tom(u)	that, this
see **ten**	
tolik	so much/many
topení	heating
totéž *n.*	the same
totiž	that's to say, you
	see
tou *see* **ten**	that, this
továrna	factory
tramvaj *f.*	tram
tráva	grass
trenýrky	boxer shorts
-rek *f. pl.*	
trh	market
tričko	T-shirt
trochu	a little
trošku, trošičku	a little bit
trpět	to suffer
trvanlivý	durable
trvat	to last
tržní	market *adj.*
třeba	say, maybe
třeba, je	it's necessary
třech, třem(i)	three
see **tři**	
třetí	third
tři čtvrtě na	a quarter to
tři	three
třicet, třicátý	thirty, -ieth
třída	class
třikrát	three times
třináct, -ctý	thirteen(th)

tu	here
tu *see* **ten**	that, this
tudy	that way
tuhý	hard
ťuknout si *pf*	to clink glasses
tunel	tunnel
túra	hike
turista, -ka	tourist
turistický	tourist *adj.*
tušit	to guess, sense
tužka	pencil
tvá *see* **tvůj**	your
tvaroh	curd cheese
tvář *f.*	face, cheek
tvé *see* **tvůj**	your
tvoje, tvoji/í	your
see **tvůj**	
tvůj, tvoje/tvá,	your
tvoje/tvé	
ty – tě/tebe *etc.*	you *sg*
týden -dne,	week
pl. **týdny**	
tykat si	to say 'ty'
typický	typical
týž, tentýž	the same
u + *gen.*	at (house of),
	at/near
ubytování	accommodation
učebnice	textbook
učesat < **česat**	to comb
učit > **na-**	to teach
učit se > **na-**	to learn
učit se	to study
učitel -e	teacher
učitelka	female teacher
udělat < **dělat**	to do, make
údolí	valley
ucho, *pl.* **uši -í**	ear
ujde to	it's OK, not bad
ujít *pf*	to get away
ukázat/ukážu	to show
< **ukazovat**	

uklidit < uklízet	to tidy	úzký	narrow
uklízení	tidying-up	už ne(-)	no longer
ukončit < končit	to finish,	už	now, already
	complete	užší	narrower
ulice	street	v, ve +*loc*	in
ulička	little street	v, ve + *acc.*	into (*rare*), on
úloha	task, role		(*day of week*)
umělec -lce	artist	vadit	to matter, bother
umělkyně	female artist	vajíčko	egg
umění	art	válka	war
umět	to know how to	vám, vámi	you
umlít < mlít	to grind	vana	bath
umřít/umřu	to die	vanilka	vanilla
< umírat		vanilkový	vanilla *adj.*
umýt < mýt	to wash	Vánoce	Christmas
umyvadlo	washbasin	– Vánoc *pl.*	
unavený	tired	vánoční	Christmas *adj.*
univerzita	university	vařený	boiled
univerzitní	university *adj.*	vařit > u-	to cook, boil
únor -a	February	vás	you
úplně	entirely,	váš, vaše	your
	completely	vážený	respected, dear
uprostřed + *gen.*	in the middle of	vážně	seriously
určitě	definitely	vážný	serious
úroveň -vně *f.*	level	včera	yesterday
úschovna	left-luggage	včerejší	yesterday's *adj.*
	office	včetně + *gen.*	including
usnout/usne,	to fall asleep	ve = v	in
usnul < usínat		věc -i *f.*	thing
úspěch	success	večer -a	evening
ústa – úst *n. pl.*	mouth	večeře	supper, evening
ústav	institute		meal
ústřední topení	central heating	večeřet	to have supper
uši -í *pl of* ucho	ears	věda	science
úterý *n.*	Tuesday	vědecký	scientific, schol-
uvařit < vařit	to cook, boil		arly
uvidět *pf*	to see/catch sight	vědět/vím,	to know
	of	vědí, věděl	
uvnitř	inside, in	vedl *see* vést	led
území	territory	vedle + *gen.*	next to
uzené *pf* (maso)	smoked meat	vedoucí	manager(ess)
uzeniny *f. pl.*	smoked meats	vedro	(sweltering) heat

vedu *see* vést	I lead		vídat *freq.*	to see
vegetarián, -ka	a vegetarian		Vídeň -dně *f.*	Vienna
vejce *n.*	egg		vidět	to see
vejít < vcházet	to enter, go in		vidlička	fork
velikost	size		víkend	weekend
Velká Británie	Great Britain		o víkendu	at the weekend
velký/veliký, větší	big(ger), large(r),		vila	villa
	great(er)		vím *see* vědět	I know
velmi	very		vinárna	wine bar
velvyslanectví	embassy		vínečko	(nice) wine
vem si! vemte si!	take!		víno	wine
colloq, *see* vzít			viset	to hang
vemu *colloq,*	I'll take		víš *see* vědět	you know
see vzít			vítám!	welcome!
ven	out (*motion*)		vítat > při-/u-	to welcome
venkov -a	the country		vítr – větru	wind
venku	outside		vizitka	business card
vepřová (pečeně)	pork roast		vlak	train
vepřové (maso)	pork		vlastně	actually, in fact
vepřový	pork *adj.*		vlastní	(one's) own
věřit + *dat*	to believe		vlasy *m. pl.*	hair
veselý	happy, merry		vlek	ski-lift
vesnice	village		vlevo	on the left
vést/vedu,	to lead, take		vlna	wool, wave
vedl + vodit			vlněný	woollen
větru *see* vítr	(of) wind		vloni, loni	last year
větší	bigger		vnučka	granddaughter
většinou	mostly		vnuk	grandson
vezl *see* vézt	drove, took		voda	water
vezmi si!	take!		vodit *see* vést	to lead, take
vezměte si!			volat > za-	to call, phone
see vzít			volejbal	volleyball
vezmu *see* vzít	I'll take		volný	free, vacant
vézt/vezu, vezl	to convey, take		vozit *see* vézt	to convey, take
+ vozit			vpravo	on the right
věž *f.*	tower		vrátit < vracet	to return, give
vcházet > vejít	to enter			back
vchod	entrance		vrátit se	to return, go
víc(e)	more		< vracet se	back
víceméně	more or less		vrátný, -á	porter
víckrát	several/more		vrba	willow
	times			

vstát/vstanu,	to get up	**vyřídit**	to give a message
vstal < vstávat		**výslovnost**	pronunciation
vstup	entry	**vysoká škola**	university,
však	however		college
všední den	weekday	**vysoko**	high up
všechen	all *sg*	**vysoký**	high, tall
všechny	all *pl.*	**vyšší**	higher, taller
všechno	everything	**vystoupit**	to step out,
všichni	all, everyone	**< vystupovat**	alight, perform
vteřina	second	**výstup**	alighting, exiting
vůbec	at all, in general	**vyšší** *see* **vysoký**	higher
vůbec ne(-)	not at all	**výtah**	lift, elevator
vy – vás *etc.*	you *pl/formal sg*	**vývar**	consommé
výběr	selection	**vyzkoušet si** *pf*	to try on, out
vyberte si!	choose!	**vzduch**	air
see **vybrat**		**vzít se** *pf*	to get married
vybírat > vybrat	to choose	**vzít/ve(z)mu,**	to take
výborný	excellent	**vzal < brát**	
vybrat/vyberu	to choose	**vzkaz**	message
< vybírat		**vzniknout**	to arise
vydat < vydávat	to publish	**< vznikat**	
výhled na + *acc.*	view of	**vzpomenout**	to remember
vyhrát	to win	**< vzpomínat si**	(about)
< vyhrávat		**na** +*acc*	
východ	east, exit	**vzpomínka**	a memory, recol-
východní	eastern		lection
výjimka	exception	**vzpomněl =**	remembered
vyjít/vyjdu,	to go out	**vzpomenul**	
vyšel < vycházet		**vždy, vždycky**	always
vykat si	to say 'vy'	**vždyť**	after all
výlet	excursion, trip	**WC** [vétsé],	WC
výloha	shop window	*also* **záchod**	
vymyslet	to think/make	**z, ze** + *gen.*	out of, from
< vymýšlet	up, invent	**za** + *ins.*	behind, beyond,
vynikající	marvellous,		after
	outstanding,	**za** + *acc.*	for, in exchange
	excellent		for, as
vypadat	to look (*appear-*	**za** + *acc.*	in (= after)
	ance)	**za** + *gen.*	during, in the
vypadnout *pf*	to fall out		reign of
vypít < pít	to drink	**zabalit < balit**	to wrap
vyrušovat	to disturb		

zábava	fun, entertainment	**zapalovač**	lighter
začátečník, -čnice	beginner	**zaparkovat < parkovat**	to park
začátek -tku	beginning	**zaplatit < platit**	to pay
začít/začnu, začal < začínat	to begin	**zaplavat (si) < plavat**	to swim
záda *n. pl.*	back	**zapomenout < zapomínat (na** + *acc*)	to forget (about)
zadek -dku	backside		
zadní	back	**zapomenutý**	forgotten
zahnout < zahýbat	to turn	**zapomněl = zapomenul**	forgot
zahrada	garden	**zapsat/zapíšu < zapisovat**	to note down
zahraničí	foreign countries		
zahraniční	foreign, from abroad	**září** *n.*	September
zahrnutý	included	**zase**	again
záchod	toilet, WC	**zastavit < zastavovat (se)**	to stop
zájem -jmu o + *acc.*	interest in	**zastávka**	bus/tram stop
zajímat se o + *acc.*	to be interested in	**zataženo**	overcast
		zatím	so far, meanwhile
zajímat	to interest	**zatímco**	while
zajímavý	interesting	**zavazadlo**	(piece of) luggage, baggage
zajít *pf*	to go (call in somewhere), set (of sun)	**zavináč**	rollmop, pickled herring
zákaz	prohibition	**zavírat > zavřít**	to close, shut
zakázaný	forbidden	**zavolat < volat**	to call, phone
zakázat/zakážu < zakazovat	to forbid	**zavřený**	closed
zákusek -sku	desert, cake	**zavřít/zavřu, zavřel < zavírat**	to close, shut
založit < zakládat	to found	**záznamník**	answering machine
zámek -mku	chateau		
zaměstnání	employment	**zazvonit < zvonit**	to ring
zamilovaný	in love	**zda**	whether
západ	west, setting (of sun)	**zdát se/zdá se, zdálo se**	to seem
západní	western	**zde**	here (*formal*)
zapálit < zapalovat	to light	**zdraví**	health
		na zdraví!	cheers!
zápalka	match	**ze = z**	out of

zeď – zdi *f.*	(structural) wall
zelenina	vegetable
zeleninový	vegetable *adj.*
zelený	green
zelí	cabbage
zeptat se	to ask
< ptát se	
zhubnout *pf*	to get thin, lose weight
zima	winter, cold
zimní	winter *adj.*
zítra	tomorrow
zítřejší	tomorrow's *adj.*
zjistit < zjišťovat	to find out, ascertain
zklamaný	disappointed
zkouška	exam
zlatý	golden
zle	badly
zlobit se	to be angry
zlomit *pf*	to break
zlý	bad, evil
změnit < měnit	to change
zmrzlina	ice cream
znamenat	to mean
známka	stamp
známý, -á	acquaintance, friend
znát/znám, znal	to know (e.g. person, place)
zout/zuju,	to take off
zul < zouvat (si)	(shoes)
zpáteční lístek	return ticket
zpátky	back
zpěvák,	singer
zpěvačka	
zpívat > za-	to sing
zpoždění	delay
zrovna	just, just now
zpráva	report, news
zrcadlo	mirror
ztloustnout *pf*	to grow fat, put on weight
ztratit < ztrácet	to lose
zub	tooth
zubní pasta	toothpaste
zůstat/zůstanu	to remain, be
< zůstávat	left, stay
zvát/zvu,	to invite
zval > po-	
zvlášť	especially, separately
zvonit > za-	to ring
žádat > po-	to request
žádný	no, not any *adj.*
žák, žačka/	pupil
žákyně	
že	that
že jo/ne? že?	isn't it so?
železniční stanice	railway station
žena	woman, wife
ženatý	married
židle	chair
židovský	Jewish
žiletka	razor-blade
žít/žiju, žil	to live, be alive
život -a	life
životní úroveň *f.*	living standard(s)
žízeň -zně *f.*	thirst
mít žízeň	to be thirsty
žlutý	yellow

English–Czech glossary

This list is intended mainly as help for the English–Czech exercises.

about (approx.)	**asi**
about (over, through)	**po** + *loc.*
about (theme)	**o** + *loc.*
across	**přes** + *acc.*
address	**adresa**
advanced	**pokročilý**
afraid, be	**bát se, mít strach**
agency, travel	**cestovní kancelář**
ages, for ages	**dlouho**
ah	**aha**
all (everything)	**všechno**
all (*pl.*)	**všichni, všechny**
all (whole)	**celý**
all day	**celý den**
already	**už**
also	**taky, také**
although	**i když, ač(koli)**
altogether	**dohromady**
always	**vždy, vždycky**
am	**jsem** *see* **být**
American	**Američan, -ka**
American *adj.*	**americký**
and	**a**
angry, be	**zlobit se**

another (one more)	**ještě, ještě jeden**
another (other)	**jiný**
anything (something)	**něco,** (not) **nic**
anywhere (somewhere)	**někde,** (not) **nikde**
anywhere, to (somewhere)	**někam,** (not) **nikam**
apple	**jablko**
are, they are	**jsou**
are, we are	**jsme**
are, you are	**jsi/jste**
around	**okolo** + *gen.*
arrive	**přijít < přicházet**
article	**článek**
at (o'clock)	**v** + *acc.*
at (person's house)	**u** + *gen.*
August	**srpen**
back *adj.*	**zadní**
bad	**špatný, zlý**
bag	**taška**
banana	**banán**
bathroom	**koupelna**
be	**být/jsem, jsi, je,** *etc.*

be!	**buď(te)!**
beans	**fazole**
beautiful	**krásný**
bed	**postel**
bedroom	**ložnice**
beer	**pivo**
begin	**začít < začínat**
beginner	**začátečník, -ice**
behind	**za** + *ins.*
better	**lepší**
better-quality	**kvalitnější**
between	**mezi** + *ins.*
big	**velký**
bigger	**větší**
bit, a	**trochu**
black	**černý**
blouse	**halenka, blůzka**
blue	**modrý**
book	**kniha, knížka**
bottle	**láhev,** *coll. also* **flaška**
boy	**kluk, chlapec**
bread	**chléb,** *coll.* **chleba**
breakfast	**snídaně**
bridge	**most**
briefcase	**aktovka**
brother	**bratr**
brown	**hnědý**
building	**budova**
bus	**autobus**
but	**ale**
butter	**máslo**
button	**knoflík**
buy	**koupit < kupovat**
by	= *ins.*
by now	**už**
café	**kavárna**
call	**volat > zavolat**
call 'vy'	**vykat**
can (possible)	**moct**
can (know how)	**umět**
canteen (university)	**menza**
car	**auto**
carpet	**koberec**
carry	**nést + nosit**
castle	**hrad, zámek**
cat	**kočka**
central	**střední**
chair	**židle**
change	**měnit > změnit (se)**
cheap	**levný, laciný**
cheaper	**levnější, lacinější**
cheese	**sýr**
chicken	**kuře**
child	**dítě**
children	**děti**
choose	**vybrat < vybírat (si)**
church	**kostel**
cinema	**kino**
clean	**čistý**
close	**zavřít < zavírat**
cloudy	**oblačno, zataženo**
coat	**kabát**
coffee	**káva**
cola	**kola**
cold	**chladno, chladný, studený**
colleague	**kolega, kolegyně**
come	**přijít < přicházet**
come in	**jít dál, vejít < vcházet**
come in!	**pojď(te) dál!**
concert	**koncert**
cook	**vařit > uvařit**
corner	**roh, (nook) kout**
correct	**správný**

couch	**gauč**	especially	**především,**
could	**mohl by**		**zvlášť**
couple of	**pár**	Europe	**Evropa**
cross	**přejít** <	even	**i, dokonce**
	přecházet	even, not	**ani … ne-**
crown	**koruna**	evening	**večer**
cup	**šálek**, (mug)	exactly	**přesně**
	hrnek	excuse me	**promiň(te)**
cut	**střih**	exercise book	**sešit**
Czech *adj.*	**český**	expensive	**drahý**
Czech, in	**česky**	fairly	**dost**
Czech (language)	**čeština**	far	**daleko**
Czech (person)	**Čech, Češka**	father	**otec, táta**
day	**den**	feel, I feel	**je mi, cítit (se)**
day after	**pozítří**	few	**málo**
tomorrow		field	**pole**
dear	**drahý, milý**	film	**film**
dearer	**dražší**	find	**najít** < **nacházet**
decagram	**deka**	fine	**dobře**
department store	**obchodní dům**	first	**první**
dinner (lunch)	**oběd**	first, at	**v první chvíli,**
dinner (supper)	**večeře**		**zezačátku**
dirty	**špinavý**	fish	**ryba**
disco	**diskotéka, disko**	five	**pět**
disturb	**vyrušovat**	flat	**byt**
disturb (bother)	**obtěžovat**	fly	**letět** + **létat/lítat**
do	**dělat** > **udělat**	for (benefit of)	**pro** + *acc.*
double room	**dvoulůžkový**	for (do for)	= *dat.*
	pokoj	for (payment)	**za** + *acc.*
drink	**pít** > **vypít**, *noun*	for (purpose)	**na** + *acc.*
	pití, nápoj	for (time ahead)	**na** + *acc.*
drink up	**vypít**	four	**čtyři**
each other	**se, sám sebe**	fourteen	**čtrnáct**
eat	**jíst** > **sníst**	frankfurter	**párek**
egg	**vejce, vajíčko**	free	**volný**
eight	**osm**	freeze	**mrznout**
eleven	**jedenáct**	it's freezing	**mrzne**
England	**Anglie**	French *adj.*	**francouzský**
English *adj.*	**anglický**	Frenchman/	**Francouz, -ka**
English, in	**anglicky**	woman	
Englishman	**Angličan**	friend	**kamarád, -ka,**
Englishwoman	**Angličanka**		**přítel, -kyně**

from (away from)	od + *gen.*	home, at	**doma**
from (out of)	**z, ze** + *gen.*	hot	**teplo, horko**
from (person)	**od** + *gen.*	hot *adj.*	**teplý, horký**
front, in front of	**před** + *ins*	hotel	**hotel**
garden	**zahrada**	hour	**hodina**
German *adj.*	**německý**	house	**dům**
German, a	**Němec, Němka**	how	**jak?**
get	**dostat** <	how are you?	**jak se**
	dostávat		**máš/máte?**
get up	**vstát** < **vstávat**	how many/much?	**kolik?**
girl	**děvče, dívka,**	hundred	**sto**
	holka	Hungarian	**Maďar, -ka**
give	**dát** < **dávat**	Hungarian *adj.*	**maďarský**
glass	**sklenice,**	I	**já**
	sklenka,	ice cream	**zmrzlina**
	sklenička	if	**kdyby, jestli(že),**
go	**jít** + **chodit**		**když**
go!	**jdi! jděte!**	if (whether)	**jestli, zda, -li**
don't go!	**nechoď(te)!**	important	**důležitý**
go into	**vejít** < **vcházet**	in	**v, ve** + *loc.*
go round	**obejít** <	in front of	**před** + *ins.*
	obcházet	included	**zahrnutý**
good	**dobrý, (well)**	interest *noun*	**zájem**
	dobře	interest *verb*	**zajímat**
goodbye	**na shledanou**	interested in, be	**zajímat se o, mít**
group	**skupina**		**zájem o** + *acc.*
guitar	**kytara**	into	**do** + *gen.*
half	**půl**	invite	**zvát** > **pozvat**
ham	**šunka**	is	**je,** *see* **být**
have	**mít/mám**	Italian	**Ital, -ka**
have!	**dej(te) si!**	Italian *adj.*	**italský**
have got (= have)	**mít/mám**	jam	**džem**
heller	**haléř**	January	**leden**
hello	**dobrý den, ahoj,**	job	**místo, práce,**
	nazdar		**zaměstnání**
help	**pomoct** <	just	**právě, hned**
	pomáhat	key	**klíč**
her	**ji, jí**	kilogram	**kilo**
her (possessive)	**její**	kitchen	**kuchyň,**
here	**tady, tu, zde**		**kuchyně**
his	**jeho**	know (fact)	**vědět**
home (going)	**domů**	know (person)	**znát**

leave (behind)	**nechat <**	me (with)	**(se) mnou**
	nechávat	meet (arranged)	**sejít se < scházet**
leave (go)	**odejít <**		**se, setkat se <**
	odcházet		**setkávat se**
left *adj.*	**levý**	meet (encounter)	**potkat <**
left, on the left	**vlevo**		**potkávat**
left, to the left	**doleva**	meeting	**schůze, (appoint-**
letter	**dopis**		**ment) schůzka**
library	**knihovna**	midnight	**půlnoc**
lie	**ležet**	milk	**mléko, coll.**
lie down	**lehnout si**		**mlíko**
like	**mít rád/ráda; (to**	mist	**mlha**
	please) líbit se	misty, it's	**je mlha**
like (as)	**jako**	modern	**moderní**
listen to	**poslouchat (si)**	moment	**chvíle**
litre	**litr**	Monday	**pondělí**
little	**malý**	mostly	**většinou**
live (be alive)	**žít**	mother	**matka, máma**
live (reside)	**bydlet**	much (lot of)	**hodně, mnoho**
long *adj.*	**dlouhý**	much (very much)	**velmi**
long, for a long	**dlouho**	museum	**muzeum**
time		mustard	**hořčice**
look!	**podívej(te) se!**	my	**můj**
look (appearance)	**vypadat**	name	**jméno**
lose	**ztratit < ztrácet**	name, my name is	**jmenuju se**
lot(s) of	**hodně, mnoho**	need	**potřebovat**
lovely	**krásný, pěkný,**	nervous	**nervózní**
	hezký	never	**nikdy**
lunch	**oběd**	new	**nový**
lunch, have	**obědvat,**	newspaper	**noviny**
	naobědvat se	next to	**vedle + gen.**
magazine	**časopis**	nice *adj.*	**pěkný, hezký**
main	**hlavní**	nice, it's	**je pekně/hezky**
make	**dělat > udělat**	night	**noc**
man	**muž, mužský,**	nine	**devět**
	chlap	no	**ne, adj. žádný**
many	**mnoho, hodně**	no longer	**už ne(-)**
March	**březen**	nobody	**nikdo**
material	**látka**	not	**ne-, ne**
May	**květen, máj**	note down	**zapsat <**
me	**mě**		**zapisovat (si)**
me (to/for)	**mi, mně**	nothing	**nic**

novel	**román**	past, half past	**půl (druhé, třetí,**
now	**teď, teďka, už,**		*etc.***)**
	teď už	past, quarter past	**čtvrt na** + *acc.*
nowhere	**nikde**	peach	**broskev**
nowhere, to	**nikam**	people	**lidé, lidi**
nuisance, be a	**prekážet,**	person	**člověk, osoba**
	obtěžovat	piece	**kus, kousek**
number	**číslo**	play, to	**hrát**
o'clock	**(5+) hodin, 1**	please	**prosím**
	hodina, 2/3/4	please may I have	**prosím, prosil**
	hodiny		**bych**
October	**říjen**	pleased to meet	**těší mě**
of	= *gen.*	you	
often	**často**	pocket	**kapsa**
old	**starý**	police	**policie**
older	**starší**	police station	**policejní stanice**
omelette	**omeleta**	political	**politický**
on	**na** + *loc.*	politics	**politika**
once	**jednou**	pork	**vepřové maso**
one	**jeden, jedna,**	pork *adj.*	**vepřový**
	jedno	post office	**pošta**
onto	**na** + *acc.*	postcard	**pohlednice**
open	**otevřít <**	potato *adj.*	**bramborový**
	ot(e)vírat	potatoes	**brambory**
opposite	**naproti** +*dat*	Prague	**Praha**
or	**nebo, anebo**	prettiest	**nejpěknější,**
orange	**pomeranč**		**nejhezčí**
origin	**původ**	pretty	**pěkný, hezký**
other	**jiný**	price	**cena**
ought to	**měl by**	promise	**slíbit < slibovat**
our	**náš**	pupil	**žák, žačka**
out (motion)	**ven**	put on (clothes)	**obléknout <**
out (place)	**venku**		**oblékat (si)**
out of	**z, ze** + *gen.*	put on (shoes)	**obout < obouvat**
outside (motion)	**ven**		**(si)**
outside (place)	**venku**	put on weight	**ztloustnout** *pf*
own	**svůj, vlastní**	quarter	**čtvrt**
paper	**papír, (news-**	quarter to	**tři čtvrtě na +**
	paper) noviny		*acc.*
park	**park**	quickly	**rychle**
part	**rozejít se <**	radio	**rádio, rozhlas**
	rozcházet se	rain, to	**pršet**

rain *noun*	**déšť**	shine	**svítit**
read, to	**číst > přečíst**	shirt	**košile**
recognise	**poznat <**	short	**krátký**
	poznávat	shorter	**kratší**
red	**červený**	should have	**měl**
remember	**pamatovat si +**	shower	**sprcha**
	acc.	single room	**jednolůžkový**
remember (about)	**pamatovat se na,**		**pokoj**
	vzpomenout si	sister	**sestra**
	< vzpomínat	sit	**sedět**
	si na	sit down	**sednout si**
republic	**republika**	situation	**situace**
restaurant	**restaurace**	six	**šest**
return (give back)	**vrátit < vracet**	sixteen	**šestnáct**
return (go back)	**vrátit se <**	size (number)	**číslo**
	vracet se	sleep	**spát**
return ticket	**zpáteční lístek**	sleeve	**rukáv**
rice	**rýže**	Slovak *adj.*	**slovenský**
rich	**bohatý**	Slovak, in	**slovensky**
richer	**bohatší**	Slovak (language)	**slovenština**
right *adj.*	**pravý**	Slovak (person)	**Slovák,**
right, on the right	**vpravo**		**Slovenka**
right, to the right	**doprava**	Slovakia	**Slovensko**
river	**řeka**	small	**malý**
roll	**houska, rohlík**	smaller	**menší**
room	**pokoj, místnost**	smoke	**kouřit**
round	**okolo +** *gen.*	snow *noun*	**sníh**
round the corner	**za rohem**	snow *verb*	**sněžit**
run	**běžet + běhat**	so	**tak**
schnitzel	**řízek**	so that	**aby**
school	**škola**	some	**nějaký**
search for	**hledat, shánět**	someone	**někdo**
seat reservation	**místenka**	someone (object)	**někoho**
see	**vidět**	sometimes	**někdy**
'self' (object)	**se**	somewhere	**někde**
'self' (to/for)	**si**	sorry!	**promiň(te)!**
sell	**prodat <**	sorry, be (apology)	**promiň(te)!**
	prodávat	sorry, be (sorrow)	**litovat, je mi líto**
September	**září**		**+** *gen.*
seven	**sedm**	soup	**polévka, polívka**
several	**několik**	speak to	**mluvit, hovořit s**
she	**ona**		**+** *ins.*

square	**náměstí**	thank you very much	**děkuju pěkně**
stamp	**známka**	that	**ten, ta, to;**
station	**stanice,** (larger)		**tamten, tam-**
	nádraží		**hleten**
still	**ještě**	theatre	**divadlo**
stop (cease)	**přestat** <	their	**jejich**
	přestávat	them (object)	**je**
stop (halt)	**zastavit** <	them (to/for)	**jim**
	zastavovat (se)	then (at that time)	**tehdy**
strawberry	**jahoda**	then (next)	**potom, pak**
street	**ulice**	these	**tihle, tyhle; tito,**
student	**student, -ka**		**tyto**
study	**učit se, studovat**	they	**oni**
stupid	**hloupý**	this	**ten, ta, to;**
more stupid	**hloupější**		**tenhle, tento**
sugar	**cukr**	thousand	**tisíc**
suitcase	**kufr**	three	**tři**
sun	**slunce, sluníčko**	three times	**třikrát**
supper	**večeře**	ticket	**lístek,** (travel
supper, have	**večeřet,**		only) **jízdenka**
	navečeřet se	tidy up	**uklízet, uklidit**
sweater	**svetr**	time	**čas**
swim	**plavat/plavu,**	time, for a long time	**dlouho**
	(bathe) **koupat**	to (give to)	*use dative case*
	se/koupu se	to (in order to)	**aby**
table	**stůl-stolu**	to (into)	**do** + *gen.*
take	**brát** > **vzít**	to (person's house)	**k, ke** + *dat*
take off (clothes)	**svléknout** <	to (towards)	**k, ke** + *dat*
	svlékat (si)	to (until)	**do** + *gen.*
take off (shoes)	**zout** < **zouvat**	today	**dnes, dneska**
	(si)	together	**spolu**
talk	**mluvit, hovořit**	tomato	**rajče,** *pl.* **rajčata**
tea	**čaj**	tomorrow	**zítra**
teach	**učit, vyučovat**	too	**příliš, moc, přiliš**
teacher	**učitel, učitelka**		**moc**
television	**televize**	town	**město**
ten	**deset**	train	**vlak**
than	**než**	translate	**přeložit** < **pře-**
thank	**děkovat** >		**kládat**
	poděkovat	travel *verb*	**cestovat**
thank you	**děkuju, -i (vám)**		

travel agency	cestovní kancelář	what time is it?	kolik je hodin?
trousers	kalhoty	when	když
true, it is	je pravda	when?	kdy?
twelve	dvanáct	white	bílý
twenty	dvacet	who	který
twice	dvakrát	who?	kdo?
two	dva, dvě	whom? (object)	koho?
ugly	škaredý, ošklivý	why?	proč?
uhm	ehm	will be	bude
uncle	strýc	wind	vítr
understand	rozumět, chápat/chápu > pochopit	window	okno
		windy, it's	je větrno, fouká vítr
us	nás	wine	víno
us (to/for)	nám	winebar	vinárna
usually	obvykle, obyčejně	with	s, se + ins.
		with (instrument)	use instrumental case
vegetable	zelenina		
vegetable adj.	zeleninový	woman	žena
very	velmi, moc	word	slovo
very much	velmi, moc	work noun	práce
wait	čekat > počkat	work verb	pracovat, dělat
want	chtít/chci	would	bych, bys, by, bychom, byste, by
warm	teplo		
warm adj.	teplý		
warmer	teplejší	would like	přát si, chtěl by
wash	mýt (si)	write	psát > napsat
water	voda	year	rok, pl. roky/léta
we	my	yellow	žlutý
wear (habitually)	nosit	yes	ano, jo
wear (have on)	mít (na sobě)	yesterday	včera
week	týden	yet, not	ještě ne(-)
weight, put on	ztloustnout	you	ty, vy
well	dobře	you (object)	tě/tebe, vás
well, I'm	mám se dobře	you (to/for)	ti/tobě, vám
went	šel, šla, šli	young	mladý
what?	co?	your	tvůj, váš

Index of language points

References are to lesson numbers. P = Pronunciation guide. G = Grammar summary